中国法律丛书

中国著作权案例精读

罗东川　主编

商务印书馆
The Commercial Press
创于1897

2016年·北京

图书在版编目(CIP)数据

中国著作权案例精读 / 罗东川主编；丁文严等著.
—北京:商务印书馆,2016
(中国法律丛书)
ISBN 978 - 7 - 100 - 12290 - 0

Ⅰ.①中… Ⅱ.①罗…②丁… Ⅲ.①著作权法—案例
—中国 Ⅳ.①D923.415

中国版本图书馆 CIP 数据核字(2016)第 121695 号

中国法律丛书

中国著作权案例精读

罗东川　主编

商 务 印 书 馆 出 版
(北京王府井大街36号　邮政编码100710)
商 务 印 书 馆 发 行
北 京 冠 中 印 刷 厂 印 刷
ISBN 978 - 7 - 100 - 12290 - 0

2016年9月第1版　　　　　　开本787×960　1/16
2016年9月北京第1次印刷　　印张23 1/2
定价:55.00元

鸣　谢

（以英文首字母为序）*

韩君玲　罗伯特·P.默吉斯①　罗东川

宋海燕　宋海宁　汪泽　虞政平

＊ 特此鸣谢《中国法律丛书》专家委员会成员。

① Robert P. Merges

编 委 会

主　　编

　　　　罗东川　最高人民法院审判委员会委员、民事审判第四庭庭长，
　　　　　　　　一级高级法官、教授

执行编辑

　　　　丁文严

撰 稿 人（按姓氏笔画为序）

　　　　丁文严　丁文联　冯　刚　李　丹　芮松艳

　　　　张玲玲　张晓津　罗东川　周　多　姜　颖

　　　　徐卓斌　徐　翠　崔　宁　强刚华　童海超

目 录

中国著作权制度概述

作品性质的认定

侵害著作权的判定

目 录

关于著作权纠纷的其他问题

中国著作权制度概述

一、中国著作权制度的产生和发展

著作权的产生与印刷术的产生和推广密切相关，中国是造纸术、印刷术的发源地，出版业的历史可以追溯到三千多年前的殷商时期。先秦时期，在古代士人著书（创作）、抄书（复制）、卖书（传播）的活动中，就已经出现了作品署名和身份权利意识的萌芽。[①]11世纪，随着印刷术的产生和推广，作品复制传播的成本大大降低，刻书业、出版业兴起，通过法律对出版活动中的经济权利给予保护成为当时出版业发展的客观需求。因此，南宋时期就出现了以"特许令状"保护出版者专有权利的制度。[②]然而，由于中国历代封建统治者奉行文化钳制，禁止新思想传播，禁止书籍复制翻印，直至清末的西学东渐运动，现代意义的著作权理论才随着西方法律文化传入中国，在国内资产阶级改良派和西方发达国家的压力下而开展的修律活动中，中国第一部著作权法《大清著作权律》才得以艰难孕育。此后，在北洋政府、国民党政府时期，著作权法律制度基本停滞甚至倒退，直至新中国成立特别是20世纪80年代改革开放后，现代意义的中国著作权制度才逐步确立和发展完善。总体上，中国的著作权制度的形成大体可以分为三个阶段。

（一）清末的著作权制度（19世纪末—1911年）

清末1903年，清政府被迫与美国签订《中美通商行船续订条约》，该条约首次使用了"版权"概念，并在该条约中限制性规定"专备中国人民所用"。1908年，清政府派当时驻德国柏林的代办和商

---

① 吴汉东："关于中国著作权法观念的历史思考"，载 http://wenku.baidu.com/view/2c677ae9551810a6f5248669.html?re=view，最后访问时间：2014年8月15日。

② 南宋嘉熙二年(1238年)祝穆刊印《方舆胜览》，为防他人翻刻，申呈两浙转运司予以保护，其原刻本自序后有"两浙转运司录白"，云"照得雕书，合经使台申明，乞行约束。庶绝翻版之患"。这是历史最早记载的特许令状。转引自吴汉东："关于中国著作权法观念的历史思考"。

务参赞，以观察员的身份列席《保护文学艺术作品伯尔尼公约》修改大会。1910 年，在美国督促下，清政府任命沈家本主持修律，其间聘用日本人起草并完成《大清著作权律》，标志着现代意义的中国著作权法的诞生。该法参考、援引日本 1899 年著作权法，体现了英美法系版权法和大陆法系著作权法的一些基本原则和兼收并蓄的立场，①第一次以成文法的形式，采用私法类型的体系，以条款章节布局构建了中国的著作权保护制度。其内容包括通例、权利期限、呈报义务、权利限制和附则共五章 55 条，对著作权的概念、作品的范围、作者的权利、著作权取得的程序、保护期限和限制、救济程序等做了较为全面的规定，较完整地将西方著作权保护理念移入中国，在中国著作权立法史上具有里程碑的意义。虽然随着辛亥革命的爆发和清王朝的覆灭，这部法律未及实施就被宣布"暂缓援用"，但其立法精神和理念深刻影响着以后中国不同历史时期的著作权立法。

（二）民国时期的著作权制度（1911—1949 年）

1911 年辛亥革命爆发，1912 年 1 月中华民国建立。中华民国的历史上相继产生了孙中山领导的中华民国临时政府（1912 年 1 月—1913 年）、北洋军阀政府（1913—1928 年）和蒋介石领导的南京国民政府（1928—1949 年）。1912 年临时政府内政部发表公报，"通告本律（《大清著作权律》）暂缓援用"。1915 年北洋军阀政府制定了《北洋政府著作权法》，该法基本照抄《大清著作权律》。1928 年南京国民政府在对《大清著作权律》修改补充基础上颁发了《著作权法》，主要是增加了剥夺作者政治权利的内容。②1930 年南京国民政府又制定颁布了《出版法》，对公众的言论自由进一步限制，并明

---

① 刘春田主编：《知识产权法》，中国人民大学出版社 2009 年版，第 48 页。

② 该法第 22 条。

确规定了新闻检查制度。①

（三）中华人民共和国的著作权制度（1949 年至今）

新中国成立后，中国政府就对著作权保护进行了有益的探索。"文革"十年，国家法制遭到严重破坏，刚刚起步的著作权保护制度探索也陷于停滞甚至倒退。因此，当代中国著作权保护制度主要形成于改革开放后，经过三十余年的努力，中国已经形成了既履行条约义务，又适合中国国情的较为完备的著作权法律体系，建立了有中国特色的行政管理与司法保护相结合的著作权保护制度。其中，1990 年制定的《中华人民共和国著作权法》（以下简称《著作权法》）是中国现行著作权法律制度中最重要和最基本的法律，在规范著作权行为、调整著作权法律关系中起着统领作用。

1. 改革开放以前的著作权制度

1949 年中华人民共和国成立后，民国政府颁布的法律制度在中国大陆地区（以下所称中国特指"中国大陆地区"）被废除。从1949 年到 1976 年，起草了《保护出版物著作权暂行规定（草案）》，但并未公布实施，这一时期中国尚无专门的著作权法律和法规，只是宪法和相关的法律规定中有一些关于著作权的规定。如，"五四宪法"规定，奖励优秀的社会科学著作、奖励优秀的文学艺术作品等。1950 年 9 月，第一次全国出版工作会议召开，会议通过《关于改进和发展出版工作的决议》，对保护著作权作出原则性规定，指出"出版业应尊重著者著作权及出版权，不得有翻版、抄袭、篡改等行为"。该决议成为以后相当一段时期内处理著作权纠纷的法律依据。此后直到 1966 年"文化大革命"前，又陆续出台了关于编辑出版的一系列规定，加强了对著作权的间接保护。十年动乱中，法制被践踏，

----

① 该法第 15 条、18 条、19 条。

尚待建立完善的著作权制度也一度停滞甚至遭到破坏。

2. 当代著作权制度的建立与发展

十一届三中全会后，从 1977 年到 1984 年，国家出版局、文化部先后颁发一系列保护著作权的行政法规，其中 1984 年 6 月文化部颁发的《图书期刊试行条例》，是新中国成立后关于著作权保护的第一部专门法规，该法规共 24 条，对版权（著作权）立法的目的、著作权的保护对象、保护期限、转移和继承、限制、侵权救济等都做出了详细规定。1985 年 1 月又颁发了该条例的实施细则。条例和细则为当代中国著作权法的制定奠定了基础。1984 年 9 月颁布、12 月开始试行的《书籍稿酬试行规定》对作品的出版权、翻译权、改编权、著作权的归属和保护期限等做出了规定，是新中国著作权保护历史上的又一部重要行政法规。1986 年 4 月，《中华人民共和国民法通则》（以下简称《民法通则》）颁布实施，该法第 94 条规定："公民、法人享有著作权，依法有署名、发表、出版获得报酬等权利。"第 118 条规定："公民、法人的著作权（版权）、专利权、商标权专用权、发现权、发明和其他科技成果权受到剽窃、篡改、假冒等侵害的，有权要求停止侵害、消除影响、赔偿损失。"《民法通则》是新中国成立后对著作权做出明确规定的第一部法典，它第一次把知识产权列为民事权利的重要组成部分，从立法的角度对知识支配权的商品化问题做了肯定回答，① 标志着中国在建立健全著作权保护制度方面取得了重要进展。1986 年 9 月，《录音、录像出版物保护暂行规定》颁布，为保护作者、表演者、录音录像出版单位的正当权益提供了法律依据。

（1）1990 年《著作权法》

十一届三中全会后，随着社会主义文学艺术事业和科学事业的

---

① 刘春田主编：《知识产权法》，中国人民大学出版社 2009 年版，第 49 页。

恢复、发展，在国内，适应保护知识分子创造性劳动、促进国家文化科学事业繁荣的需要，制定著作权法成为时代的呼唤。在国际上，1979 年签订的《中美高能物理协议》第一次提到双方相互保护版权问题。此后中国政府即着手起草新中国第一部著作权法，如何把国际版权公约的原则与中国的实际情况相结合始终是起草中的难题。1989 年，中美两国政府签署关于知识产权谈判文件，中国承诺尽快制定著作权法。1990 年 9 月，《中华人民共和国著作权法》在七届全国人大十五次会议获得通过，并于 1991 年 6 月 1 日起施行。该法分六章 56 条，从著作权法的立法目的、著作权的概念、内容、许可使用合同、法律责任等各个方面对作者、其他著作权人和作品传播者的合法权益作出了规定，是一部充分体现中国特色并兼顾著作权保护国际原则的法律。该法坚持国家、单位和个人，作者与作品传播者，作者和广大使用者利益平衡的原则，对著作财产权的保护吸收了其他国家惯例，使之切实可行；对著作人身权的保护水平，较其他国家更加完善，体现了中国特色。[①] 该法还对涉外著作权关系做出合理规定，充分保障外国作者的合法权益。[②] 1990 年《著作权法》的颁布实施，标志着现代著作权制度在中国的确立。此后，中国于1992 年同时加入《保护文学艺术作品伯尔尼公约》和《世界版权公约》，两公约分别于 1992 年 10 月 15 日和 1992 年 10 月 30 日对中国生效，为实现中外著作权关系的正常化提供了法律保障。之后，国务院又于 1992 年 9 月 25 日发布《实施国际著作权条约的规定》（1992年 9 月 30 日施行），1997 年修订的刑法又纳入了著作权犯罪的内容。至此，基本构建起中国当代著作权保护的制度体系。

---

① 吴汉东等：《知识产权基本问题研究》，中国人民大学出版社 2009 年版，第10 页。

② 同上。

（2）2001 年《著作权法》第一次修改

1990 年《著作权法》是在中国确定建立社会主义市场经济体制前制定颁布的，本身带有深刻的计划经济的烙印。在国内，随着改革开放后经济体制的改革，社会文化科学技术飞速发展，著作权法实施后公民著作权意识、知识产权意识渐趋觉醒，1990 年《著作权法》逐步暴露出它的不足，日趋不能满足社会发展的需求，因此1995 年国家版权局提出了修改 1990 年《著作权法》的建议。在国际上，为了加入 WTO，适应《与贸易有关的知识产权协定》（以下简称《TRIPS 协议》）的要求，中国也需要对 1990 年《著作权法》进行修改。2001 年 10 月 27 日通过了《全国人民代表大会常务委员会关于修改〈著作权法〉的决定》，对 1990 年《著作权法》中共 36条内容进行了实质修改，内容涉及受保护权利的种类、杂技作品及建筑作品的保护、合理使用、集体管理制度、强制措施、法定赔偿、损害社会公共利益的侵权行为的行政处罚、广播电台和电视台免费播放作品等八个方面。修改后的《著作权法》由 1990 年《著作权法》的 56 条增加到 60 条。

（3）2010 年《著作权法》第二次修改

第一次《著作权法》修改后，经济全球化和科学技术的迅猛发展对 2001 年《著作权法》不断提出新挑战。2008 年 6 月中国实施《国家知识产权战略纲要》，版权产业化和知识产权制度自身体系化、协调化的需求进一步推动了 2001 年《著作权法》的修改。在国际上，2009 年 WTO 专家组因中美知识产权争端裁决 2001 年中国《著作权法》第 4 条违反《伯尔尼公约》和《TRIPS 协议》的规定。为了适应新的发展，2010 年 2 月 26 日十一届全国人大常委会第十三次会议审议通过了《全国人民代表大会常务委员会关于修改〈中华人民共和国著作权法〉的决定》，对 2001 年《著作权法》进行了小幅改动，主要是删除 2001 年《著作权法》第 4 条关于非法出版物的规定，并增加关于著作权出质的规定作为第 26 条。修改后的 2010 年《著作权法》共六章 61 条。

1990—2010 年二十年间，中国通过对《著作权法》的两次修改，在一定程度上满足了国内社会转型和经济文化发展的需求，但这两次修改更多的是为了适应中国加入世贸组织和解决中美知识产权争端的需要而进行的被动的、局部的修改，并未从根本上解决中国社会转型、经济转轨时期著作权保护面临的现实问题。

（4）2012 年《著作权法》第三次修改

进入新世纪以来，数字、网络技术的迅猛发展，全球经济文化一体化的加剧，建立社会主义文化强国战略的实施，使中国现有著作权法律制度与不断增长的著作权保护的客观需求之间的矛盾更加突出。为完善著作权法律制度，积极回应社会各界关切，2011 年 7 月 13 日，中国国家版权局宣布全面启动《著作权法》第三次修改。

与前两次修法不同，此次修法是为落实国家知识产权战略，适应经济文化全球化和信息网络技术的发展而进行的主动、全面、体系化的修改。这次修法秉持独立性、平衡性和国际性三原则。独立性原则就是要立足中国国情、体现中国特色、结合中国实际、解决中国问题；平衡性原则就是要妥善处理好创作者、传播者和社会公众利益的基本平衡；国际性原则就是从国际著作权制度调整变化的趋势和提升我负责任大国的国际形象角度推进修法工作。① 力争在尽可能短的时间内完成修法工作，尽可能解决目前中国著作权保护中遇到的突出问题，通过不懈努力使著作权法在质量上上一个新台

---

① 参见国家版权局：《关于〈中华人民共和国著作权法〉（修改草案）的简要说明》，载 http://www.law-lib.com，最后访问时间：2014 年 8 月 25 日。

阶。从 2011 年 7 月至今，国家版权局在专家建议稿基础上，经过广泛吸收社会各界意见和专家委员会讨论研究，数易其稿，最终形成《〈著作权法〉修改草案（第三稿）》。

相较 2010 年《著作权法》，《〈著作权法〉修改草案（第三稿）》主要有以下变化：一是体例结构明显变化，由现行《著作权法》的六章 61 条调整为八章 90 条；二是权利内容普遍增加，特别体现了对智力创作成果的尊重，无论是著作权人还是相关权人其权利内容都得到了不同程度的增加，如增加表演者出租权的规定，增加关于视听表演者享有约定视听作品归属权利的规定等，使中国《著作权法》与相关的国际条约保持一致；三是对授权机制和交易模式作出重大调整，促进建立科学、合理、规范的著作权授权机制和交易规则；四是著作权保护水平显著提高，如增加了行政执法措施，提高了法定赔偿标准，增加了惩罚性赔偿的规定等。[①] 国家版权局已于 2012 年 12 月，向国务院报送了《著作权法（修订草案送审稿）》。2014 年 6 月 6 日至 7 月 5 日，国务院法制办就《著作权法（修订草案送审稿）》向社会征求意见。国务院法制办在汇总意见后，将报国务院审议。国务院审议通过后，将报送全国人大常委会审议。

伴随《著作权法》的三次修改，同时适应新技术背景下著作权保护客体不断扩大的需求，国务院先后制定了《计算机软件保护条例》《著作权法实施条例》等五部行政法规。该五部行政法规加上《著作权法》和《实施国际著作权条约的规定》被简称为"一法六条例"（一部法律、六部行政法规）。最高人民法院则颁布了包括《最高人民法院关于审理著作权民事纠纷案件适用法律若干问题的解释》在内的

---

① 参见王自强："《著作权法》第三次修订工作回顾"，载《中国新闻出版报》2011 年 11 月 6 日。

司法解释和司法政策。《著作权法》和相关国际公约、行政法规、司法解释、司法政策、部门规章、地方性法规、地方政府规章、规范性文件等共同构成了中国著作权制度的基本框架，形成了比较完备的以"一法六条例"为核心的著作权保护法律体系。①

3. 当代中国著作权保护制度的基本构成

基本法：《著作权法》（1990 年 9 月 7 日公布，2001 年 10 月 27 日第一次修订，2010 年 2 月 26 日第二次修订，自 2010 年 4 月 1 日起施行）；《民法通则》（1986 年 4 月 12 日公布，自 1987 年 1 月 1 日起施行）；《侵权责任法》（2009 年 12 月 26 日公布，自 2010 年 7 月 1 日起施行）；《合同法》（1999 年 3 月 15 日公布，自 1999 年 10 月 1 日起施行）；《刑法》（1979 年 7 月 1 日公布，1997 年 3 月 14 日第八届全国人民代表大会第五次会议修订，自 1997 年 10 月 1 日起施行）。

行政法规：《实施国际著作权条约的规定》（1992 年 9 月 25 日发布，自 1992 年 9 月 30 日起施行）；《计算机软件保护条例》（2001 年 12 月 20 日发布，自 2002 年 1 月 1 日起施行）；《中华人民共和国著作权法实施条例》（2002 年 8 月 2 日发布，自 2002 年 9 月 15 日起施行）；《著作权集体管理条例》（2004 年 12 月 28 日发布，自 2005 年 3 月 1 日起施行）；《信息网络传播权保护条例》（2006 年 5 月 18 日发布，自 2006 年 7 月 1 日起施行）；《广播电台电视台播放录音制品支付报酬暂行办法》（2009 年 11 月 10 日发布，自 2010 年 1 月 1 日起施行）。

司法解释：《最高人民法院关于审理著作权民事纠纷案件适用法

---

① 参见阎晓宏："中国版权保护的现状与发展态势"，载《中国法律》2007 年第 2 期。

律若干问题的解释》（2002 年 10 月 12 日公布，自 2002 年 10 月 15 日起施行）；《最高人民法院关于审理侵害信息网络传播权民事纠纷案件适用法律若干问题的规定》（2012 年 11 月 26 日公布，自 2013 年 1 月 1 日起施行）；《最高人民法院、最高人民检察院关于办理侵犯知识产权刑事案件具体应用法律若干问题的解释》（2004 年 12 月 8 日公布，自 2004 年 12 月 22 日起施行）；《最高人民法院、最高人民检察院关于办理侵犯知识产权刑事案件具体应用法律若干问题的解释（二）》（2007 年 4 月 4 日公布，自 2007 年 4 月 5 日起施行）。

司法政策：2007—2010 年最高人民法院院领导在历年全国知识产权审判工作会议上的讲话；《最高人民法院关于贯彻实施国家知识产权战略若干问题的意见》（2009 年 3 月 23 日印发）；《最高人民法院关于当前经济形势下知识产权审判服务大局若干问题的意见》（2009 年 4 月 21 日印发）；《最高人民法院关于充分发挥知识产权审判职能作用推动社会主义文化大发展大繁荣和促进经济自主协调发展若干问题的意见》（2011 年 12 月 16 日印发）。

国际公约：《伯尔尼公约》（1992 年 10 月 15 日对中国生效）；《世界版权公约》（1992 年 10 月 30 日对中国生效）；《录音制品公约》（1993 年 4 月 30 日对中国生效）；《TRIPS 协议》（2001 年 12 月 11 日对中国生效）。

二、中国著作权法律制度的特色

中国著作权制度是在借鉴国际经验的基础上，结合本国实际逐步确立、发展、完善而形成的适合本国国情并与国际规则接轨的较为完整的著作权制度体系，是基于中国社会的性质和所处的社会发展历史阶段做出的制度选择。与西方著作权制度相比，司法保护与行政执法双轨并行、优势互补、司法终局的双轨制保护模式是中国著作权制度的显著特色。

（一）双轨制的涵义和内容

著作权保护双轨制是指著作权行政执法与司法保护各司其职、相互配合、共同发挥维护著作权法律秩序、保护当事人合法权益的著作权保护制度模式。

1. 行政管理机关的行政执法

著作权行政保护包括行政管理和行政执法两个方面，双轨制特色主要体现在著作权保护的行政执法方面。是指著作权行政管理机关按照法定程序，依法运用法定行政职权处理各种著作权侵权违法行为、维护著作权市场秩序，有效保护著作权权利主体合法权利的一种法律保护方式。著作权的行政执法保护主要包括行政处罚、行政查处、行政调解、行政裁决等方面。

2001年中国《著作权法》第48条规定，对于侵害著作权并损害公共利益的八种著作权侵权行为，可以由著作权行政管理部门责令停止侵权行为，没收违法所得，没收、销毁侵权复制品，并可处以罚款。这是著作权行政管理机关行使行政处罚权的法律依据。《著作权行政处罚实施办法》第2条进一步明确国家版权局和地方著作权行政管理部门是对著作权侵权行为实施行政处罚的主体。

依据《著作权法实施条例》第37条规定，有《著作权法》第48条所列侵权行为，同时损害社会公共利益的，由国务院著作权行政管理部门或地方人民政府著作权行政管理部门负责查处。该规定表明，对于损害公共利益的著作权侵权行为，著作权行政管理部门拥有行政查处权。

依据《著作权法》第55条规定，著作权侵权纠纷可以调解解决。《计算机软件保护条例》第23条也规定，软件著作权侵权纠纷可以调解。上述规定虽然并未明确赋予著作权行政管理部门对著作权侵权纠纷进行调解的权利，实践中著作权行政管理部门对违反《著作权法》第 47 条的 11 种行为和违反《计算机软件保护条例》第 23 条规定的 6 种行为，根据当事人自愿，主持调解了大量纠纷。

著作权法律、法规并未明确规定著作权行政管理部门对著作权侵权行为的裁决权，但实践中著作权行政管理部门对著作权侵权行为进行行政处罚、行政查处时，通常需要通过行使行政裁决权首先对侵权行为做出认定。因此，行政裁决也是著作权行政执法的重要内容。

据统计，2012 年，全国各级版权执法部门共查办著作权案件 2249 件，其中行政结案 1524 件，移送司法机关追究刑事责任 858 件；[①] 2013 年全国各级版权执法部门共查办著作权案件 3567 件。[②]

2. 司法保护

司法保护是指知识产权权利人或国家公诉机关依法通过民事、行政或刑事诉讼对著作权进行保护的方式。司法保护是知识产权作为私权保护的必然要求，是《TRIPS 协议》确立的知识产权保护"最终裁决原则"，也是中国著作权保护最基本的、最强有力的、终极的法律救济手段，在处理著作权侵权、盗版纠纷中发挥着主要的作用。2008 年《国家知识产权战略纲要》颁布实施后，司法保护知识产权的主导作用在中国进一步发挥。当前著作权司法保护包括著作权民事诉讼（侵权、合同）、刑事诉讼和因不服著作权行政机关处罚而提起的行政诉讼。

2001 年《著作权法》第 47—55 条对著作权民事救济和民事制裁作出规定，第 48 条、第 56 条规定了对侵害著作权行为的行政处罚和对行政处罚不服的救济即行政诉讼，第 48 条和《刑法》第

---

① 国家知识产权局："2012 年中国知识产权保护状况"，载 http://www.sipo.gov.cn，最后访问时间：2014 年 8 月 23 日。

② 同上。

217—218 条规定了侵犯著作权犯罪的刑事责任。

（二）行政保护的必要性

双轨制的著作权保护模式始于 20 世纪中国现代知识产权保护制度建立之初，它是由当时的中国国情决定的。一方面当时中国法院的专业审判力量还比较薄弱，对中国法官来说，知识产权审判更是一个崭新而陌生的业务领域，尚不具备审理专业性较强的知识产权案件的能力和经验；另一方面中国传统上行政执法一直占据主导地位，行政执法机构比较健全，行政执法方式相对成熟，能够充分发挥行政保护的优势，有效打击侵犯知识产权的违法行为。

行政执法相较于司法保护具有下列优势：（1）案件受理门槛低。侵犯著作权的违法行为往往具有隐蔽性强、侵权人身份难以查明等特点。著作权行政管理部门本着积极受理是职责所在的执法理念，只要求投诉人提供初步的侵权线索，即便投诉人提交的材料不齐全、信息不完整也会立案受理。立案后，再通过行使行政执法的职权去调查侵权人。（2）维权成本小。投诉人一般只需要提交申请立案查处申请书、权利证明或利害关系证明、被侵权作品或制品以及其他已经掌握的证据，并在著作权行政管理部门组织听证的情况下予以积极配合即可，除此之外再没有其他更多的义务。可以有效节约律师费、调查费等费用，也无须为制止侵权提供财产担保。因此，投诉维权对于权利人而言成本较低。（3）投诉人举证责任轻。投诉人或者提交被侵权作品或制品，或者只需提交被投诉人实施侵权行为的相关信息，举证责任较轻。投诉一经受理，著作权行政管理部门即依据职权展开调查工作，收集相关侵权证据。而且，投诉人还可将著作权行政管理部门在行政执法过程中收集到的证据和行政处罚决定书提交到人民法院，在民事诉讼中直接作为侵权的证据使用，可以有效地提高权利人取证的效率、降低取证成本。（4）行政执法程序便捷高效。司法机关侧重于追求公正,而行政机关侧重于追求效率。对于著作权的权利人而言,获得经济赔偿有时不是最重要的目的,其维权的首要目的是及时地制止侵权,以占领市场、获得商机。因此,行政执法程序成为了部分权利人首选的维权方式。

给予行政保护也是著作权作为知识产权不同于其他类别私权属性的必然要求。著作权从产生起即源于封建社会的"特权",是国家权力干预的产物。虽然《TRIPS 协议》序言开篇即明确肯定了知识产权的私权属性,但序言同时也明确知识产权保护的目标不仅仅是权利人个人知识产权的保护,还存在着"存在于国内体系的根本性的公共政策目标,包括发展的和技术的目标"。因此,著作权的保护不仅关乎著作权人个人权益的保护和鼓励,还关乎国家、民族乃至人类智力成果、精神文明成果的传播,著作权法的核心是保护作者的人身和财产权益,但同时还要兼顾作品创作者、传播者和使用者之间利益的平衡。司法只能提供被动的、消极的保护,实现公共政策目标必然产生对行政保护的需求。

由于上述原因,1990 年《著作权法》第 46 条规定:对剽窃、抄袭他人作品等七种著作权侵权行为,可以由著作权行政管理部门给予没收非法所得、罚款等行政处罚,明确赋予著作权行政管理部门具有对著作权侵权行为的行政执法权。2001 年《著作权法》第 48 条对此规定虽有修改,但仍保留了著作权行政管理部门的行政执法权,只是附加了损害公共利益这一条件对行政执法权进行适当的限制。

(三)充分发挥司法保护的主导作用

著作权行政执法尽管具有及时、快捷和程序相对简化等特征,在著作权保护中发挥着不可替代的作用,但也存在以下不足:一是制度缺失。首先在侵权行为认定标准、数额确定、处罚程序等方面都没有完备的制度规定;其次,处罚措施不完备,欠缺责令停产停业、暂扣或吊销营业执照等处罚措施；再次，缺乏行政执法与司法救济的衔接机制，造成执法标准与司法标准的冲突矛盾。二是执法失范。执法主体众多、混乱，除了法律明文规定的著作权行政管理部门外，文化、公安、工商、海关等部门依据行政法规的规定都享有执法权，部门之间权责不清、标准不一、程序不明，利益角逐严重。上述弊端在一定程度上背离了行政执法保护著作权公共利益的价值目标。

与行政执法相比，著作权司法保护具有全面性、终局性、规范指引性等特点。（1）司法救济的全面性。人民法院在民事诉讼、行政诉讼和刑事诉讼中行使审判职能，可以为知识产权提供全方位的保护和救济，这是其他行政机关都不具备的优势。司法救济不仅可以充分保护著作人身权和著作财产权，监督著作权行政管理机关依法行政，还可以对严重侵犯知识产权构成犯罪的当事人予以严厉的刑事制裁，具有权利保护的全面性。（2）司法救济的终局性。司法是社会公平正义的最后一道防线，司法救济也是著作权保护的最终救济途径，具有权利救济的终局性效力。人民法院的生效判决既是终局的，又是"公正优先，兼顾效率"的，所以能够充分发挥定纷止争、维护正义的权利救济作用。人民法院终审判决的终局性，使司法救济程序较之于行政执法程序具有更加权威的法律效力。（3）司法救济的规范引导作用。新型疑难案件所涉及的法律问题往往经由个案裁判的推动才形成共识和规则，此类案件的裁判会产生超过案件本身的影响，具有规范引导的重要功能，使知识产权的拥有者和参与科技创新、运用科技成果者通过已发生纠纷的裁判结果，预判司法对自己类似行为的评判。在知识创造日新月异、新型纠纷不断涌现的现代社会，司法救济具有明晰法律标准、规范社会生活和维护国家法制统一的重大意义。（4）司法救济的损害赔偿功能。人民法院在民事审判中，不仅可以判令侵权人向权利人赔偿经济损失，支持权利人维权的合理支出，在法律规定的范围内甚至还可以处以惩罚性赔偿。这对于全面弥补权利人因侵权和维权遭受的损失，保护作者继续创作的积极性具有重要的意义。

司法保护也是著作权私权属性的必然要求。知识产权本质上属于私权，是市场竞争的工具，这种私权的属性决定了对知识产权的保护主要应当由权利人通过司法途径获得救济，而不能依赖于公权力的主动介入和干预，国家更主要的是通过完善司法救济体系，以公正高效权威的司法供给满足私权救济的需求。

综上，知识产权行政执法和司法救济各有优势，司法保护是知识产权私权属性的本质要求，发挥主导作用。2008 年《国家知识产权战略纲要》明确要求："健全知识产权执法和管理体制。加强司法保护体系和行政执法体系建设，发挥司法保护知识产权的主导作用。"为切实落实《国家知识产权战略纲要》关于充分发挥司法保护知识产权主导功能的要求，自 2008 年以来，中国采取了一系列措施：首先，建立专门的审判组织（知识产权庭），集中审理知识产权（包括著作权）民事、行政、刑事案件，实现知识产权审判的专业化，同时拉动知识产权保护的司法需求；其次，优化案件管辖布局，方便当事人诉讼，把著作权纠纷放到更多的基层法院管辖，并在符合法律规定的情况下适用简易程序审理，以简化救济程序，缩短维权周期，及时满足著作权司法保护需求；再次，完善诉前保护制度，加强诉前保护力度，减少著作权人对行政保护的依赖，充分发挥司法保护著作权的整体优势；最后，坚持全面赔偿，适当引入惩罚性赔偿，加大赔偿力度。通过上述措施的实施，人民法院知识产权审判的力量大大加强，著作权权利人通过司法保护著作权的积极性空前提高，司法保护著作权的主导作用日益凸显。据统计，从 2008 年到 2013 年，全国法院受理的著作权纠纷案件大幅度增加。2014 年 8 月 31 日，十二届全国人大常委会第十次会议表决通过了全国人大常委会《关于在北京、上海、广州设立知识产权法院的决定》，对于优化知识产权保护体系、妥善协调司法保护和行政执法的关系、发挥司法保护知识产权主导作用、统一知识产权司法保护标准等都具有深远意义。

三、著作权保护的部门体系

如上所述，行政执法和司法保护并行的双轨制是中国著作权保护的特色，中国著作权保护的部门体系也由行政和司法两大体系构成。

（一）著作权行政执法体系

1.著作权行政管理部门执法体系

依照《著作权法》第7条的规定，国务院著作权行政管理部门主管全国的著作权管理工作；各省、自治区、直辖市人民政府的著作权行政管理部门主管本行政区域的著作权管理工作。因此，国家版权局及地方版权行政管理机构是中国最主要的著作权管理和行政执法部门。

依据《著作权法》和《著作权法实施条例》的有关规定，国家版权局作为国务院版权行政管理部门，主管全国的著作权（包括软件著作权）工作，其主要职责包括：（1）贯彻实施著作权法律、法规，受全国人大及其常委会的委托，负责起草著作权法；同时受国务院的委托，起草、制定与著作权行政管理有关的行政法规；（2）负责查处在全国有重大影响的著作权案件、涉外侵权案件和认为应当由其查处的侵权案件；（3）负责批准设立、监督指导著作权集体管理机构、涉外代理机构和合同纠纷仲裁机构，并监督、指导其工作；（4）负责著作权涉外管理工作；（5）负责管理国家享有的著作权以及根据著作权法由国家享有或代为管理的著作权；（6）负责指导地方著作权行政管理部门的工作，监督地方著作权行政管理部门执行著作权法的情况；（7）承担国务院交办的其他著作权管理工作。

各省、自治区、直辖市版权局为地方人民政府版权行政管理部门，一些单列市和部分地、市也设立了版权局，其主要职责是根据《著作权法》和有关法律、法规，负责本辖区的著作权行政管理和行政执法，具体包括：（1）查处侵犯著作权以及与著作权有关的权益的案件；（2）调解著作权纠纷；（3）对境外出版图书、音像制品、电子出版物、计算机软件等授权合同以及著作权质押合同进行登记；（4）对作品进行自愿登记；（5）开展涉外著作权认证工作。

2. 海关执法体系

依据《中华人民共和国海关法》第 44 条的规定，海关依照法律、行政法规的规定，对与进出境货物有关的包括著作权在内的知识产权实施保护。依据该法第 91 条的规定，违反海关法规定，进出口侵犯中华人民共和国法律、行政法规保护的知识产权的货物的，由海关依法没收侵权货物，并处以罚款；构成犯罪的，依法追究刑事责任。上述规定赋予了海关对于侵犯知识产权的进出口货物进行没收、罚款的行政处罚权。2003 年 12 月，适应中国加入 WTO 之后履行《TRIPS 协议》的要求，国务院颁布了《中华人民共和国知识产权海关保护条例》，对海关如何针对知识产权进行行政执法做出了详细规定。

依据《中华人民共和国知识产权海关保护条例》，海关对与进出口货物有关并受中华人民共和国法律、行政法规保护的著作权和与著作权有关的权利实施保护。主要职责包括：（1）负责进出口货物知识产权的申报、备案管理；（2）受理有侵犯知识产权嫌疑的进出口货物的扣留申请；（3）对有侵犯知识产权嫌疑的进出口货物，依法采取扣留措施等；（4）对依法认定侵犯知识产权的进出口货物，依法采取没收、销毁等措施；（5）对进口或出口侵犯知识产权货物构成犯罪的，依法追究刑事责任等。

中国著作权海关保护工作起步较晚，但已经初步形成了基本完备的法律体系。在某些方面，甚至已超出了《TRIPS协议》对成员国的要求：在保护范围方面，《TRIPS协议》仅适用于进口货物的知识产权保护，中国则对进出口货物的知识产权都实施保护；在保护对象上，就著作权保护而言，《TRIPS协议》仅明确要求必须将假冒和盗版货物包括在内，中国则将其他侵犯著作权的行为都列入著作权海关保护的对象；在时限规定上也更为严格，等等。中国著作权海关保护的不足主要在于海关现行法律法规体系实体、程序合一，程序规定不到位，特别是对著作权犯罪的移送方面，程序规定过于原则，尚待进一步完善。

除著作权行政管理部门主管相关行政区域的著作权管理工作，海关负责与进出境货物有关的著作权保护工作外，各级工商、新闻出版、广播电影电视、文化、公安、科技、教育、技术监督等行政管理部门还按照各自职责，协助著作权行政管理部门做好著作权管理工作，承担部分著作权行政执法职能。

（二）著作权司法审判体系

依照中国宪法的规定，人民法院和人民检察院代表国家行使审判权和法律监督权的活动统属于司法范畴。作为私权，著作权的司法保护主要是指著作权审判。依照《人民法院组织法》第2条规定，中华人民共和国的审判权由地方各级人民法院、军事法院等专门人民法院、最高人民法院行使；地方各级人民法院分为：基层人民法院、中级人民法院、高级人民法院；最高人民法院是国家最高审判机关，设有刑事、民事、经济、行政、知识产权审判庭，监督地方各级人民法院和专门人民法院的审判工作。据此，设置于基层、中级、高级、最高人民法院的知识产权审判部门构成了中国著作权司法审判的机构体系。

1. 发展概况

中国著作权司法保护起步于 20 世纪 80 年代,迄今经历了 30 余年的快速发展历程,造就了一支高素质的知识产权审判队伍,基本形成了比较健全的审判体制和机制。1986 年 4 月,《民法通则》颁布实施,第一次将著作权列为民事权利的重要组成部分,并在第 94 条、第 118 条对保护公民的著作权做出明确规定,为人民法院受理著作权纠纷提供了法律依据。但是,由于公民的著作权意识尚待觉醒,著作权的保护处于起步阶段,人民法院著作权审判的力量还相当薄弱,因此当时的著作权纠纷均由民事审判庭审理,距离审判的专业化还有漫长的道路。1993 年 8 月北京市第一中级人民法院率先成立了全国第一个知识产权审判庭,接着全国部分省市的高、中级人民法院相继建立了知识产权审判庭,知识产权案件集中的部分基层法院也设立了知识产权审判庭,此后知识产权审判力量在知识产权审判实践中逐步发展壮大,特别是北京、上海等发达地区已经培养出一批专家型法官。截至 2012 年 12 月底,全国法院设立的知识产权审判庭共计 420 个;从事知识产权审判的法官共计 2759 人,本科及以上学历的占 97.5%,研究生及以上学历的占 41.1%。2014 年 8 月 31 日,十二届全国人大常委会第十次会议审议通过了最高人民法院提请的《关于在北京、上海、广州设立知识产权法院的决定》。根据该规定,将在北京、上海、广州设立知识产权法院。这标志着包括著作权在内的知识产权司法保护在中国将进入一个新阶段,对充分发挥双轨制保护模式下司法保护知识产权的主导作用、实现裁判标准的统一、促进行政执法与司法裁判标准的统一都将具有深远意义。

2. "四级两审"制的审判体系

依照《人民法院组织法》第 12 条规定,人民法院审判案件,实行两审终审制。因此,中国著作权的司法保护体系实行"四级两审

22

制"，即一个著作权案件经过四级法院一审、二审程序审理即告终结的审判体制。四级法院即最高人民法院、高级人民法院、中级人民法院和基层人民法院四级法院。基层人民法院可以设立若干人民法庭，人民法庭不是一级审判组织，而是基层人民法院的派出机构，以基层人民法院的名义进行裁判。依照《民事诉讼法》第198—199条的规定，对于已经发生法律效力的判决、裁定确有错误的，可以通过审判监督程序再审。适应中国著作权审判的实践需要，最高人民法院于2002年10月发布了《关于审理著作权民事纠纷案件适用法律若干问题的解释》，确立了适合中国国情的著作权审判体制。依照该解释第一条的规定，人民法院受理以下著作权民事纠纷案件：（一）著作权及与著作权有关权益权属、侵权、合同纠纷案件；（二）申请诉前停止侵犯著作权、与著作权有关权益行为，申请诉前财产保全、诉前证据保全案件；（三）其他著作权、与著作权有关权益纠纷案件。该解释第二条规定，涉及著作权的民事纠纷案件一审一般由各中级人民法院管辖，二审为各高级人民法院，部分案件也可由基层人民法院管辖，二审为各中级人民法院。截至2013年年底，全国共有160个基层人民法院享有著作权民事案件管辖权。依据《关于在北京、上海、广州设立知识产权法院的决定》，将在北京、上海、广州设立知识产权法院。知识产权法院审判庭的设置，由最高人民法院根据知识产权案件的类型和数量确定。知识产权法院所在市的基层人民法院第一审著作权、商标等知识产权民事和行政判决、裁定的上诉案件，由知识产权法院审理。知识产权法院第一审判决、裁定的上诉案件，由知识产权法院所在地的高级人民法院审理。

3. 司法保护的路径

（1）著作权民事诉讼

《TRIPS协议》开篇即指出知识产权系私权，司法救济是作为私权的知识产权的终极救济方式，其中民事诉讼又是知识产权人维护自身合法权益，获得经济赔偿的基本方式，在知识产权司法保护中居于基础性地位。因此，著作权民事诉讼是调节著作权关系中著作权人利益、作品使用者和传播者利益的最主要的途径。《民法通则》第 118 条规定，公民、法人的著作权（版权）、专利权、商标专用权、发现权、发明权和其他科技成果权受到剽窃、篡改、假冒等侵害的，有权要求停止侵害，消除影响，赔偿损失。《著作权法》第 46、48—54 条以八个条文对著作权的民事赔偿标准、财产保全、行为保全、证据保全、著作合同等做出规定，是著作权民事诉讼的基本法律依据。依照最高人民法院《民事案件案由的规定》，目前人民法院受理的著作权民事纠纷包括著作权合同纠纷、著作权权属和侵权纠纷以及确认不侵害著作权纠纷三大类四十二种纠纷，涵盖著作权民事诉讼的各个方面。

调节国内著作权民事诉讼关系的法律制度由实体法和程序法两部分组成，实体法律制度包括《民法通则》《侵权责任法》《合同法》《著作权法》《著作权法实施条例》《计算机软件保护条例》《信息网络传播权保护条例》《最高人民法院关于审理著作权民事纠纷案件适用法律若干问题的解释》等，程序法律制度主要由《民事诉讼法》及其司法解释等组成。调节涉外著作权民事诉讼关系的法律制度包括《TRIPS 协议》《伯尔尼公约》等。

（2）著作权行政诉讼

著作权行政诉讼是人民法院对行政主体主要是各级版权管理部门所实施的确认、管理著作权、处理著作权纠纷等执法行为的合法性、合理性进行司法审查的诉讼活动与制度。它是调节著作权关系中国家利益、著作权人利益、作品使用者和传播者利益的重要途径。依照《著作权法》第 55 条规定，当事人对行政处罚不服的，可以自收到行政处罚决定书之日起三个月内向人民法院起诉，期满不起诉又不履行的，著作权行政管理部门可以申请人民法院执行。《中华人民共和国行政诉讼法》第 39 条规定，对于行政执法机关处理决定不服的，可以在知道做出具体行政行为之日起的三个月内向人民法院提起行政诉讼。上述规定构成著作权行政诉讼的基本法律依据。据此，当事人对著作权管理部门依照《著作权法》第 47 条和《著作权法实施条例》第 38 条做出的著作权行政处理决定不服的，均可依法提起行政诉讼。

在中国，调节国内著作权行政诉讼关系的法律制度亦由实体法和程序法两部分组成，实体法律制度包括《著作权法》《计算机软件保护条例》《音像制品管理条例》《著作权质押合同登记办法》《著作权行政处罚实施办法》等，程序法律制度主要由《行政诉讼法》及其司法解释等组成。

（3）著作权刑事诉讼

著作权刑事诉讼是对侵害著作权情节严重构成犯罪的行为适用刑法和刑事诉讼法进行司法救济的路径。在国际上，著作权的刑法保护是 20 世纪 70 年代以后出现的新事物。在中国，1990 年《著作权法》没有规定侵犯著作权的刑事责任，以至于该法颁布后，侵权行为无论怎样严重，侵权人均不会因侵犯版权而负刑事责任，中国因此受到国际社会的批评。为了应对国际社会尤其是与美国达成的《关于保护知识产权的备忘录》的要求，打击日益严重的对图书、录音录像、计算机软件等作品、制品的盗版活动的需要，1994 年 7 月 5 日八届全国人大常委会第八次会议正式通过《关于惩治侵犯著作权的犯罪的决定》，这是中国第一部专门对著作权进行刑法保护的单行刑事法律。1997 年修订的《中华人民共和国刑法》在第三章第八节专门规定了"侵犯知识产权罪"，其中，第 217 条和第 218 条吸收《关于惩治侵犯著作权的犯罪的决定》中的内容，对侵犯著作权罪和销售侵权复制品罪作出规定，成为著作权刑法保护的基本依据。

4."三合一"的审判模式

如前所述，中国知识产权制度建立伊始即实行行政和司法保护的"双轨制"。为了在双轨制的保护体制下保证裁判标准的统一，中国自 1996 年起即开始在上海市浦东新区人民法院探索实践知识产权民事审判、行政审判、刑事审判"三合一"的审判模式，即改变以前民事、行政、刑事知识产权案件分别由民事、行政、刑事审判庭审理的"三审分立"模式，将案件全部集中到知识产权审判庭统一审理，以利于裁判标准的统一。2006 年广东省高院开始在广州市天河区人民法院、深圳市南山区人民法院以及佛山市南海区人民法院进行知识产权"三合一"的试点，此后江苏、浙江、重庆、湖北等省市均开始"三合一"审判模式的探索，并逐渐建立起"三审合一"的知识产权审判机制，实现了对包含著作权在内的知识产权行政、民事、刑事保护的立体保护。截至 2013 年，全国共有 7 个高级法院、79 个中级法院、71 个基层法院开展了知识产权审判的"三合一"试点工作。

伴随审判力量的不断壮大和审判体制机制的完善，司法保护著作权的主导作用不断增强，多年来人民法院受理的著作权纠纷数量不断增长。以近三年为例，依据《中国知识产权司法保护状况（2010—2013)》和有关部门提供的《2011—2013 年知识产权案件数量地域分布表》，2011 年至 2013 年，中国地方法院受理的一审、二审著作权案件增幅显著。2011 年新收著作权案件 24719 件，比上年增长61.54%；2012 年新收著作权案件 53848 件，比上年增长 53.04%；2013 年新收 51351 件，同比略有下降。著作权纠纷在所有知识产权纠纷类型中所占比重最大，2011—2012 连续两年超过 70%。

四、侵犯著作权的救济程序

（一）行政执法程序

国家版权局颁布的《著作权行政处罚实施办法》对著作权行政管理部门的行政处罚行为以及行政执法程序作出了明确规定。

1. 处罚范围

著作权行政管理部门有权实施行政处罚的违法行为包括以下几种：一是《著作权法》规定的侵权行为，并同时损害公共利益的；二是《计算机软件保护条例》规定的侵权行为，并同时损害公共利益的；三是《信息网络传播权保护条例》规定的侵权行为；四是《著作权集体管理条例》规定的应予行政处罚的行为；五是其他有关著作权法律、法规、规章规定的应给予行政处罚的违法行为。

2. 案件管辖

侵犯著作权的违法行为，一般由侵权行为实施地、侵权结果发生地、侵权制品储藏地或者依法查封扣押地的著作权行政管理部门负责查处，但是，侵犯信息网络传播权的违法行为，因网络侵权行为的特殊性，可以由侵权人住所地、实施侵权行为的网络服务器等设备所在地或侵权网站备案登记地的著作权行政管理部门负责查处。国家版权局和地方著作权行政管理部门负责查处违法行为的管辖范围有分工的不同，国家版权局可以依职权查处在全国有重大影响的违法行为，以及认为应当由其查处的其他违法行为，地方著作权行政管理部门负责查处本辖区发生的违法行为。

3. 投诉程序

著作权的权利人认为自己的权利遭到侵犯，可以向著作权行政管理部门投诉，申请著作权行政管理部门予以立案查处的，投诉人应当提交申请书、权利证明、被侵权作品或制品以及其他证据。权利人可以委托代理人代为申请查处，并由代理人向著作权行政管理部门出示委托书。除受理投诉案件外，著作权行政管理部门还可以自行决定立案查处，或者根据有关部门移送的材料决定立案查处，也可以根据被侵权人、利害关系人或者其他知情人的投诉或者举报决定立案查处。

4. 主动查处

无论是受理的投诉案件还是自行决定查处的案件，著作权行政管理部门的办案人员应当及时进行调查，并要求法定的举证责任人在著作权行政管理部门指定的期限内举证。当事人提供的涉及著作权的底稿、原件、合法出版物、作品登记证书、著作权合同登记证书、认证机构出具的证明、取得权利的合同，以及当事人自行或者委托他人以订购、现场交易等方式购买侵权复制品而取得的实物、发票等，可以作为证据。办案人员在取证时还可以采取以下手段收集、调取有关证据：一是查阅、复制与涉嫌违法行为有关的文件档案、账簿和其他书面材料；二是对涉嫌侵权制品进行抽样取证；三是对涉嫌侵权制品、安装存储涉嫌侵权制品的设备、涉嫌侵权的网站网页、涉嫌侵权的网站服务器和主要用于违法行为的材料、工具、设备等依法先行登记保存。

5. 行政处罚

对于侵犯著作权的违法行为，著作权行政管理部门在责令侵权人停止侵权行为的同时，可以给予以下行政处罚：警告、罚款、没收违法所得、没收侵权制品、没收安装存储侵权制品的设备、没收主要用于制作侵权制品的材料、工具、设备等以及法律、法规、规章规定的其他行政处罚。对于罚款的数额，《著作权法实施条例》第36条作了明确规定：非法经营额5万元以上的，著作权行政管理部门可处非法经营额1倍以上5倍以下的罚款；没有非法经营额或者非法经营额5万元以下的，著作权行政管理部门根据情节轻重，可处 25 万元以下的罚款。对于侵犯计算机软件著作权违法行为的罚款数额,《计算机软件保护条例》第 24 条作出了特别规定,即:复制或者部分复制著作权人的软件的,或向公众发行、出租、通过信息网络传播著作权人的软件的,可以并处每件 100 元或者货值金额 1 倍以上 5 倍以下的罚款;故意避开或者破坏著作权人为保护其软件著作权而采取的技术措施的,故意删除或者改变软件权利管理电子信息的,或转让或者许可他人行使著作权人的软件著作权的,可以并处 20 万元以下的罚款。此外,对于违法所得数额(即获利数额)2500 元以上、非法经营数额在 15000 元以上、经营侵权制品在 250 册(张或份)以上、因侵犯著作权曾经被追究法律责任又侵犯著作权以及造成其他重大影响或者严重后果等情节严重的侵权行为,著作权行政管理部门还可以没收主要用于制作侵权制品的材料、工具和设备。

6. 救济渠道

当事人对国家版权局的行政处罚不服的,可以向国家版权局申请行政复议;当事人对地方著作权行政管理部门的行政处罚不服的,可以向该部门的本级人民政府或者其上一级著作权行政管理部门申请行政复议。当事人对行政处罚不服的,也可以自收到行政处罚决定书之日起三个月内向人民法院起诉,期满不起诉又不履行的,著作权行政管理部门可以申请人民法院执行。

(二)司法救济程序

1. 民事诉讼程序

知识产权民事诉讼在保护知识产权、促进自主创新方面发挥着主渠道的作用。著作权案件在知识产权民事案件中占有较大比例,以 2013 年为例,全国地方人民法院共新收知识产权民事一审案件 88583 件,其中著作权纠纷案件 51351 件,占全部知识产权民事案

29

件的 57.97%。① 著作权民事纠纷案件涉及的司法程序问题主要有以下几个方面：

（1）起诉

依照《民事诉讼法》第 119 条的规定，当事人提起民事诉讼，必须符合以下条件：原告是与本案有直接利害关系的公民、法人和其他组织，有明确的被告，有具体的诉讼请求和事实、理由，属于人民法院受理民事诉讼的范围和受诉人民法院管辖，并且，起诉应当向人民法院递交起诉状，并按照被告人数提出副本。

（2）管辖

著作权案件的专业性较强，尤其是网络著作权案件，往往涉及最新颖、最前沿的信息网络技术，而且技术问题与法律问题相互交织，案件审理难度较大。为保证案件审理质量和效率，也为有利于培养专业法官、积累审判经验和强化工作指导，2002 年最高人民法院出台了《最高人民法院关于审理著作权民事纠纷案件适用法律若干问题的解释》，对著作权民事纠纷案件实行相对集中的管辖。该司法解释第 2 条规定，著作权民事纠纷案件，由中级人民法院管辖。该条规定体现的是著作权民事纠纷案件的级别管辖，即著作权民事纠纷的第一审案件由中级人民法院管辖，第二审案件由高级人民法院审理。考虑到中国地域发展很不平衡，沿海经济发达地区和省会城市的著作权案件较多，各高级人民法院还可以根据本辖区的实际情况，确定若干基层人民法院管辖第一审著作权民事纠纷案件。

《最高人民法院关于审理著作权民事纠纷案件适用法律若干问题的解释》第 4 条规定：因侵犯著作权行为提起的民事诉讼，由侵权行为的实施地、侵权复制品储藏地或者查封扣押地、被告住所地人

---

① 参见《2013 年中国法院知识产权司法保护状况》白皮书。

民法院管辖。该规定中的侵权复制品储藏地，是指大量或者经常性储存、隐匿侵权复制品所在地；查封扣押地，是指海关、版权、工商等行政机关依法查封、扣押侵权复制品所在地。此外，在《最高人民法院关于审理侵害信息网络传播权民事纠纷案件适用法律若干问题的规定》中，针对侵犯网络著作权的特殊情况，为方便权利人诉讼维权，最高人民法院将"侵权行为地"解释为包括实施被诉侵权行为的网络服务器、计算机终端等设备所在地。侵权行为地和被告住所地均难以确定或者在境外的，原告发现侵权内容的计算机终端等设备所在地可以视为侵权行为地。

（3）诉讼时效

依照《民法通则》的规定，向人民法院起诉请求保护民事权益的诉讼时效期间为 2 年，从知道或应当知道权利被侵害时起计算，著作权民事纠纷的诉讼时效同样适用该规定。另外，从权利被侵害之日起超过 20 年才起诉的，人民法院对著作权民事纠纷的利益不再予以保护。但是，有些侵犯著作权的行为是长期延续的，为加强对著作权的保护，《最高人民法院关于审理著作权民事纠纷案件适用法律若干问题的解释》第 28 条规定：权利人超过 2 年起诉的，如果侵权行为在起诉时仍在持续，在该著作权保护期内，人民法院应当判决被告停止侵权行为；侵权损害赔偿数额应当自权利人向人民法院起诉之日起向前推算 2 年计算。

（4）保全

侵犯著作权行为与一般民事侵权行为相比，具有侵权行为实施便捷、侵权成本低、损害后果容易扩大等特点。为制止正在实施或即将实施的侵权行为、保存关键的侵权证据、避免损害后果进一步扩大或导致无法弥补的损失，《TRIPS 协议》第 50 条规定了"临时措施"，即：司法机关有权责令采取迅速和有效的临时措施以便防止侵犯知识产权的货物进入商业渠道，以及保存关于被指控侵权的有关证据。中国《著作权法》以《TRIPS 协议》为依据，规定了诉前责令停止侵权（诉前禁令）、诉前证据保全和诉前财产保全三类临时措施。《著作权法》第 50 条规定了诉前责令停止侵权和诉前财产保全：著作权人或者与著作权有关的权利人有证据证明他人正在实施或者即将实施侵犯其权利的行为，如不及时制止将会使其合法权益受到难以弥补的损害的，可以在起诉前向人民法院申请采取责令停止有关行为和财产保全的措施。《著作权法》第 51 条规定了诉前证据保全：为制止侵权行为，在证据可能灭失或者以后难以取得的情况下，著作权人或者与著作权有关的权利人可以在起诉前向人民法院申请保全证据。在借鉴知识产权临时措施成功经验的基础上，2012 年修正的《民事诉讼法》规定了诉前和诉讼过程中的证据保全、财产保全和行为保全三类保全措施，即：《民事诉讼法》第 81 条规定，在证据可能灭失或者以后难以取得的情况下，当事人可以在诉讼过程中向人民法院申请保全证据，人民法院也可以主动采取保全措施。因情况紧急，在证据可能灭失或者以后难以取得的情况下，利害关系人可以在提起诉讼或者申请仲裁前向证据所在地、被申请人住所地或者对案件有管辖权的人民法院申请保全证据。《民事诉讼法》第 100 条规定，人民法院对于可能因当事人一方的行为或者其他原因，使判决难以执行或者造成当事人其他损害的案件，根据对方当事人的申请，可以裁定对其财产进行保全、责令其做出一定行为或者禁止其做出一定行为；当事人没有提出申请的，人民法院在必要时也可以裁定采取保全措施。《民事诉讼法》第 101 条规定，利害关系人因情况紧急，不立即申请保全将会使其合法权益受到难以弥补的损害的，可以在提起诉讼或者申请仲裁前向被保全财产所在地、被申请人住所地或者对案件有管辖权的人民法院申请采取保全措施。

（5）审判程序

如前所述，中国实行"四级二审"的审判体制，一件著作权纠纷经过四级法院和一审、二审程序审理即告终结。当事人不服地方人民法院第一审判决或裁定的，有权在法定期限内向上一级人民法院提起上诉。第二审人民法院做出的判决、裁定，就是终审判决、裁定。当然，对第一审人民法院作出的判决或裁定，如果当事人在法定期限内没有提起上诉，则发生法律效力。最高人民法院的判决、裁定，是发生法律效力的判决、裁定。当事人对已经发生法律效力的判决、裁定，认为有错误的，可以向上一级人民法院申请再审；各级人民法院院长对本院已经发生法律效力的判决、裁定、调解书，发现确有错误，经提交审判委员会讨论决定，可以再审；最高人民法院对地方各级人民法院已经发生法律效力的判决、裁定、调解书，上级人民法院对下级人民法院已经发生法律效力的判决、裁定、调解书，发现确有错误的，有权提审或者指令下级人民法院再审；人民检察院提出抗诉的案件，人民法院应当再审。

第一审程序可分为以下阶段：起诉和受理、审理前的准备、开庭审理、休庭评议和宣判等。开庭审理主要包括宣布开庭、法庭调查、法庭辩论和最后陈述等环节。当事人对自己提出的主张，有责任提供证据，简言之，在民事诉讼中，实行"谁主张，谁举证"的证据规则。当事人因客观原因不能自行收集的证据，可以申请人民法院调查收集。人民法院认为审理案件需要的证据，可以依职权调查收集。根据当事人自愿的原则，人民法院在事实清楚的基础上和分清是非的前提下，可以进行调解，调解不成的，应当及时判决。人民法院适用一审普通程序审理的案件，应当在立案之日起六个月内审结。有特殊情况需要延长的，由本院院长批准，可以延长六个月；还需要延长的，报请上级人民法院批准。

第二审人民法院审理上诉案件，应当对上诉请求的有关事实和适用法律进行审查。除《民事诉讼法》有特别规定的外，适用第一审普通程序。第二审人民法院对上诉案件，经过审理，按照下列情形，分别处理：原判决、裁定认定事实清楚，适用法律正确的，以判决、裁定方式驳回上诉，维持原判决、裁定；原判决、裁定认定事实错误或者适用法律错误的，以判决、裁定方式依法改判、撤销或者变更；原判决认定基本事实不清的，裁定撤销原判决，发回原审人民法院重审，或者查清事实后改判；原判决遗漏当事人或者违法缺席判决等严重违反法定程序的，裁定撤销原判决，发回原审人民法院重审。原审人民法院对发回重审的案件作出判决后，当事人提起上诉的，第二审人民法院不得再次发回重审。人民法院审理对判决的上诉案件，应当在第二审立案之日起三个月内审结。有特殊情况需要延长的，由本院院长批准。人民法院审理对裁定的上诉案件，应当在第二审立案之日起三十日内作出终审裁定。

人民法院按照审判监督程序再审的案件，发生法律效力的判决、裁定是由第一审法院作出的，按照第一审程序审理，所作的判决、裁定，当事人可以上诉；发生法律效力的判决、裁定是由第二审法院作出的，按照第二审程序审理，所作的判决、裁定，是发生法律效力的判决、裁定。

（6）审判公开制度

人民法院审理民事案件，以公开审判为原则，以不公开审理为例外。具体来说，除涉及国家秘密、个人隐私或者法律另有规定的案件以外，应当公开审理；离婚案件和涉及商业秘密的案件，经当事人申请，可以不公开审理。证据应当在法庭上出示，并由当事人互相质证，但对涉及国家秘密、商业秘密和个人隐私的证据应当保密，不在公开开庭时出示。

（7）民事责任

《著作权法》第 47 条规定，侵犯著作权的行为，应当根据情况，承担停止侵害、消除影响、赔礼道歉和赔偿损失等民事责任。

关于停止侵害。人民法院在作出民事判决时，如果侵权行为仍在继续，人民法院可以判令侵权人立即停止实施侵害他人著作权的行为。无论侵权人在主观上是否存在过错，只要其客观行为构成侵权，就应当立即停止侵权。

关于消除影响。当侵权人的侵权行为导致作者或其作品的声誉受到损害时，人民法院可以判令侵权人在一定范围内澄清事实，以消除在社会公众中对被侵权人或者其作品的不良影响。一般来说，侵权人造成的不良影响的范围有多大，就应当在多大的范围内判令消除影响。

关于赔礼道歉。作者享有的权利中包括了著作人身权，当侵权人侵犯了作者的人身权利，单纯的经济赔偿有时无法弥补侵权人造成的损害。在这种情况下，人民法院可以判令侵权人向作者承认错误，表示歉意。

关于赔偿损失。赔偿损失主要适用于对著作财产权的侵害，如果侵权人侵犯了著作权人的财产性权利，致使著作权人蒙受了经济损失，人民法院可以判令侵权人赔偿经济损失。《著作权法》第 49 条规定，侵犯著作权或者与著作权有关的权利的，侵权人应当按照权利人的实际损失给予赔偿；实际损失难以计算的，可以按照侵权人的违法所得给予赔偿。权利人的实际损失或者侵权人的违法所得不能确定的，由人民法院根据侵权行为的情节，判决给予 50 万元以下的赔偿。该规定表明，中国规定了三种计算赔偿数额的方式：第一种方式是按照权利人的实际损失计算赔偿数额，第二种方式是在实际损失无法查明的情况下，按照侵权人的违法所得计算赔偿数额，第三种方式是在实际损失和违法所得都无法查明的情况下，适用法定赔偿方式，由人民法院根据侵权行为的情节在 50 万元的范围内酌定赔偿数额。人民法院在适用法定赔偿方式酌情确定赔偿数额时，应当综合考虑作品类型、合理使用费、侵权行为性质和后果等因素。并且，赔偿的数额还应当包括权利人为制止侵权行为所支付的合理开支，包括权利人或者委托代理人对侵权行为进行调查、取证的合理费用。人民法院根据当事人的诉讼请求和具体案情，可以将符合国家有关部门规定的律师费用计算在赔偿范围内。

2. 刑事诉讼程序

著作权在本质上是一种私权，侵犯著作权的行为一般只承担民事责任。但是，严重侵犯著作权的违法行为，不仅会损害著作权人的合法权益，还会破坏市场经营秩序，损害社会公共利益。为惩治严重危害著作权的违法行为，中国《刑法》分则第三章第七节第217—218 条中规定了两款侵犯著作权的犯罪。依照《中华人民共和国刑事诉讼法》的规定，著作权刑事案件涉及的司法程序问题主要有侦查、公诉、审判和执行等环节。

（1）侦查

著作权刑事案件的侦查由公安机关进行。侦查首先要经历受案、初查和立案三个阶段。受案是侦查机关接受报案、控告、举报或者犯罪嫌疑人自首的活动；初查是侦查机关对案件材料进行初步审查，以确定是否符合立案条件的活动；立案，即侦查机关对于受理的案件，经过初查认为符合法律规定的，决定将案件立为刑事案件进行侦查。立案之后，侦查机关可以根据案情需要，采取讯问犯罪嫌疑人，询问证人，勘验、检查，搜查，查封、扣押物证、书证，鉴定，通缉等措施。公安机关认为符合侦查终结条件的案件，应当写出起诉意见书，连同案卷材料、证据一并移送同级人民检察院审查决定，同时将案件移送情况告知犯罪嫌疑人及其辩护律师。

（2）公诉

刑事诉讼程序分为公诉程序和自诉程序。公诉是指人民检察院对犯罪嫌疑人的犯罪行为向人民法院提出控告，要求人民法院通过审判程序确定犯罪事实以及惩罚犯罪人的诉讼活动。公诉程序分为立案、侦查、起诉、审判和执行五个阶段。人民检察院审查案件，对于需要补充侦查的，可以退回公安机关补充侦查，也可以自行侦查。补充侦查以二次为限，对于二次补充侦查的案件，人民检察院仍然认为证据不足，不符合起诉条件的，应当作出不起诉的决定。人民检察院认为犯罪嫌疑人的犯罪事实已经查清，证据确实、充分，依法应当追究刑事责任的，应当作出起诉决定，按照审判管辖的规定，向人民法院提起公诉，并将案卷材料、证据移送人民法院；人民检察院经审查认为犯罪嫌疑人没有犯罪事实，或者有其他不追究刑事责任情形的，应当作出不起诉决定；对于犯罪情节轻微，依照刑法规定不需要判处刑罚或者免除刑罚的，人民检察院可以作出不起诉决定。

（3）自诉

自诉案件是被害人或其法定代理人、近亲属为追究被告人刑事责任，直接向人民法院提起诉讼，并由人民法院直接受理的刑事案件。自诉案件包括三类，第一类是告诉才处理的案件；第二类是人民检察院没有提起公诉，被害人有证据证明的轻微刑事案件；第三类是被害人有证据证明对被告人侵犯自己人身、财产权利的行为应当依法追究刑事责任，且有证据证明曾经提出控告，而公安机关或者人民检察院不予追究被告人刑事责任的案件。上述第二类案件的受案范围即包括《刑法》分则第三章第七节规定的侵犯知识产权的案件，但严重危害社会秩序和国家利益的除外。人民法院对著作权的自诉案件，可以进行调解；自诉人在宣告判决前，可以同被告人自行和解或者撤回自诉。

（4）管辖

关于级别管辖。基层人民法院管辖侵犯著作权的第一审刑事案件，但是，上级人民法院在必要的时候，可以审判下级人民法院管辖的第一审刑事案件，上级人民法院也可以指定下级人民法院将案件移送其他人民法院审判。

关于地域管辖。中国《刑事诉讼法》规定，刑事案件由犯罪地的人民法院管辖，如果由被告人居住地的人民法院审判更为适宜的，可以由被告人居住地的人民法院管辖。但在司法实践中，大量侵犯著作权的犯罪是发生在国际互联网上的跨地域犯罪，传统的刑事案件管辖原则难以有效打击发生在互联网上侵犯著作权的犯罪行为。对此，2013 年 1 月 1 日起施行的《最高人民法院关于适用〈刑事诉讼法〉的解释》第 2 条专门规定，犯罪地包括犯罪行为发生地和犯罪结果发生地，针对或者利用计算机网络实施的犯罪，犯罪地包括犯罪行为发生地的网站服务器所在地，网络接入地，网站建立者、管理者所在地，被侵害的计算机信息系统及其管理者所在地，被告人、被害人使用的计算机信息系统所在地，以及被害人财产遭受损失地。2014 年 5 月 4 日颁布的《最高人民法院、最高人民检察院、公安部关于办理网络犯罪案件适用刑事诉讼程序若干问题的意见》第 2 条第二款、第三款进一步明确：网络犯罪案件的犯罪地包括用于实施犯罪行为的网站服务器所在地，网络接入地，网站建立者、管理者所在地，被侵害的计算机信息系统或其管理者所在地，犯罪嫌疑人、被害人使用的计算机信息系统所在地，被害人被侵害时所在地，以及被害人财产遭受损失地等；涉及多个环节的网络犯罪案件，犯罪嫌疑人为网络犯罪提供帮助的，其犯罪地或者居住地公安机关可以立案侦查。上述司法解释针对网络犯罪的特点，明确了网络犯罪案件管辖的具体情形，有利于打击侵犯著作权的犯罪活动。

（5）审判

与民事诉讼一样，刑事诉讼实行二审终审制，刑事审判程序也可以分为第一审程序、第二审程序和再审程序。刑事案件的开庭审理可以分为宣布开庭、法庭调查、法庭辩论和被告人最后陈述等阶段。

人民法院决定开庭审判后，应当确定合议庭的组成人员，将人民检察院的起诉书副本至迟在开庭十日以前送达被告人及其辩护人。在开庭以前，审判人员可以召集公诉人、当事人和辩护人、诉讼代理人，对回避、出庭证人名单、非法证据排除等与审判相关的问题，了解情况，听取意见。第一审案件应当公开进行，但涉及国家秘密或个人隐私的案件，不公开审理；涉及商业秘密的案件，当事人申请不公开审理的，可以不公开审理。

与民事诉讼不同的是，在公诉案件中，被告人有罪的举证责任由人民检察院承担。但是，在自诉案件中，被告人有罪的举证责任由自诉人承担。

（6）刑事责任

侵犯著作权的刑事责任是指侵权人因其侵犯著作权的行为触犯《刑法》第217条或218条规定而应当承担的法律责任。按照《刑法》规定，侵犯著作权罪的刑事责任包括：违法所得数额较大或者有其他严重情节的，处三年以下有期徒刑或者拘役，并处或者单处罚金；违法所得数额巨大或者有其他特别严重情节的，处三年以上七年以下有期徒刑，并处罚金。销售侵权复制品罪的刑事责任包括：违法所得数额巨大的，处三年以下有期徒刑或者拘役，并处或者单处罚金。单位犯侵犯著作权罪或销售侵权复制品罪的，对单位判处罚金，并对其直接负责的主管人员和其他直接责任人员，依照上述法律规定处罚。

3.行政诉讼程序

知识产权行政诉讼有着重要的审判职能作用，一方面可以充分发挥人民法院的司法审查职能，依法维护行政管理相对人的合法权益，另一方面还可以支持行政机关依法行政，促进提高知识产权行政保护水平。根据行政诉讼的分类标准，著作权行政案件可以分为作为类著作权行政案件、不作为类著作权行政案件和著作权行政赔偿案件。根据被诉具体行政行为的性质，一般可以将知识产权行政案件分为授权确权类知识产权行政案件、裁决类知识产权行政案件和处罚类知识产权行政案件。但是，与专利授权确权行政案件和商标授权确权行政案件不同的是，中国的著作权行政案件中并不包括授权确权类行政案件。中国《著作权法》和《伯尔尼公约》的要求一样，对著作权实行自动保护原则，即著作权自作品创作完成之日起产生，不需要履行任何登记手续，无须经过著作权行政管理部门的授权。为维护著作权人的合法权益，有效解决因权利归属造成的纠纷，并为解决著作权纠纷提供初步证据，中国实行作品自愿登记制度，并颁布了《作品自愿登记试行办法》，但不论作品是否登记，著作权人依法取得的著作权不受影响。

（1）起诉

根据《行政诉讼法》和《最高人民法院关于执行〈行政诉讼法〉若干问题的解释》的规定，当事人提起著作权行政诉讼，应当符合一定的条件：原告须具有资格，有明确的被告，有具体的诉讼请求和事实理由，所诉的著作权行政行为必须是属于行政诉讼案件受理范围的具体行政行为，案件属于受诉人民法院的管辖且在法律规定的诉讼时效内起诉。

（2）管辖

关于级别管辖。第一审著作权行政案件一般由基层人民法院管辖，但是，上级人民法院有权审判下级人民法院管辖的第一审行政案件，也可以把自己管辖的第一审行政案件移交下级人民法院审判。

关于地域管辖。著作权行政案件由最初做出具体行政行为的行政机关所在地人民法院管辖，经复议的案件，复议机关改变原具体行政行为的，也可以由复议机关所在地人民法院管辖。

（3）审判

行政诉讼同样实行二审终审制，行政审判程序也分为第一审程序、第二审程序和再审程序。人民法院公开审理行政案件，但涉及国家秘密、个人隐私和法律另有规定的除外。在著作权行政诉讼中，作为被告的著作权行政管理部门对做出的具体行政行为负有举证责任，应当提供做出该具体行政行为的证据和所依据的规范性文件，并且，在诉讼过程中，被告不得自行向原告和证人收集证据。

关于著作权行政案件的审查范围，《行政诉讼法》第5条规定，人民法院审理行政案件，对具体行政行为是否合法进行审查。依照该条规定，人民法院审理著作权行政纠纷案件，只能对著作权行政管理部门的具体行政行为进行审查，而不能对抽象行政行为进行审查，并且，人民法院只审查著作权行政管理部门具体行政行为的合法性，而不审查合理性，这体现了人民法院对行政机关运用专门知识做出的行政判断和行政裁量的尊重。

《最高人民法院关于执行〈行政诉讼法〉若干问题的解释》第97条规定，人民法院审理行政案件，除依照《行政诉讼法》和本解释外，可以参照民事诉讼的有关规定。

（4）裁判方式

人民法院经过审理，如果认为具体行政行为证据确凿，适用法律、法规正确，符合法定程序的，判决维持；如果认为具体行政行为的主要证据不足、适用法律法规错误、违反法定程序、超越职权或滥用职权的，判决撤销或者部分撤销，并可以判决被告重新做出具体行政行为；如果认为被告不履行或者拖延履行法定职责的，判决其在一定期限内履行；如果认为行政处罚显失公正的，可以判决变更。

五、新技术条件下著作权制度面临的挑战与发展

传统的著作权审判侧重于保护作者的创作积极性，激励作者在文学、艺术、科学领域创作更多更好的作品，其主要关注的是著作权人与社会公众之间的利益平衡。但在现代社会，著作权与技术创新和产业发展紧密联系在一起，一方面，信息技术的快速发展导致的新型网络著作权纠纷层出不穷，著作权纠纷案件的热点随着互联网新技术的更替而转移；另一方面，网络著作权的商业化运用不断塑造出新的商业模式，网络文化产业成为国民经济新的增长点。面对著作权领域立法滞后导致的规则不明，人民法院的著作权审判发挥着"先行先试"、"司法反哺立法"的重要作用。与此同时，著作权在商业化运用的过程中，与专利权、商标权、不正当竞争行为等相互交织，著作权司法保护的问题更加复杂，成为人民法院著作权审判的新课题。可以说，当今著作权审判已经远远超出了对创作的保护，需要合理平衡著作权人、网络服务提供者和社会公众三方面的利益，以及协调著作权法与其他知识产权专门法之间的保护关系，积极应对各种新挑战。

（一）"三网融合"对传统利益格局的冲击

2014年6月25日，美国联邦最高法院大法官以6：3的投票裁定：网络电视服务公司（Aereo）利用微型天线收集广播电视信号并将节目通过网络传播给付费用户违反了版权法，该行为构成侵权，美国广播公司（ABC）、哥伦比亚广播公司（CBS）、美国国家广播公司（NBC）和21世纪福克斯旗下的福克斯（FOX）电视网等原告胜诉。该案的背后，实际上是传统广播电视公司和互联网竞争对手网络电视服务商之间的利益格局之争。我国在推进电信网、广播电视网和互联网"三网融合"政策的进程中，同样面临此类问题。随着"三网融合"的推进，文字、音乐、视频等多种类型的作品有了新的传播途径，电信网、广播电视网和互联网三大运营主体的业务领域和客户范围趋于一致，原本属于不同利益格局中的运营主体，因市场重叠导致权利冲突和利益冲突加剧，催生了互联网领域的新问题。例如，IPTV 作为一种交互式的网络电视，与传统的广播电视的区别在于可以通过互联网进行交互式的传播，其交互式传播功能主要是通过 IPTV 的"回看服务"功能实现的。IPTV 系统对电视直播节目进行了实时录制并进行存储，IPTV 用户在电视节目播放后，可以通过"回看服务"观看过去的影视作品，这种"回看服务"是否侵犯了信息网络传播权，有待人民法院在知识产权审判中通过创新裁判规则予以明晰。面对"三网融合"引发的新问题，人民法院积极探索实践，发挥司法裁判界定权利边界和定纷止争的重要作用。例如，人民法院的生效判决认为，如果将广播组织权扩大至互联网领域，会缩减著作权人的网络传播权的范围，改变著作权人与邻接权人的权利分配，因此不应将转播权的范围扩展至网络领域。又如，对于 IPTV 的传播行为，可以根据 IPTV 传播方式是否存在事先的录制行为，广播组织或者可以依据其广播组织权中的"录制"权主张权利，或者可以通过《反不正当竞争法》等法律保护其权益。

（二）云计算引发的新型网络纠纷

作为云计算思想的商业应用模式，云视频、云存储等新型网络技术不断涌现，由此产生了一系列新型的网络著作权纠纷。在传统链接技术时期，人民法院对侵犯信息网络传播权的判断，主要采用了"服务器标准"和"用户感知标准"这两种裁判规则。"服务器标准"认为，应当以传播的信息是否上传至或贮存于服务器上为标准，谁将信息上传至或贮存于服务器上，谁就是信息的提供者，实施了信息网络传播行为；"用户感知标准"认为，即便网络服务提供者没有将信息上传至或贮存于服务器上，但只要所提供技术服务的外在形式使普通网络用户感受到是该主体在提供信息，也可以认定其是信息的提供者。在云视频服务中，视频作品贮存在云服务器上并由云视频网站控制传播，但用户感知的是云视频网站和合作网站在同时提供内容服务。可以说，云视频技术的出现，在一定程度上颠覆了传统的"服务器标准"和"用户感知标准"的侵权判定规则。云视频技术带来的法律适用问题是：在云视频网站获得作品权利人授权并在其网络平台传播作品的情况下，接受云视频服务的第三方合作网站是否侵犯了作品权利人的信息网络传播权？为及时解决此类新型疑难案件法律适用难的问题，最高人民法院积极发挥典型案例的裁判指引功能，在2012年中国法院知识产权司法保护50件典型案例中选入"云视频"一案，该案的生效判决认为，云视频网站向合作网站提供云视频服务的行为，其本质上仍然属于在自己服务器上传作品的行为，该行为并非云视频网站将其享有的信息网络传播权向合作网站再行许可，合作网站利用云视频技术及相关代码获取并播放已被云视频网站上传至互联网的涉案作品，是其自愿接受云视频服务的行为，该行为不构成侵权。在云视频网站经过视频作品权利人许可享有该作品信息网络传播权的情况下，上述认定正确地把握了《著作权法》的立法精神，兼顾了云计算的技术特点和商业运作模式，判决结果对鼓励云计算发展和促进网络文化繁荣具有积极意义，为互联网技术创新提供了有效的司法保护。

（三）互联网电视与"技术中立"原则

互联网电视的播放设备，也就是行业俗称的"盒子产品"，其本质上是一台用于连接电视终端和互联网的主机，通过高清解码的播放功能，实现在电视上观看网络视频作品的功能。"盒子产品"一般只是提供网络搜索、链接服务，主机上并不存储、提供影视作品。在此类产品侵犯信息网络传播权的纠纷中，原告往往请求人民法院判令被告停止生产、销售"盒子产品"，并停止通过该"盒子产品"链接传播涉案影视作品的侵权行为；被告则通常辩称其仅仅为硬件生产商，无法审查互联网电视平台上的作品权利归属，故不应承担责任。互联网电视的出现，对"技术中立"原则提出了挑战。如果说互联网新兴技术是中立的，那么利用该技术的互联网商业模式却未必是中立的，认定"盒子产品"是否构成侵权，应当将其技术功能与商业模式区别对待。如果商业模式的主要目的是通过侵权获取利益，则该商业模式可以认定为假技术中立之名行侵权之实，不能根据"技术中立"原则对其免责。正如美国联邦最高法院在米高梅制片公司等诉 Grokster 公司等一案的判决中指出的那样，某种设备的发布者如果是为了达到侵犯版权用途的目的而发布该设备，并有明确的意思表示或其他措施鼓动他人侵权，则应对第三方使用该设备的侵权行为承担法律责任，而不论该设备是否具有合法用途。在我国，人民法院积极总结裁判经验，根据"盒子产品"侵权的不同情况，形成了分门别类的裁判规则：在"盒子产品"提供商和互联网电视平台提供商有合作协议的情况下，认定互联网电视平台提供商承担侵权责任，而"盒子产品"提供商不承担侵权责任。对于"盒子产品"提供商未经许可却搜索、链接视频网站作品的情形，如未经许可抓取网络网址、设置链接，侵犯信息网络传播权的行为，则根据该款"盒子产品"是否具有"实质性非侵权用途"来判定被告是否应当停止生产和销售。如果被控侵权产品本身不存在过错，产品的开发者、生产者或销售者完全可以通过技术控制手段避免发生侵权行为，按照"技术中立"的原则，就不再判决被告停止生产、销售该产品，以此保护互联网技术的创新发展。

（四）网络交易平台侵权的判定

在传统的交易市场中，市场经营主体将摊位或柜台出租给实际经营者，在行政管理部门核准的经营范围内从事批发或零售的经营活动，市场经营主体承担相应的市场管理义务。但在网络社会中，网络交易平台服务提供商面对的是众多的网络卖家，以及数量巨大且类别繁多的网络商品。网络交易平台中的网络卖家又可以分为自营卖家、商家卖家和个人卖家，对于商家卖家，网络交易平台服务提供商应当审查其营业执照等相关证照，但对于个人卖家，一般只需审查其身份证信息。网络交易平台侵犯著作权的侵权判定规则，既关涉到著作权的保护，又对网络交易的发展有着重大影响。在司法实践中，人民法院从知识产权审判的利益平衡原则出发，逐渐形成了兼顾著作权保护和网络交易发展的裁判规则：第一，网络交易平台一般不负有事前主动审查网络商品的义务。网络交易平台面对的是海量的网络商品，从客观上来讲，不可能对其卖家销售的商品进行逐一审查，甄别网络商品涉及的著作权来源。第二，网络交易平台一般不承担赔偿经济损失的侵权责任。人民法院在认定网络交易平台销售商品侵犯著作权的案件中，一般只判决网络交易平台停止侵权，另行判令实际销售商品的卖家赔偿经济损失。第三，网络交易平台对于卖家销售商品侵犯著作权的行为并非绝对免责，当网络交易平台发现其卖家所售商品涉嫌侵权时，应当尽到注意义务并积极应对，否则要对怠于制止侵权的行为承担法律责任。随着网络交易的快速发展，网络团购等新兴商业模式层出不穷，人民法院的裁判规则也在不断创新。例如，与传统网络交易平台不同的是，在网络团购活动中，团购网站与发起团购的商品销售商的合作更加紧密，消费者参加网络团购活动在相当程度上是基于对团购网站商品质量的信赖。因此，团购网站在网络团购活动中的参与程度越高，团购网站对于商品的事前审查义务就越重。

（五）"通知—删除"规则的适用

针对互联网的海量信息和传播快速的特点，为合理减轻网络服务提供者的侵权责任，我国《侵权责任法》《信息网络传播权保护条例》确定了"通知—删除"的网络法律规则。根据互联网新技术的发展状况，最高人民法院及时出台了《关于审理侵害信息网络传播权民事纠纷案件适用法律若干问题的规定》，促进新技术条件下著作权人、网络服务提供者和社会公众三者之间的利益平衡。例如，该司法解释第 13 条规定："网络服务提供者接到权利人以书信、传真、电子邮件等方式提交的通知，未及时采取删除、屏蔽、断开链接等必要措施的，人民法院应当认定其明知相关侵害信息网络传播权行为。"该条规定中的"以书信、传真、电子邮件等方式提交的通知"和"删除、屏蔽、断开链接等必要措施"即是对"通知—删除"法律规则的进一步明确和细化。与此同时，最高人民法院通过总结审判经验，出台了相关司法意见，在《最高人民法院知识产权案件年度报告》(2012)中指出，在著作权人已多次发送符合条件的通知，网络服务提供者对著作权人权利被侵害的事实已有一定了解的情况下，网络服务提供者不应仅因为著作权人之后发送的通知不符合相应条件就对其视而不见，而应积极与著作权人联系协商以确定如何采取合理措施；怠于采取合理措施的，应对直接侵权行为继续所导致的损失的扩大承担相应责任。该司法意见确立的"通知—删除"规则的判断标准，对于今后人民法院适用"通知—删除"规则具有重要的指导作用。

（六）赔偿数额计算方式的创新

我国《著作权法》第 49 条规定了三种确定赔偿数额的方式：第一种方式是按照权利人的实际损失计算赔偿数额，第二种方式是在实际损失无法查明的情况下，按照侵权人的违法所得计算赔偿数额，第三种方式是在实际损失和违法所得都无法查明的情况下，适用法定赔偿方式，由人民法院根据侵权行为的情节在人民币50万元的范围内酌定赔偿数额。在司法实践中，由于著作权具有无形性的特点以及取证难等因素，实际损失和违法所得往往难以精确计算，但有证据表明，权利人实际损失或侵权人违法所得明显高于50万元的法定赔偿数额的上限；在此情况下，侵权损害的赔偿数额期待创新计算方式，赔偿数额应充分反映著作权的市场价值，可以在当事人提交一定证据的基础上，运用市场假定法、可比价格法、行业平均法等领域通用的计算方式，在法定赔偿数额的幅度之上确定实际损失或违法所得，裁量性地判令"大额赔偿"。近年来，地方各级人民法院对高于50万元法定赔偿数额上限的"大额赔偿"进行了探索实践。例如，对于计算机软件用户未经许可或者超过许可范围商业性使用软件的，将有初步证据证明的被告公司使用软件的人数或计算机数量，以及原告软件的市场价格，作为计算原告经济损失的依据。又如，对于被告在一定时间段内持续发行侵权复制品的行为，认定该侵权行为具有普遍性和连续性，并将平均每天发行侵权复制品的数量，作为侵权时间段内每天的侵权数量的计算依据，以此确定被告的赔偿数额。

（七）著作权与其他知识产权的融合

著作权的商业化运用使得著作权法与专利法、商标法和反不正当竞争法的保护领域出现交集，其他知识产权法或与著作权法并行不悖，或有效弥补著作权法的局限，共同构成了我国的知识产权法保护体系。

1.专利权保护与著作权保护的竞合

对于计算机软件的知识产权，世界通行的保护模式有三种：著作权保护、专利保护和商业秘密保护。由于软件的加密措施容易破解，因此，商业秘密的保护模式并不普遍。软件的著作权保护模式是世界各国的通行做法，其优点是保护期限长，但是，著作权法只保护软件的源代码等表达形式，不能延及开发软件的设计思想、处理过程、操作方法等内容，无法为软件提供充分的保护。为此，美国、欧洲等国家和地区开始在著作权保护的基础上对软件采取专利保护。专利保护模式可以有效保护软件的创造性方法等核心知识产权，但绝大多数软件的生命周期较短，而专利授权的周期往往较长，难以及时保护软件的市场价值。由此可见，软件的著作权保护模式和专利保护模式各有优势，也都有局限，两种保护模式共同发挥合力，才能更好地保护软件的知识产权。我国《著作权法》和《专利法》都将计算机软件作品纳入了各自的保护范围。根据《著作权法》，我国专门制定了《计算机软件保护条例》，该条例第 8 条规定，软件著作权人享有发表权、署名权、修改权、复制权、发行权、出租权、信息网络传播权和翻译权等权利。《专利审查指南》（2010）第二部分第九章规定："涉及计算机程序的发明是指为解决发明提出的问题，全部或部分以计算机程序处理流程为基础，通过计算机执行按上述流程编制的计算机程序，对计算机外部对象或者内部对象进行控制或处理的解决方案"，据此，计算机程序可以获得发明专利权。值得关注的是，随着电子产品特别是移动平板设备的快速发展，电子产品的图形用户界面（Graphical User Interface，英文缩写为 GUI）成为市场竞争的焦点，例如，2012 年苹果公司和三星公司在加州的专利纠纷中就涉及苹果公司的图形用户界面外观设计专利。美国、欧盟、日本等西方发达国家和地区对图形用户界面的知识产权保护高度重视，已经明确将其纳入外观设计专利的保护范围。我国积极回应新型知识产权的保护需求，2013 年 9 月 16 日修改的《专利审查指南》

第一部分第三章第 4.2 节新增了关于图形用户界面的产品外观设计的规定。上述法律和规定为人民法院保护计算机软件提供了著作权和专利权两方面的权利依据。

2. 商标权与著作权的权利冲突

商标是生产者或经营者为了将自己的商品或服务与他人的区分开来，而使用的文字、图形、字母、数字、三维标志、颜色组合、声音等，以及上述要素组合的标志。一般来说，商标权关注的是作为工商业标识的商标的识别性，而著作权关注的是作为智力劳动成果的作品的独创性，两者保护的对象各有侧重。但是，在部分商标的设计达到独创性高度的情况下，商标同时也是著作权法意义上的作品。商标权与著作权的权利竞合的情况比较常见，例如，当原告对一幅图案既享有商标权又享有著作权，如果被告未经许可在其商品上使用了该图案，那么被告既侵犯了原告的商标权又侵犯了原告的著作权，原告可以根据知识产权的"选择原则"（the principle of election），选择其中一种权利起诉。但是，如果商标权与著作权指向同一客体而两项权利归属不同权利主体，就会发生著作权与商标权的权利冲突。在商标同时也是作品的情况下，著作权自该标识创作完成时即产生，而标识经过国家商标行政管理部门授权才能获得商标权，也就是说，商标在获得授权之前必然要先完成设计创作，因此，指向同一客体的著作权是商标权的在先权利。我国《商标法》规定，申请注册的商标不得与他人在先取得的合法权利相冲突，申请商标注册不得损害他人现有的在先权利，并且规定对初步审定公告的商标，自公告之日起三个月内，在先权利人等可以向商标局提出异议，如果异议成立，则商标不予注册。以上规定体现了商标权与著作权冲突的保护在先权利原则，经过国家授权的商标权虽然具有"法定性"，但商标权不能据此对抗具有"先定性"的著作权。作为著作权"先定性"的例外，我国现行《商标法》第45条规定，自商标注册之日起五年内，在先权利人可以请求宣告该注册商标无效，但对恶意注册的，驰名商标所有人不受五年的时间限制。该条规定的五年时间限制对于维护社会经济秩序稳定，保障消费者的权益，促使权利人及时行使权利具有积极的意义，为人民法院合理处理不同情况的商标权与著作权权利冲突提供了法律依据。

3.《反不正当竞争法》弥补《著作权法》的局限

《反不正当竞争法》与《著作权法》是一般规定与专门规定的关系。当《著作权法》有规定的，应优先适用《著作权法》，优先适用《著作权法》的专门法律规定，可以减少因适用《反不正当竞争法》一般条款而导致裁判结果的不稳定性。当《著作权法》没有规定时，则应适用《反不正当竞争法》，维护正常的市场经济秩序。以未经过授权却改变主程序软件应用功能的第三方软件为例，如果第三方软件侵犯了主程序软件权利人的著作权，则应适用《著作权法》的相关规定予以规制，如果第三方软件并未侵犯主程序软件权利人的著作权，则应当适用《反不正当竞争法》保护主程序权利人的合法权益。当前，涉及互联网的竞争愈演愈烈，有的网络经营者故意利用他人的竞争优势，如通过设置搜索关键词达到"搭便车"之目的；有的网络经营者恶意破坏他人的竞争优势，如同类网络软件之间相互干扰，又如网络安全软件与其他软件之间相互抵制。人民法院在审理涉及互联网的新型竞争案件时，主要适用的是《反不正当竞争法》第2条的原则条款，"经营者在市场交易中，应当遵循自愿、平等、公平、诚实信用的原则，遵守公认的商业道德。本法所称的不正当竞争，是指经营者违反本法规定，损害其他经营者的合法权益，扰乱社会经济秩序的行为。本法所称的经营者，是指从事商品经营或者营利性服务（以下所称商品包括服务）的法人、其他经济组织和个人。"但原则条款的规定比较概括和抽象，需要人民法院在司法实践中探索具体的裁判标准。对此，最高人民法院在上诉人北京奇虎科技有限公司、奇智软件（北京）有限公司与被上诉人腾讯科技（深圳）有限公司、深圳市腾讯计算机系统有限公司不正当竞争纠纷一案（[2013] 民三终字第 5 号）的民事判决书中指出："竞争自由和创新自由必须以不侵犯他人合法权益为边界，互联网的健康发展需要有序的市场环境和明确的市场竞争规则作为保障。是否属于互联网精神鼓励的自由竞争和创新，仍然需要以是否有利于建立平等公平的竞争秩序、是否符合消费者的一般利益和社会公共利益为标准来进行判断，而不是仅有某些技术上的进步即应认为属于自由竞争和创新。否则，任何人均可以技术进步为借口，对他人的技术产品或者服务进行任意干涉，就将导致借技术进步、创新之名，而行'丛林法则'之实。技术创新可以刺激竞争，竞争又可以促进技术创新。技术本身虽然是中立的，但技术也可以成为进行不正当竞争的工具。技术革新应当成为公平自由竞争的工具，而非干涉他人正当商业模式的借口。"在该案的终审判决中，最高人民法院厘清了技术创新、自由竞争和不正当竞争的界限，这对于《反不正当竞争法》原则条款在互联网领域的适用具有重要的指导意义。

在互联网突飞猛进的时代，新技术、新问题不断涌现，为应对互联网的冲击，我国正在对《著作权法》进行较大幅度修订，《著作权法》的修订草案送审稿已经公布。近年来，最高人民法院针对著作权审判工作中的突出问题，出台了《最高人民法院关于审理侵害信息网络传播权民事纠纷案件适用法律若干问题的规定》等司法解释，明确法律适用标准，统一案件裁判尺度；加强专项司法调研，及时研究新问题，提出新对策，确立了"加强保护、分门别类、宽严适度"的知识产权司法政策；定期发布年度"中国法院知识产权司法保护十大案件""中国法院知识产权司法保护十大创新性案件"和"中国法院知识产权司法保护 50 件典型案例",发挥典型案例的示范引导作用,确立裁判规则。人民法院将继续积极应对著作权审判的新挑战,推动著作权审判的新发展,为实施创新驱动发展战略和建设法治中国做出新贡献。

（撰稿人：罗东川、丁文严、童海超）

作品性质的认定

1.实用艺术作品的认定

——英特 - 宜家系统有限公司与台州市中天塑业有限公司侵害著作权纠纷案

案件索引：上海市第二中级人民法院（2008）沪二中民五（知）初字第187号，2009年8月22日判决。

基本案情

原告英特 - 宜家系统有限公司诉称：原告公司创立于1943年，是世界上最大的家具零售公司，在31个国家和地区设立了190多家专营店。玛莫特(Mammut)系列儿童家具是在原告的指导下，由设计师谢尔斯特鲁普(Morten Kjelstrup)和服装设计师厄斯特(Allan stgaard)代表原告设计完成。1994年，玛莫特童椅获得瑞典"年度家具"的大奖，玛莫特系列商品多年前就在商品目录和多本书籍中刊载。原告发现被告未经原告允许擅自抄袭原告享有著作权的玛莫特系列作品的设计，生产和销售了产品型号为ZTY-522、ZTY-525、ZTY-525A及ZTY525-B等儿童椅和儿童凳，并在其公司网站上展示侵权商品，侵权行为持续至今。原告早在2004年就委托律师多次致函被告要求其停止侵权行为，但被告不予理睬，反而将侵权设计申请外观设计专利，后被审查机构认定无效。原告请求判令：1.被告立即停止一切侵犯原告玛莫特系列作品著作权的行为；2.被告立即收回已投入市场的侵权产品、销毁侵权商品存货和生产模具、印模，销毁带有侵权商品的包装及宣传材料；3. 被告立即删除 www.ztpc.cc 网页中展示的侵权产品图片；4. 被告赔偿原告包括合理费用在内的经济损失人民币 50 万元；5. 被告就其侵权行为在《新民晚报》《钱江晚报》上刊登声明，消除影响。

被告台州市中天塑业有限公司辩称：1. 原告不具有本案的诉讼主体资格；2. 原告没有证据证明其对玛莫特系列产品享有著作权，即使原告享有相关权利，该系列产品也不属于实用艺术作品，仅是实用工业品，因为其不具有实用艺术品应当具有的独创性和艺术性等特征；3. 在原告产品设计完成之前，在动画作品中就存在与其产品基本一致的家具；4. 被告生产的产品是被告的设计人员独立创作完成的，不存在侵犯他人著作权的事实。

法院经审理查明：在 www.ztpc.cc 网站上被控侵权的十五个型号产品中，儿童凳 (ZTY-525S、ZTY-525M、ZTY-525L) 与原告的玛莫特儿童凳从整体形状上看构成基本相同，儿童凳 (ZTY-534、ZTY-533、ZTY-537、ZTY-536、ZTY-541、ZTT-322、ZTT-325、ZTT-326、ZTY-542) 与原告的玛莫特儿童凳在凳面部分的形状上有所区别，但在凳腿部分的形状上基本相同，两者从整体上看构成相似。儿童椅 (ZTY-521、ZTY-538、ZTY-535) 与原告的玛莫特儿童椅在椅背部分的形状上有所区别，但在椅腿部分的形状上基本相同，两者从整体上看构成相似。此外，经比对，原告公证购买的被告产品阿木童儿童凳、儿童椅在整体外形上与玛莫特儿童凳、儿童椅构成基本相同。

判决与理由

上海市第二中级人民法院认为，本案的主要争议焦点为：玛莫特儿童椅和儿童凳是否属于受我国著作权法保护的实用艺术作品。实用艺术作品是指具有实用性、艺术性并符合作品构成要件的智力创作成果，即实用艺术作品应当具有实用性、艺术性、独创性和可复制性。根据我国著作权法的相关规定，实用艺术作品归属于美术作品范畴而受到著作权法的保护。美术作品，是指绘画、书法、雕塑等以线条、色彩或者其他方式构成的有审美意义的平面或者立体的造型艺术作品。因此，实用艺术作品的艺术性必须满足美术作品对于作品艺术性的最低要求，才能够获得著作权法的保护。本案系争的玛莫特儿童椅（见图一）由椅背、椅垫和椅腿三个部分组成，椅背是由一块梯形的实木和三根矩形木条组成，其中上部的梯形实木占据了整个椅背近二分之一的空间，椅垫是一般椅凳的基本结构，椅腿是由四根立锥体组成，呈上窄、下宽的形状。玛莫特儿童凳由凳面和凳腿两部分组成，凳面是上下均等的圆形实体，形状与一般的儿童凳无异，凳腿是四根

图一

纺锤状棒体。本院认为，本案系争的玛莫特儿童椅和儿童凳的设计要点主要体现在造型线条上，但从整体上看其与普通的儿童椅和儿童凳在外形上的区别不大，属于造型设计较为简单的儿童椅和儿童凳，在艺术性方面没有满足构成美术作品的最低要求，因此不属于

美术作品范畴中的实用艺术作品，不受我国著作权法保护。因而，被告的上述行为不构成对原告著作权的侵犯。遂判决：驳回原告英特－宜家系统有限公司的诉讼请求。

评　析

一、实用艺术作品的保护不同于一般作品

关于实用艺术品、实用艺术作品的著作权保护问题，国内已经有不少司法案例，学界讨论也不少，但难以取得一致意见。本文仅涉及实用艺术作品的著作权问题。所谓"实用艺术作品"，首先它必须是作品，符合著作权法上的作品的独创性、可复制的法定条件，而且其必须属于文学、艺术或科学领域的智力成果。但是，因其具有实用性，不能按照一般的作品予以著作权保护。我国《著作权法》至今并未明确将"实用艺术作品"列为受保护的对象，《著作权法实施条例》对"美术作品"的解释，也难以理解为包括实用艺术作品。国务院 1992 年颁布的《实施著作权国际条约的规定》对实用艺术作品的著作权保护有所涉及，该法规第 1 条明确仅适用于保护外国作品，其第 6 条规定，对外国实用艺术作品的保护期，为自该作品完成起二十五年；美术作品（包括动画形象设计）用于工业制品的，不适用前款规定。综合我国现行法律法规对实用艺术作品的规定看，首先，实用艺术作品可以成为著作权法保护对象，但仅限于外国实用艺术作品。其次，对实用艺术作品的保护期限不同于一般作品的 50 年，其保护期仅为 25 年，但是美术作品用于工业制品的，并不因此而减少保护年限。可以这样理解，为使内法符合国际条约的最低要求，国内法作出了特别规定，给予外国实用艺术作品以特别

的超国民待遇的特殊保护，国内的实用艺术品，即使符合作品条件，也不当然享有此保护待遇。当然，也有观点认为根据此规定，特别是根据 2001 年《著作权法》修订的情况，可以认为我国著作权法也保护实用艺术作品。① 对此观点，笔者认为值得商榷。著作权法要保护某一类作品及其保护期限，应当作出明文规定。实用艺术作品因其具有实用性，给予保护是例外，不予保护是一般做法。即使根据《伯尔尼公约》，实用艺术作品的保护期限也是 25 年，与一般作品的期限是不同的。为什么不同？关键就在于它具有艺术性的同时也具有实用性，而著作权法一般只保护艺术性的作品。从实用艺术作品的产生过程来看，既体现创作者的独特艺术考量，又必须兼有同类实用品的共通特点以供日常使用，实用艺术作品具有"实用性"和"艺术性"两个方面，著作权法保护的是其"艺术性"的内容，或作者对该作品的艺术造型、外观设计、色彩装饰等艺术性特征所作的智力投入而产生的成果，该实用艺术作品的实用性功能则不受著作权法保护。当然，一个作品，到底是实用艺术作品，还是一般的美术作品，要根据实际情况做具体判断，但一旦认定其属于实用艺术作品，则必须根据我国现行法律的规定，只有外国实用艺术作品才受保护。国内的实用艺术作品要受到著作权法保护，只能通过修改法律实现。

二、实用性与艺术性的分离

实用艺术作品虽然可以受到著作权法的保护，但仍然只保护其艺术性方面，并不保护其实用性方面，因为保护实用性，并非著作权法的功能和任务。实用艺术作品受到保护时，其实用性方面也必

---

① 管玉鹰："实用艺术品法律保护路径探析"，载《知识产权》2012 年第 7 期，第 57 页。

须剔除出去，否则著作权法的功能将发生错位。也就是说，某一外国作品即使达到了一般作品的高度，但因其具有实用性，其保护年限将减少至 25 年，且其实用性方面仍会被排除出著作权保护范围。目前国内的学术界和司法实务界，也基本认同著作权法只保护实用艺术品的艺术性方面，不保护实用艺术品的实用性方面，而且实用艺术品的艺术性方面只有在具有一定高度的独创性、构成作品时才能够获得著作权法的保护。从比较法角度看，美国版权法仅对艺术特征和实用元素可分离的实用物品提供著作权保护。日本法院则认为，对实用美术作品提供著作权保护，可能动摇外观设计制度的法律基础，因此著作权法保护一般不应延及工业化生产的实用物品的设计，除非法律明确规定对于以实用为目的的、规模化生产的、具有一定美学功能和技术特点的产品纳入美术作品予以保护。[①] 笔者认为，实用艺术作品首先必须具备一般作品的条件，比如独创性、可以有形复制等，在其具备实用性的条件下，将其特别认定为实用艺术作品，实际上受到较一般作品为弱的著作权保护。如果其达不到作品高度，但又具有一定的美感且具有新颖性，可以寻求外观设计专利的保护，只不过其保护期更短。

三、独创性高度

独创性是作品的基本属性，是指作品由作者独立完成并表现了作者独特的个性和思想。美术作品的独创性要求体现作者在美学领域的独特创造性和观念。对于既有欣赏价值又有实用价值的客体而言，其是否可以作为美术作品保护取决于作者在美学方面付出的智力劳动所体现的独特个性和创造力，那些不属于美学领域的智力劳

---

① 参见周云川："实用艺术品的著作权保护"，载《中国专利与商标》2013 年第 4 期，第 67 页。

动则与独创性无关。因此，判断的核心是实用艺术品在排除其实用性后是否具有美术作品的独创性。实用艺术作品艺术性的标准不应当低于一般美术作品的艺术性标准，但由于其实用性与艺术性结合在一起难分难解，因此判断主体在分离其实用性和艺术性时，受主观意识所限，确实存在认识上的困难。目前司法实践中一般认为，对于实用成分和艺术成分可以在实体上分离的实用艺术作品，对其中艺术成分的艺术性标准界定可以等同于美术作品，即只需具有一定审美意义即可视为满足艺术性这一要件；对于实用成分和艺术成分难以在实体上分离，但可以在观念上分离的，因为其艺术性成分与造型、色彩等抽象载体以及实用功能相结合，对其艺术性标准的界定可以略高于普通美术作品，即要求必须达到一定高度的独创性、个性才能视为满足了艺术性这一要件。[①] 本案中，玛莫特儿童椅和儿童凳属于实用成分和艺术成分可在观念上分离、实体上难以分离，产品的创意主要体现在外观造型方面，因此应对其艺术性的要求略有提高。艺术本身属于一个较为抽象、主观的概念，本案系争儿童椅和儿童凳的造型与现有的同类产品相比在外形上的区别不大，个性不突出，法院最终认定系争儿童椅和儿童凳在艺术性方面没有满足构成作品的最低要求，因此不属于美术作品范畴中的实用艺术作品，不受著作权法的保护。虽然本案中被告的产品与原告产品构成相同或相似，仍不能认定构成著作权侵权。

应该说，实用艺术品与实用艺术作品，概念看似相近，实则存在关键区别。实用艺术作品属于实用艺术品的一部分，因其达到了美术作品的高度，可以享受著作权法保护，有 25 年的保护期，且属

[①] 胡宓："实用艺术品的艺术性需达到一定标准"，载《人民法院报》2010 年 4 月 22 日第 6 版。

于自动保护。而实用艺术品如果没有达到作品的保护，则只能通过申请外观设计专利，其保护期只有 10 年。本案原告系争产品没有达到作品的高度，法院不予著作权法上的保护，但原告可以申请外观设计专利，如果不去申请外观设计专利，那么他人的模仿，就难以认定构成侵权。模仿也是文学、艺术和自然科学、社会科学、工程技术等进步的基本手段和方法，后来者可以采用领先者同样的设计思路、工艺方法，设计并生产类似产品。

（撰稿人：丁文联　徐卓斌）

2. 建筑作品的独创性认定与停止侵权的具体方式

——保时捷股份公司与北京泰赫雅特汽车销售服务有限公司侵害著作权纠纷案

案件索引：北京市第二中级人民法院 (2007) 二中民初字第 01764 号，2007 年 12 月 19 日判决；北京市高级人民法院（2008）高民终字第 325 号，2008 年 12 月 19 日判决。

基本案情

1999 年 7 月 22 日，保时捷股份公司（Dr. Ing. h.c.F. Porsche Aktiengesellschaft）（简称保时捷公司）与荷兰赛普次德公司签订协议。协议约定，赛普次德公司在保时捷公司于 1997 年举办的斯图加特—祖芬豪斯分部设计比赛中获胜，保时捷公司对该设计进行了修订。该设计是保时捷公司为正在或即将筹建的保时捷公司其他贸易机构制定的保时捷建筑导则的基础。藉此，保时捷公司将以统一的建筑形象出现在全球各地。赛普次德公司有权支配其在比赛以及该分部项目实施过程中产生的所有有关设计、提纲、模型及其他类似物上所享有的著作权。保时捷公司和赛普次德公司在分部项目实施过程中产生的设计以及建筑作品上共同享有著作权。赛普次德公司无偿将其基于比赛作品以及该分部项目实施中所产生的著作权的所有使用权（即所有财产权益）转让于保时捷公司。该转让的使用权延及全球。该使用权是排他性的，未经保时捷公司事先书面同意，赛普次德公司无权继续使用。

2003年12月9日、10日、17日，《中国汽车报》《经济参考报》《北京青年报》《中华工商时报》相继对北京保时捷中心的落成进行了报道。上述报道载明，由北京百得利汽车进出口集团有限公司投资兴建的北京保时捷中心将在北京经济技术开发区开业，该中心是中国内地首家集整车销售、专业售后服务和全套原厂配件供应一条龙服务的保时捷3S店。

2006年11月20日，保时捷公司取得2006-L-06050号著作权登记证书。该证书载明保时捷公司以被转让人身份对赛普次德公司于2003年10月创作完成，于2003年10月在中国北京首次发表的作品《保时捷建筑》（英文名称Porsche Center）享有著作权。在本案审理期间，保时捷公司认可该"保时捷建筑"即为位于北京经济技术开发区的北京保时捷中心。该著作权登记所附作品照片显示该建筑物外部具有如下特征：1.该建筑正面呈圆弧形，分为上下两个部分，上半部由长方形建筑材料对齐而成，下半部为玻璃外墙。2.该建筑物入口部分及其上方由玻璃构成，位于建筑物正面中央位置；入口部分上方向建筑物内部缩进，延伸直至建筑物顶部；建筑物入口及其上方将建筑物正面分成左右两部分，左侧上方有"PORSCHE"字样，右侧上方有"百得利"字样。3.该建筑物的后面和右侧面为工作区部分，呈长方形，其外墙由深色材料构成，该材料呈横向带状。4.建筑物展厅部分为银灰色，工作区部分为深灰色。该建筑物内部具有如下特征：1.展厅下方的弧形玻璃墙及天花板的玻璃部分，在展厅入口处呈"T"形外观，提供从入口直达主销售区的通道指示。2.展厅内墙上部为铝质或金属装饰材料，灰色色调，呈矩形整体排列；展厅内灰色色调金属圆柱为明柱，在内墙和弧形玻璃衬托下，明显可见。3. 销售区的地板呈深灰色，该中性色调可突出所展示的汽车。4. 展厅中央的主接待柜台呈白色弧形，主接待柜台后的围挡中间为白色，两侧为对称的黑色，白色围挡上有"PORSCHE"字样及"盾牌图形"商标标识。5. 主接待柜台上方是二楼地面呈金属宽带状的外饰边，外饰边下方有空调风口。6. 二楼位于展厅内后侧面，金属制楼梯为明设置，让出大面积空间，使展厅高大通透。

本案诉讼期间，北京百得利汽车进出口集团有限公司向法院出具声明，表明北京保时捷中心的建设严格遵守了保时捷公司内部文件建筑手册所设定的建筑、装饰标准，该公司确认北京保时捷中心建筑的著作权归保时捷公司所有。

2006 年 11 月 29 日，长安公证处对网址为"http://imp.porsche.com"的相关网页内容进行了公证下载。其中页面显示中国的保时捷中心包括上海、北京、成都、广州、杭州、青岛、沈阳、武汉、大连、厦门、香港、澳门、重庆、温州保时捷中心，且成都、沈阳、厦门、上海保时捷中心以及北京保时捷 3S 中心的图片显示相关建筑具有类似的外观。此外，保时捷公司还提交了经公证下载的该公司在澳大利亚、德国、法国和英国的保时捷中心的相关图片，表明相关建筑的特点和风格近似。北京泰赫雅特汽车销售服务有限公司（简称泰赫雅特公司）对此不予认可，并提交了经北京市公证处公证下载的日本、德国保时捷中心的相关图片，据此主张保时捷建筑在世界各地的特点和风格并不相同或近似。

泰赫雅特公司于 2005 年 6 月 21 日成立，其经营范围包括进口 TechArt（泰赫雅特）品牌汽车销售、汽车配件、一类小型车维修、信息咨询（中介除外）、货物进出口。注册资本 1000 万元。2005 年 7 月 28 日，泰赫雅特公司与德国泰赫雅特公司签订《泰赫雅特汽车设计股份有限公司进口商与国外基地合同》。合同约定德国泰赫雅特公司授权泰赫雅特公司在中国内地及香港、澳门地区销售、改造和经销其提供的产品，泰赫雅特公司有独家经销权和销售权，有权经许可在销售地区使用属于德国泰赫雅特公司的商标和品牌。2005年11月21日，国家工商行政管理总局发布的品牌汽车总经销商名单中记载泰赫雅特公司作为授权汽车企业德国泰赫雅特公司的总经销商，经营范围为进口TechArt（泰赫雅特）品牌汽车销售。搜狐网、太平洋汽车网、车市网以及《休闲时尚》《时尚座驾》等杂志，对TECHART改装保时捷汽车进行了报道。

2005年6月15日，泰赫雅特公司与中房建科公司签订《北京泰赫雅特中心工程设计咨询协议书》。协议约定，由泰赫雅特公司提供所需设计资料，由中房建科公司完成北京泰赫雅特中心的方案设计，设计咨询费为人民币7万元。2005年10月7日，泰赫雅特公司与名典仕嘉公司签订《北京市建设工程施工合同》。合同约定由名典仕嘉公司承包北京泰赫雅特中心的展厅室内装修工程，工程价款为人民币90万元。

2006年2月14日，经长安公证处公证，登录北京名典仕嘉建筑装饰工程有限公司网址为"http://www.mdsj.com.cn"的网站。点击"最新工程案例"中的"泰赫雅特公司保时捷展厅"，其中前台效果图、展厅效果图显示接待柜台后的围挡上均可见"PORSCHE"和"盾牌图形"标识。

2006年3月15日，经长安公证处公证，北京英特普罗知识产权代理有限公司的代理人自中房集团建筑设计事务所陈东伟处取得《钢结构设计工程专篇》一册。其中包括对"保时捷4S汽车专营店"的介绍，业主名称为泰赫雅特公司，所附效果图显示该建筑物左侧上方有"PORSCHE"字样，右侧上方有"泰赫雅特"

字样。

保时捷公司认为泰赫雅特公司未经许可擅自复制涉案建筑作品的行为侵犯了其著作权，向法院提起诉讼。请求判令被告停止侵犯原告建筑作品著作权的行为，改变其侵权建筑物的侵权特征；赔偿损失并刊载声明消除影响。

经法院勘验，泰赫雅特公司位于北京市金港汽车公园的泰赫雅特中心建筑外观基本具备保时捷公司主张权利的北京保时捷中心建筑作品的特征1、2、3。其与北京保时捷中心的外部特征区别在于：建筑物整体下方有约一米高的高台；建筑物左侧弧形下方并非玻璃外墙，且该区域有较大空间，便于汽车停放，建筑物左右两侧均加有栏杆；建筑物的左侧面为工作区部分，与北京保时捷中心展厅与工作区相比呈反向布局；建筑物左侧上方有"泰赫雅特"字样，右侧上方有"TECHART"字样；建筑物展厅部分为灰黑色，工作区部分为银灰色。泰赫雅特中心建筑的展厅内部基本具备保时捷公司主张权利的北京保时捷中心建筑作品的特征1—6。其与北京保时捷中心展厅内部的主要区别在于：楼梯安装部位不同，二层有两排工作间；展厅顶部使用穿孔铝板，内墙使用铝塑板，明柱使用亮光金属漆；展厅内采光区面积集中在中间，客户休息区集中在二层下方，预检测车间与展厅分开；主接待柜台后的围挡上有"TECHART"标识。

在本案一审审理期间，泰赫雅特公司对泰赫雅特中心建筑进行了改造，建筑外部及内部均使用白色建筑材料，保时捷公司认为改造后的建筑仍属于侵犯其著作权的建筑，同时主张建筑外观的改建很常见，并向法院提交了有关建筑物改建等网页下载材料。

判决与理由

北京市第二中级人民法院一审认为：本案争议的焦点问题是涉案北京保时捷中心建筑是否属于我国著作权法所保护的作品，原告保时捷公司是否为涉案北京保时捷中心建筑的著作财产权专有使用权人，被告泰赫雅特公司的泰赫雅特中心建筑是否侵犯了原告的相关权利、是否应承担相应的法律责任。

第一，关于涉案北京保时捷中心建筑是否属于我国著作权法所保护的作品，原告保时捷公司是否为涉案北京保时捷中心建筑的著作财产权专有使用权人问题。

根据我国著作权法的相关规定，建筑作品是指以建筑物或者构筑物形式表现的有审美意义的作品。建筑物本身作为我国著作权法保护的客体，其外观应当具有独创的设计成分，具有美感和独创性。根据本案查明的事实，涉案北京保时捷中心建筑整体采用圆弧形设计，上半部由长方形建筑材料对齐而成，下半部为玻璃外墙；该建筑的入口将建筑物分为左右两部分，入口部分及上方由玻璃构成；长方形工作区与展厅部分相连，使用横向带状深色材料；该建筑展厅部分为银灰色，工作区部分为深灰色。上述综合特征表明，涉案北京保时捷中心建筑作品具有独特的外观和造型，富有美感，具有独创性，属于我国著作权法所保护的建筑作品。被告泰赫雅特公司主张圆弧形设计和玻璃幕墙属于普通的设计模式、玻璃幕墙及建筑物上方的玻璃均属于汽车展厅常见的功能性设计、工作区的外观由建筑材料所决定，故涉案建筑作品不具有独创性，依据不足，本院不予采纳。

本案现有证据表明，原告保时捷公司根据其与荷兰赛普次德公司签订的协议，取得保时捷统一建筑形象相关设计及建筑作品的著作财产权的专有使用权。涉案北京保时捷中心建筑作品系沿袭保时捷公司相关统一的建筑风格和特征而建造的，原告保时捷公司亦就该建筑作品在中国进行了著作权登记，因此原告可以依据其对涉案建筑作品所享有的专有使用权主张权利。被告泰赫雅特公司提出原告不能依据在先与荷兰赛普次德公司签订的协议来主张在后完成的涉案北京保时捷中心建筑作品的著作权，但在后完成的涉案作品系根据原告与荷兰赛普次德公司协议约定的保时捷统一建筑的特征和设计风格建造的，原告对具有上述特征和设计风格的建筑作品享有专有使用权，故被告的上述主张，缺乏依据，本院不予采信。

第二，关于被告泰赫雅特公司的泰赫雅特中心建筑是否侵犯了原告保时捷公司对涉案建筑作品的著作权，是否应承担相应的法律责任问题。

经比对，被告泰赫雅特公司的泰赫雅特中心建筑与原告保时捷公司主张权利的北京保时捷中心建筑的基本特征相同，虽然二者在高台、栏杆、展厅与工作间的位置、部分弧形外观、整体颜色深浅等部分存在细微的差异，但仍属于与涉案建筑作品相近似的建筑。因此，泰赫雅特中心建筑属于侵犯涉案建筑作品著作权的侵权作品。虽然泰赫雅特中心建筑系由案外人中房建科公司和名典仕嘉公司所设计和装修，但被告泰赫雅特公司作为该建筑的所有权人和实际使用人应当就此承担相应法律责任。被告泰赫雅特公司以该建筑的著作权应归属中房建科公司和名典仕嘉公司所有，其不应承担责任的主张，缺乏依据，本院不予采纳。鉴于我国著作权法所保护的建筑作品是以建筑物形式所表现出来的建筑的外观和造型，并不包含建筑物内部的装潢特征，故原告保时捷公司提出建筑的内部特征亦属于建筑作品所保护的客体，并据此主张被告泰赫雅特公司的泰赫雅特中心建筑内部侵犯了其相关著作权，依据不足，本院不予支持。

综上，被告泰赫雅特公司建造和使用的泰赫雅特中心建筑侵犯了原告保时捷公司对涉案北京保时捷中心建筑作品所享有的专有使用权，原告保时捷公司请求法院判令被告承担停止侵权、赔偿经济损失的法律责任的主张，理由正当，本院予以支持。关于停止侵权的具体方式，本院结合原告保时捷公司要求对涉案侵权建筑物予以改建的诉讼请求和本案的具体情况酌情予以确定。鉴于涉案北京保时捷中心建筑由正面呈圆弧形，上半部由长方形建筑材料对齐而成，下半部为玻璃外墙；建筑物入口及其上方将建筑物正面分成左右两部分，建筑物入口部分及其上方由玻璃构成等主要特征组成，本案被告应对泰赫雅特中心予以改建，使该建筑不再具有与上述主要特征组合相同或近似的外观造型；关于赔偿经济损失的数额问题，本院将根据本案的具体情况，综合考虑被告侵权的方式、范围、主观过错程度，相关建筑作品的设计成本等因素，酌情确定被告赔偿原告经济损失的数额。鉴于本案原告保时捷公司享有的是对北京保时捷中心的著作财产权，没有证据表明被告泰赫雅特公司的涉案侵权行为给其声誉造成了损害，故原告保时捷公司要求被告在相关媒体消除影响的诉讼主张，依据不足，本院不予支持。

一审法院依据《中华人民共和国著作权法》第10条第1款第（五）项、第2款、第47条第（一）项、第48条之规定，判决：一、自本判决生效之日起六个月内，北京泰赫雅特汽车销售服务有限公司对涉案泰赫雅特中心建筑予以改建，改建后的建筑不应具有与涉案北京保时捷中心建筑相同或相近似的组合建筑特征，相关改建效果须经本院审核；二、北京泰赫雅特汽车销售服务有限公司于本判决生效之日起十日内赔偿保时捷股份公司经济损失人民币十五万元及因本案诉讼支出的合理费用人民币一万七千零七十九元；三、驳回保时捷股份公司的其他诉讼请求。

泰赫雅特公司不服一审判决，向北京市高级人民法院提起上诉，请求撤销一审判决，驳回保时捷公司一审诉讼请求。二审法院判决驳回上诉，维持原判。

评　析

本案系涉及建筑作品著作权保护的新类型案件，被最高人民法院评为 2008 年中国知识产权司法保护十大案件之一。如何确定建筑作品的保护范围，如何认定建筑作品的独创性，是在司法实践中有待研究探索的问题。本案通过综合分析原告涉案建筑的特征，认定该建筑作品具有独特的外观和造型，富有美感，具有独创性，属于建筑作品；法院还根据本案双方建筑的具体情况，在判决中支持了原告请求判令被告对其涉案建筑予以改建，使之不再与原告建筑外观造型的主要特征组合相同或者近似的主张，这对于在涉及建筑作品的侵权案件中适用停止侵害的民事责任，有效制止侵权行为，具有积极的探索意义。

一、关于建筑作品的独创性认定问题

我国已加入的《保护文学艺术作品伯尔尼公约》中明确将建筑作品列入版权保护对象，而世界知识产权组织在解释该公约时则指出，建筑作品是指以立体造型表达出来的作品，既包括建筑模型，

也包括建筑物本身。我国《著作权法》在 2001 年 10 月修订后,其中第 3 条第 4 款明确将建筑作品与美术作品一并作为著作权保护的客体,同时该条第 7 款规定工程设计图、产品设计图、地图、示意图等图形作品和模型作品受著作权法保护。《著作权法实施条例》第 4 条第 9 项则明确,建筑作品是指以建筑物或者构筑物形式表现的有审美意义的作品。据此,可以看出建筑物、建筑工程设计图、建筑模型等均可受到我国著作权法的保护。

但是,并非所有的建筑物都能受到著作权法的保护,只有符合我国著作权法规定的"作品"的构成要件,才能作为建筑作品受到法律的保护。依照我国著作权法的相关规定,作品是指文学、艺术、科学领域内,具有独创性并能以某种有形形式复制的智力创造成果。作为建筑物,其可复制性是自不待言的,因此如何判断其独创性就成为争议较大的一个问题。本案中,法院综合分析了原告主张权利的涉案"保时捷 3S 中心"建筑的特征,认定该建筑具有独特的外观和造型,富有美感,具有独创性,属于我国著作权法保护的建筑作品。

建筑物作为具有较大实用功能和价值的作品,首先具有从功能上满足人们生产生活实际需求的特点,而且其设计风格往往要受到建筑用途、城市规划、周边建筑环境等条件的限制,因此对其独创性应适用我国著作权法对其他作品独创性要求较低的通行观点加以判断。相关建筑物的设计首先应要求是独立创作完成的,且其外观和造型应具有独创的设计成分,是具有审美意义的设计。如果仅仅是普遍存在的"火柴盒"造型的建筑物,是不能作为建筑作品受到保护的。也就是说,如果建筑物完全由普通的入口、窗户、屋顶等功能要素组成,则这种标准性特征不应受到著作权法的保护,但对于这种标准要素的特殊选择、安排以及组合应受保护,这一点在美国的相关判例中都有所体现。本案中，法院认定涉案北京保时捷中心建筑由正面呈圆弧形，上半部由长方形建筑材料对齐而成，下半部为玻璃外墙；建筑物入口及其上方将建筑物正面分成左右两部分，建筑物入口部分及其上方由玻璃构成等主要特征组成，具有独特的外观和造型，富有美感，具有独创性，属于我国著作权法所保护的建筑作品。法院对被告泰赫雅特公司提出的圆弧形设计和玻璃幕墙属于普通的设计模式、玻璃幕墙及建筑物上方的玻璃均属于汽车展厅常见的用于采光的功能性设计，故涉案建筑作品不具有独创性的主张，未予采纳。

众所周知，著作权只保护作品的表达形式，而不保护作品的思想内容。对于建筑作品的著作权保护，结合建筑作品的特点，应只限于建筑物的外观和造型，并不包含建筑物内部的装潢特征和结构特征。本案原告保时捷公司提出建筑的内部特征亦属于建筑作品所保护的客体，法院对此未予以支持。而且，法院还明确认定因4S店工作区等必然存在的设计以及因所用建筑材料本身而产生的横向带状等特征，也并非著作权法保护的建筑作品的范畴。

此外，本案一审审理过程中，被告曾对涉案被控侵权建筑进行了改建，改变了建筑物的整体色彩，由深灰色改为白色，并据此主张改建后的建筑与原告主张权利的作品不相同也不相近似。法院认为，被告虽改变了建筑物的颜色，但是其并未改变该建筑的主要设计特征，因此仍然属于侵权的建筑。显然，建筑物的颜色通常并非建筑作品保护的主要部分，著作权法主要保护的是其外观造型，颜色等具体特征一般可排除在著作权法保护范围之外。

二、关于如何确定侵权建筑作品停止侵权的具体方式问题

根据我国著作权法的相关规定，侵犯著作权的，一般应承担停止侵害、赔礼道歉、消除影响和赔偿损失等民事法律责任。对于侵

犯建筑作品著作权的具体救济方式，法律并未做出特别规定。对于侵权建筑作品如何处理，如何停止侵权行为，是本案中争议较大的另一个问题。一种观点认为，建筑作品作为特殊类型的作品，其实用性和功能性特征大于艺术性特征，通常建筑设计的费用仅为建筑工程总造价的 3%—4%，即使构成侵权，也不应责令侵权人改建、拆除或销毁建筑物，而应通过支付作品许可使用费等经济赔偿方式挽回建筑作品著作权人的损失；另一种观点则认为，作为建筑作品的权利人，有权要求侵权人停止侵权行为，但考虑到拆除或销毁建筑物所造成的巨大社会财富的浪费等因素，可以考虑要求侵权人对侵权建筑予以改建。

从世界各国法院对于侵权建筑物的处理来看，也存在着前述两种观点，如瑞士著作权法规定，一般著作权侵权纠纷中所采用的清除或者销毁违法复制品的救济方法不适用于已经建成的建筑物；奥地利著作权法第 83 条第 3 款也规定，著作权人不得要求拆除、改建违法建筑物，也不得要求将违法建筑物转让给自己。而美国法院则往往会对尚处在施工过程中的侵权建筑作品发出临时禁令，德国法庭一般也会阻止侵权行为继续，即禁止侵权人进一步施工。但在 Tri-L Construction, Inc. v. Jackson 一案中，涉案建筑为住宅，且该住宅的部分认购者已经将自己现在的住房卖出，如果禁止涉案建筑继续施工，则会极大地影响这一部分认购者的生活。因此，美国法庭拒绝了对该案被告签发施工禁止令。①

本案中，法院最终认定对于建筑作品的保护不宜简单判决停止侵权，因为这不仅涉及社会财富的浪费问题，而且还可能与社会公

---

① 参见罗莉："建筑物上著作权与物权的冲突及其法律解决"，载 http://www.dtlawyers.com.cn/detail.asp?Unid=88&article=article_10，最后访问时间：2009 年 6 月 19 日。

共利益、市政规划等多方面的问题相关。为此，法院经审慎考虑，确定要求被告对侵权建筑物予以改建，改建后的建筑不应具有与涉案北京保时捷中心建筑相同或相近似的组合建筑特征。可见，对于建筑作品的保护应强调针对该类作品的具体特点予以保护，尤其是在确定停止侵权的具体方式方面。本案的处理，对于在涉及建筑作品的侵权案件中如何适用停止侵害的民事责任，有效制止侵权行为，具有积极的探索意义。

如何在侵犯建筑作品著作权纠纷中，平衡建筑作品著作权人和侵权建筑物所有人之间的利益，是有待进一步研讨的问题。目前，许多国家的法院加大了赔偿损失法律责任的适用，如要求侵权人向权利人支付全部侵权获利或是要求侵权人支付建筑作品的设计费等。加大赔偿损失法律责任的适用力度，虽然对侵权人带有一定的惩罚性，但并不能满足权利人要求制止侵权行为的要求，如本案原告保时捷公司就坚持认为其作为权利人有权要求被告停止侵权行为。因此，法院在综合考察建筑物的改建可能性的前提下，在本案采用了要求被告对侵权建筑予以改建的方式对涉案侵权行为予以制止。

三、关于损失赔偿数额的确定问题

损失赔偿数额如何确定，如何体现知识产权保护力度，是各类知识产权侵权赔偿案件都会遇到的普遍问题。保时捷公司在本案中仅仅根据我国《著作权法》第48条中关于定额赔偿的相关规定提出侵权损害赔偿数额，并未就此举证证明。法院在确定赔偿数额时，首先要查明原告因侵权遭受的损失或是被告因侵权获利的情况，在二者均不能查明的情况下，才适用定额赔偿的规定。即使适用定额赔偿，也不意味着当事人无须举证。相反，当事人应当对确定赔偿数额的相关因素进行举证，如本案中涉案建筑作品所花费的相关建筑设计费用、荷兰赛普次德公司向保时捷公司转让涉案建筑作品的费用、涉案建筑作品在全球保时捷中心营销推广中所占无形资产的比例、被告的建筑花费的设计费用等。综合考虑这些因素，才有利于法院做出判断，确定合理的赔偿数额。

（撰稿人：张晓津）

3. 奥运会开幕式性质的认定与著作权保护

——央视国际网络有限公司与上海全土豆文化传播有限公司侵害信息网络传播权纠纷案

案件索引：上海市闵行区人民法院（2013）闵民三（知）初字第 241 号，2013 年 10 月 22 日判决；上海市第一中级人民法院（2013）沪一中民五（知）终字第 227 号，2014 年 2 月 14 日判决。

基本案情

2012 年 7 月 28 日（伦敦时间 2012 年 7 月 27 日），第 30 届奥林匹克运动会（以下简称"2012 伦敦奥运会"）开幕式在伦敦举行。开幕式主要涉及文艺表演、各国运动员入场、和平鸽放飞、奥委会官员讲话、升旗仪式、外场火炬传递、运动员和裁判员代表宣誓、火炬入场及交接、点燃主火炬、焰火等环节。

2012 年 8 月 8 日，国际奥林匹克委员会（International Olympic Committee，即"IOC"，简称"国际奥委会"）总经理克里斯托弗·凯普（Christophe De Kepper）和法务部主任霍华德·斯塔普（Howard M.Stupp）出具了一份名为《敬启者》的文件，称国际奥委会是 2012 伦敦奥运会广播权和展览权在全球范围内的独家所有者。

2009 年 3 月 25 日，国际奥委会将伦敦奥运会的独家移动网和互联网的广播权和展览权授予中国中央电视台，包括但不限于，网

79

络传播权和互联网互动点播权（互联网和移动网广播和展览权）和央视国际网络有限公司（简称央视国际公司）获授权行使这些权利。广播媒体：计算机网络展示（如互联网）和移动平台展示；语言：任何语言和所有的语言（澳门的英文广播除外）；地区：中国（包括澳门地区，但不包括香港和台湾地区）；期限：2009 年 3 月 25 日至 2012 年 12 月 31 日。国际奥委会已与中央电视台签订了 2012 年奥运会中国广播和展览权协议并已按上述日期实施。根据协议，CCTV.com/CNTV.cn 有权对第三方未经授权介入伦敦奥运会的广播和展示的行为采取必要的行动，包括签发通知／警告信，向境内的执法部门提出指控，向境内司法部门提起诉讼。该文件由瑞士公证机关予以证明，我国驻瑞士大使馆对此进行了认证。北京市长安公证处对上述文件出具了影印本与原本相符的公证书，公证书文号为（2012）京长安内经证字第 19555 号。

2009 年 4 月 20 日，中央电视台出具《授权书》一份，内容如下：中央电视台将其拍摄、制作或广播的，享有著作权或与著作权有关的权利，或获得相关授权的该台所有电视频道及其所含的全部电视节目（包括但不限于现有及今后之：综艺晚会［包括但不限于：春节联欢晚会、元宵晚会、专题晚会］、访谈节目……纪录片等），通过信息网络（包括但不限于互联网络等新媒体传播平台）向公众传播、广播、提供的权利，授权原告央视国际公司在全世界范围内独占行使，并授权其作为上述权利在全世界范围内进行交易的独家代理；央视国际公司作为上述权利的独占被授权许可人，可以以自己的名义对外主张、行使上述权利，可以许可或禁止他人行使或部分行使上述权利，可以针对侵权行为以自己的名义或委托律师等第三方采取各种法律措施；前述所有授权内容自 2006 年 4 月 28 日起生效，至中央电视台书面声明取消前述授权之日失效。

被告上海全土豆文化传播有限公司（简称全土豆公司）系"土豆网"（网址：www.tudou.com）经营管理者，其为注册用户提供信息存储空间服务。"土豆网"设置了原创、电视剧、电影、体育等频道，注册用户可选择相关频道上传视频。全土豆公司针对用户上传的视频设立了专职审片部门，用户上传的节目与内容均经过审片人员进行审查，并设有信息发布前的关键字或敏感词汇的自动过滤功能，执行 7×24 小时三审流程。

2012 年 8 月 1 日，原告向上海市静安公证处申请证据保全，其代理人余晶使用该公证处已接入互联网的计算机进行如下操作：打开 IE 浏览器，输入 www.tudou.com，查看土豆网相关介绍、"信息网络传播视听节目许可证"、"网络文化经营许可证"、"广播电视节目制作经营许可证"等内容，显示该网站系被告所有，其具有信息网络传播视听等相关资质；在"土豆网"网站首页搜索框输入"开幕式 2012 伦敦奥运会完整版"，点击播放由播客"七星 0311"于三天前发布的"2012 伦敦奥运会开幕式"（该视频播放次数为 97494 次，播放框左上方有"CCTV"及奥运五环标志，右上方有"直播"字样，视频内容涉及文艺表演、运动员进场、火炬传递及点燃仪式等，视频解说明确播放的是伦敦奥运会开幕式），播放中用"camtasia recorder"屏幕录像软件对部分播放内容进行录制，并对部分页面进行网页截屏。上海市静安公证处公证员崔亚霞及工作人员徐静监督了上述操作过程，并于 2012 年 8 月 10 日出具了（2012）沪静证经字第 2989 号公证书。原告为上述证据保全公证，支付公证费人民币 1200 元。原告诉至法院，请求被告赔偿经济损失 100 万元。涉诉后，被告删除了其"土豆网"上的上述视频，且辩称奥运会开幕式不属于著作权法意义上的作品。

判决与理由

上海市闵行区人民法院一审认为：一、我国著作权法规定的作品是指文学、艺术和科学领域内具有独创性并能以某种有形形式复制的智力成果。涉案的"2012 伦敦奥运会开幕式"由文艺表演、火炬传递及点燃仪式等相关环节构成，通过主创人员的创造性劳动，体现了该届奥运会的主题及奥林匹克运动的精神，具有一定的独创性，属于我国著作权法规定的作品。"2012 伦敦奥运会开幕式"系2012 伦敦奥运会的有机组成部分，根据奥林匹克赛事的组织章程及相关协议，其权利主体为国际奥委会。根据《中华人民共和国著作权法》（简称《著作权法》）第 2 条第 2 款的规定，外国人、无国籍人的作品根据其作者所属国或者经常居住地国同中国签订的协议或者共同参加的国际条约享有的著作权，受《著作权法》保护。国际奥委会系设立在瑞士的国际性、非营利性组织，中国与瑞士同为《伯尔尼保护文学和艺术作品公约》的成员国，故国际奥委会对"2012 伦敦奥运会开幕式"享有的著作权受我国著作权法保护。依据《著作权法》的相关规定，国际奥委会作为著作权人对"2012 伦敦奥运会开幕式"享有信息网络传播权。根据国际奥委会出具的《敬启者》的文件，国际奥委会将"2012 伦敦奥运会开幕式"的"互联网互动点播权"授予中央电视台,此处的"互联网互动点播权"应理解为《著作权法》规定的信息网络传播权;同时，中央电视台出具的《授权书》明确将其拍摄、制作或广播的，享有著作权或与著作权有关的权利，或获得相关授权的该台所有电视频道及其所含的全部电视节目通过信息网络（包括但不限于互联网络等新媒体传播平台）向公众传播、广播、提供的权利授权央视国际公司在全世界范围内独占行使，故央视国际公司享有涉案作品的信息网络传播权。在被授权的期限和地区内，任何人在未经许可或不具有合理使用等免责情形下通过信息网络向公众传播涉案作品的，均构成对央视国际公司享有的信息网络传播权的侵犯。二、网络服务提供者在提供网络服务时教唆或者帮助网络用户实施侵害信息网络传播权行为的，应当承担相应的民事责任。奥林匹克运动会在全世界具有相当的知名度和影响力，其开幕式历来都是奥运会的重要组成部分，是万众瞩目的焦点。电视台、网络服务商等机构如需传播奥运会开幕式及相关赛事一般都要与国际奥委会签署协议或取得相应授权。全土豆公司经营的"土豆网"在 2012 伦敦奥运会开幕式举行后的较短时间内即出现了涉案视频，而上传者仅为一般注册用户，亦未表明其对于上传的视频获得了相关授权。全土豆公司作为专门从事影视、娱乐、体育等内容服务的视频分享网站，应当知晓上传涉案视频的用户并非权利人，但未及时采取删除、屏蔽、断开链接等必要措施，放任侵权行为的发生，其作为提供网络存储空间的网络服务提供者，虽然没有直接实施上传行为，却为他人实施侵权行为提供了帮助，主观上存在过错，构成帮助侵权，应当承担相应的民事责任。鉴于央视国际公司未能举证证明因被侵权所遭受的实际损失或者全土豆公司因侵权所获得的利益，法院综合涉案作品的类型、知名度、播放次数以及全土豆公司的主观过错程度、侵权行为的性质、期间等因素酌情确定。遂判决被告赔偿原告经济损失 80000 元、合理费用 7000 元。

上海市第一中级人民法院二审认为：一、作品是指文学、艺术和科学领域内具有独创性并能以某种有形形式复制的智力成果。"奥运会开幕式"主题统一，表达连贯，在表达主题思想、刻画人物形象、营造现场气氛时将现代科技和主题精神相结合，这些巧妙构思和极富特色的表达方式带给观众丰富的视觉享受和美的体验；另一方面，这些表达不是按照特定的模式进行的唯一性表达，并不是单纯的智力机械性的或智力技艺性的劳动，相反在节目内容的编排和设计、现场灯光和配乐的选取、对参与者表演活动的指导等方面都反映了参与创作者独特的安排和个性化的选择，体现了创作者较高程度的创造性。"奥运会开幕式"完全可以固定在一定载体上进行再现、传播，应当作为作品予以保护。二、根据《奥林匹克宪章》第7条的规定，奥运会是国际奥委会的专有财产，国际奥委会拥有与之有关的全部权利和数据，特别是，而且不加限制地拥有涉及该运动会的组织、开发、转播、录制、展示、再创作、获取和散发的全部权利……"奥运会开幕式"是 2012 伦敦奥运会的组成部分，国际奥委会享有其著作权有依据，不仅仅是文件显示的广播权和展示权。根据《伯尔尼保护文学和艺术作品公约》和《著作权法》的规定，国际奥委会据此享有的权利受《著作权法》的保护。根据《著作权法》第 10 条的规定，信息网络传播权，即以有线或者无线方式向公众提供作品，使公众可以在其个人选定的时间和地点获得作品的权利。《敬启者》中表述的"internet dissemination right and internet interactive communication rights"即翻译后的"网络传播权和互联网互动点播权"符合信息网络传播权的内涵和特征，可以理解即为《著作权法》规定的信息网络传播权。三、基于涉案节目的巨大影响力、知名度和一般奥运会开幕式及相关赛事都需要授权的惯例，被告作为专业从事影视、娱乐等内容服务的视频分享网站应当具有相应专业能力，应尽到合理的注意义务，否则应承担侵权责任。遂判决：驳回上诉，维持原判。

评　析

　　本案的争议焦点在于涉案的奥运会开幕式在著作权法上的性质，以及权利归属。本案庭审中，原告区别了奥运会开幕式和经摄制而成的奥运会开幕式电视节目，并明确其主张的是奥运会开幕式本身，而非经摄制而成的电视节目。奥运会开幕式是否属于著作权法意义上的作品？若是作品，属于何种类型？近年来，不仅有关于奥运会开幕式的著作权争议，还有关于世界杯开幕式的争议，依此类推，各种大型活动都有可能存在类似的著作权争议问题。因此，明确此问题具有很强的现实意义。

一、是否属于作品

　　《著作权法实施条例》第 2 条规定："著作权法所称作品，是指文学、艺术和科学领域内具有独创性并能以某种有形形式复制的智力成果。"因此著作权法意义上作品的构成要件，一是具有独创性，二是能以某种形式进行固定和复制。奥运会开幕式现场的各个环节有许多共同之处，如均有升旗仪式、运动员入场仪式、圣火点燃仪式等，但不同城市举办的各届奥运会，对各环节的演绎和表达是不同的，可以说存在明显的差异，因此从独创性的角度看，各届奥运会开幕式符合著作权法的独创性要求。不同国家或城市举办的奥运会的开幕式，均将本国文化与奥运精神紧密联系，如雅典奥运会开幕式展示希腊是奥运会发源地，北京奥运会开幕式展示中国五千年历史文化，伦敦奥运会开幕式展示了莎士比亚、工业革命、女王等英伦历史文化，开幕式实际上是一场规模宏大、类型丰富的大型舞台表演，其节目筹划、编排、筛选、组合均体现了主办地的个性化选择，其表达方式体现了创作者高度的独创性，其人力物力投入甚至可能高于绝大多数电影摄制。同时，奥运会开幕式现场表演完全可以通过摄制固定，可以达到有形复制的效果。因此奥运会开幕式现场表演可以作为著作权法意义上的作品加以保护。

二、属于何种作品

本案庭审中原告主张伦敦奥运会开幕式属于著作权法上"以类似摄制电影的方法创作的作品"。所谓以类似摄制电影的方法创作的作品，是指摄制在一定介质上，由一系列有伴音或者无伴音的画面组成，并且借助适当装置放映或者以其他方式传播的作品。这种作品享有与电影作品同样的保护方式，实质上应该就是指电视剧等作品，以区别于录像制品。但既然原告在庭审中本已明确区分了奥运会开幕式和奥运会开幕式经摄制而成的电视节目，且明确其主张权利的是奥运会开幕式本身，那么其对涉案作品类型的定位就存在一定问题。伦敦奥运会开幕式包括了歌曲、舞蹈、杂技等作品，以及奥运圣火点火仪式、运动员入场仪式、烟花表演等，这些作品与非作品在奥运主题之下进行编排、筛选、串联，这种汇编若干作品或者不构成作品的材料而成的作品，体现了汇编者对内容选择和编排的独创性，属于著作权法上的汇编作品。

三、关于经摄制而成的节目

就本案而言，原告就中央电视台摄制的伦敦奥运会开幕式节目进行维权，其既可以基于奥运会开幕式现场表演本身，也可以基于摄制而成的电视节目，即使认为电视节目属于录像制品，也不妨碍其上存在信息网络传播权。只不过，如果基于奥运会开幕式本身主张汇编作品的著作权，那么被告不仅传播中央电视台摄制的开幕式节目可以构成侵权，传播其他电视台摄制的开幕式节目也可以构成侵权；而如果基于中央电视台摄制的奥运会开幕式节目，那么只能主张该电视节目的信息网络传播权。

有观点认为，奥运会开幕式节目虽由摄像团队独自完成，但其目的在于最为真实地还原开幕式现场的盛况，其摄像的对象和角度完全是根据现场表演的情况进行，创作和个性的表达空间有限，也就是说即使更换一个相同水平的摄像团队，其摄像的对象、角度等实际效果应该基本相同。因此奥运会开幕式节目不符合独创性的要求，不能作为作品保护，只能作为录音录像制品享有邻接权。[①] 笔者认为，具体到本案而言，中央电视台摄制的奥运会开幕式电视节目是属于录像制品，还是属于影视作品（以类似摄制电影的方法创作的作品），尚有商榷的空间。摄制的节目虽然是基于奥运会开幕式现场表演，目的也是向观众传播开幕式的真实状况，但并非虚构的才是作品，纪实的也可以成为作品。对现场表演的摄制，不同摄制团队有不同的角度，有不同的画面切换方式，还有不同的解说词，观众如果观看不同电视台摄制的奥运会开幕式电视节目，可以说其视觉感受是有很大不同的，不同摄制者对同一事实的描述存在着不同的表达（摄制而成的节目），体现着摄制者的独创性，为何不可以成为作品呢？笔者认为，中央电视台摄制的伦敦奥运会开幕式电视节目本身就属于作品，就作品类型而言，属于以类似摄制电影的方法创作的作品。其基于伦敦奥运会开幕式摄制而成，因开幕式本身属于汇编作品，那么电视节目又属于演绎作品，制片者中央电视台是奥运会开幕式电视节目的著作权人。

（撰稿人：徐卓斌）

---

① 朱昱、钱建亮、杨秋月："奥运开幕式类节目的法律性质"，载《人民司法》2014 年第 12 期，第 79 页。

4. 虚拟角色形象性质的认定与著作权保护

——上海世纪华创文化形象管理有限公司与湖北新一佳超市有限公司侵害著作权纠纷案

案件索引：湖北省武汉市中级人民法院（2011）武知初字第 378号，2011 年 8 月 11 日判决；湖北省高级人民法院（2012）鄂民三终字第 23 号，2012 年 3 月 16 日判决。

基本案情

上海世纪华创文化形象管理有限公司（简称上海华创公司）起诉称：该公司从《迪迦奥特曼 ULTRAMAN TIGA》（1—52 集）等系列影视作品的著作权人日本圆谷制作株式会社处，依法获得该影视作品在中国大陆地区独占性的复制权、发行权、放映权以及该作品中角色形象的商品化权，并进行了著作权登记。在该影视片中，日本圆谷制作株式会社塑造了威猛有型、维护和平的科幻英雄人物"宇宙战士迪迦奥特曼"形象。不法生产商为扩大自身商品的影响，未经上海华创公司授权，擅自将上海华创公司享有的该作品及其人物形象用于生产、销售玩具。湖北新一佳超市有限公司（简称新一佳超市）应知上海华创公司对该作品享有著作权，仍然销售这些带有"迪迦奥特曼"形象的侵权商品，在主观上具有过错，应承担侵权的民事责任。上海华创公司请求：1. 判令新一佳超市立即停止销售侵犯上海华创公司对"迪迦奥特曼"形象享有著作权的"百变超人"玩具；
2. 判令新一佳超市立即销毁涉案尚未售出的侵权样品、半成品、产成品及相关标识等；3. 判令新一佳超市赔偿上海华创公司直接经济损失 30000 元（人民币，下同）；4. 判令新一佳超市向上海华创公司公开赔礼道歉；5. 判令新一佳超市承担本案诉讼费用。新一佳超市辩称："迪迦奥特曼"角色形象属美术作品，其权利应由美术作品的著作权人享有；被控侵权商品外包装上使用的图像与上海华创公司诉称的"迪迦奥特曼"形象存在诸多不同；该超市销售的被控产品具有合法来源，且已经尽到合理注意义务，不应承担侵权责任，故请求依法驳回上海华创公司的诉讼请求。

判决与理由

湖北省武汉市中级人民法院一审查明：1996 年 4 月 7 日，日本圆谷制作株式会社制作完成《迪迦奥特曼》（1—52 集）系列影视作品，于 1996 年 9 月 7 日在日本首次公映。该片塑造了一个角色"迪迦奥特曼"，主要特征为：头部头盔形，眼睛突起呈椭圆形，两眼中间延至头顶部有突出物，两耳呈长方形，无眉、无发。上海声像出版社经授权引进至中华人民共和国大陆地区，出版发行 DVD 光盘版本，DVD 光盘版权信息标明了引进文号文像进字（2005）第 102 号。2006 年 11 月 20 日，申请者日本圆谷制作株式会社以制片者身份在中国国家版权局版权保护中心获准著作权登记。2009 年 2 月 13 日，日本圆谷制作株式会社签署著作权授权证明，将《迪迦奥特曼》（1—52 集）系列影视作品及其形象在中华人民共和国大陆地区（不含港、澳、台地区）复制权、发行权、出租权、商品化权等权利及上述权

89

利的再许可独占性的权利授予上海华创公司,授权期限自 2009 年 2 月 1 日至 2012 年 1 月 31 日。该授权书指明的著作权许可使用合同于 2009 年 4 月 13 日经上海市版权局核准备案,备案号 SH-2009-034。2010 年 7 月 8 日,上海华创公司发现湖北新一佳超市武汉青年路店公开销售的被控侵权商品涉嫌侵犯其"迪迦奥特曼"角色形象著作权,申请湖北省武汉市楚信公证处进行证据保全。经一审庭审对比,被控侵权的"百变超人"玩具外包装背面显示七位人偶图像,上海华创公司认为居中人偶图像与"迪迦奥特曼"角色形象主体特征相似。

湖北省武汉市中级人民法院认为:上海华创公司在本案中主张的权利作品是"迪迦奥特曼"角色形象,"迪迦奥特曼"角色形象是否属于我国《著作权法》意义上的作品及上海华创公司是否享有该作品的著作权是本案的关键。虚构的"迪迦奥特曼"角色形象个性化的设计凝结了创作者创作该角色形象的个性化特征,具有独创性,并可以被固定、被复制,符合我国《著作权法》意义上的作品,其本质上属于利用线条、图案、色彩等表现方法形成的具有人物造型艺术的美术作品,应受《著作权法》保护。但"迪迦奥特曼"作为影视角色形象可以脱离该片而独立行使著作权的作品,其著作权的归属必须予以证明。本案中,上海华创公司对"迪迦奥特曼"角色形象设计者身份及权利归属未提交证据证实,遂判决:驳回上海华创公司的诉讼请求。

上海华创公司不服一审判决,于法定期限内提出上诉,请求撤销一审判决,改判支持其全部诉讼请求。

湖北省高级人民法院二审查明:一审法院查明的事实属实,应依法予以确认。二审另查明,2009 年 4 月 13 日,上海市版权局对日本圆谷制作株式会社与上海华创公司的著作权许可使用合同进行备案,备案号为 SH-2009-034。上海市版权局的《著作权合同备案证书》载明,日本圆谷制作株式会社将奥特曼系列十六部影视作品(中文版)在中华人民共和国大陆地区(不含港、澳、台地区)的复制、发行、出租、展览等权利专有许可给上海华创公司,期限自 2009 年 2 月 13 日至 2012 年 1 月 31 日。该备案证书载明的内容与日本圆谷制作株式会社 2009 年 2 月 13 日出具的授权证明相比,去掉了日本圆谷制作株式会社将奥特曼系列影视作品的商品化权及作品中人物形象的复制权、发行权、商品化权等权利授予上海华创公司的内容。"迪迦奥特曼"是《迪迦奥特曼》系列影视作品中的主要角色,其外部形象特征为头部为头盔形,眼睛突起呈椭圆形,两眼中间延至头顶部有突出物,两耳呈长方形,无眉、无发,全身分布红色、蓝色相间的条纹,人物胸前有一圆形蓝色图案。影片中,当怪兽突然来临,为了阻止怪兽破坏人类居住的星球,"迪迦奥特曼"会迅速从一名普通的公民变身为一名科幻英雄,勇敢地与怪兽进行搏斗。影片的每一集均讲述了"迪迦奥特曼"与不同的怪兽进行搏斗的故事情节。二审中,上海华创公司陈述"奥特曼"形象由日本圆谷制作株式会社的圆谷英二在 20 世纪 60 年代创作,"迪迦奥特曼"系日本圆谷制作株式会社的圆谷一夫于 20 世纪 90 年代在"奥特曼"基础上进行的再创作。《迪迦奥特曼》系列影视片中截图显示"制作 圆谷一夫"、"制作 圆谷制作株式会社 每日放送"。

湖北省高级人民法院认为:"迪迦奥特曼"角色形象构成一个独立于影视作品的单独作品,其作者就有权单独行使著作权,不能简单地或当然地推定这个单独的作品的著作权由影视作品的著作权人享有。被控侵权商品将"迪迦奥特曼"角色形象复制在其商品上,是对影视作品中可单独使用的作品的单独使用,而非对影视作品的整体使用。上海华创公司取得的是影视作品的著作权,不能仅仅依据其享有的影视作品著作权就来对影视作品中的角色形象主张权利。"迪迦奥特曼"只能作为美术作品予以保护，美术作品的著作权由美术作品的作者享有。上海华创公司必须举证证明自己取得"迪迦奥特曼"美术作品的著作权人的授权，而非依据影视作品著作权人的授权即来主张权利，该公司应承担举证不能的法律后果。遂判决：驳回上诉，维持原判。

评　析

"迪迦奥特曼"是同名系列影视作品的主要角色，每当怪兽袭击人类时，剧中的虚拟角色"迪迦奥特曼"就会勇敢地与怪兽战斗，维护宇宙和平。关于虚拟角色的定义，有学者认为，虚拟角色是指在动画、电视、电影等作品中出现的人物、动物或机器人等，用语言的形式表现出的作品中的虚拟形象也被认为是虚拟角色。[①] 虚拟角色形象，是指创造性作品中塑造的具有个性特征的艺术形象，它通过名称、外形、经典动作、口头禅、关键短语等艺术要素，创造并非真实存在的虚拟性角色，包括人物、动物等。[②] 虚拟角色又可细分为文学角色（literary character）、视听角色（audio-visual character）和卡通角色（cartoon character），[③] 本案中的"迪迦奥特曼"即是一部影视作品中的视听角色。

---

① 吴汉东等：《西方诸国著作权制度研究》，中国政法大学出版 2009 年版，第54 页。

② 吴汉东："形象的商品化与商品化的形象"，载《法学》2004 年第 10 期。

③ 同上。

一、虚拟角色能否单独构成我国《著作权法》意义上的作品？

世界知识产权组织将形象分为"真实人物"形象和"虚拟角色"形象两种。① 在形象权发源地的美国，真实人物形象和虚拟角色形象在法律上享有不同的权利，真实人物形象享有"形象权"（right of publicity），有学者将其定义为，"形象权是指人们对自己的身份进行商业性使用的权利"；② 虚拟角色形象则相应地享有"角色权"（rights in characters），角色权保护的对象包括"在电影、电视、动画等作品中出现的人物、动物或机器人等，也包括用语言表现的作品中的虚拟形象"。③

虚拟角色是动漫、影视等作品中塑造的艺术形象，属于作品中的角色。一般认为，"小说、戏剧和一般电影中的角色，通常由人扮演，虽然有化妆，有独特的形象，但本身不构成作品。"④ 据此，有观点认为，虚拟角色"迪迦奥特曼"本身不是单独的作品，而是影视作品《迪迦奥特曼》的一部分，该虚拟角色不能脱离于影视作品而独立存在。虚拟角色是否构成独立的作品，要看是否符合我国《著作权法实施条例》的规定。该条例第 2 条规定："著作权法所称作品，是指文学、艺术和科学领域内具有独创性并能以某种有形形式复制的智力成果。"从这一定义出发，我国《著作权法》保护的作品必须具备以下三个构成要件：其一，作品必须是文学、艺术和科学领域内的智力成果；其二，作品必须具有独创性；其三，作品必须能够

① See WIPO:Character Merchandising，WC/INF/10847998/IPLD，p.9.

② 李明德："美国形象权法研究"，载《环球法律评论》2003 年冬季号。

③ 林雅娜、宋静："美国保护虚拟角色的法律模式及其借鉴"，载《广西政法管理干部学院学报》2003 年第 5 期。

④ 陈锦川：《著作权审判：原理解读与实务指导》，法律出版社 2014 年版，第 8 页。

以某种有形的形式进行复制。有学者认为，"独创性在确定形象权利中起着举足轻重的作用。"[①] 例如，美国法院在 Nichols v. Universal Picture Corp 一案中形成的 Nichols 标准，又被称为"独特描述（distinctly delineated）"标准，该标准是指文学作品中的虚拟角色必须满足"显著性标准"时才应当受到保护，其遵守的基本原则是"角色越成熟，特征越明显就越容易受到法律的保护"。并且，在侵权判定中，被侵害的角色应当被独创地构思（originally conceived）并充分地描述（presented sufficiently）。[②]

本案中，虚拟角色"迪迦奥特曼"是否具有独创性是认定其能否构成作品的关键。作品的独创性包括"独立完成"和"创作性"两个方面的内容。[③] 首先，"迪迦奥特曼"是在"奥特曼"基础上的再创作，属于"独立完成"的虚拟角色。"奥特曼"形象是圆谷英二在 20 世纪 60 年代创作的虚拟角色，"迪迦奥特曼"是圆谷一夫于 20 世纪 90 年代在"奥特曼"原型的基础上进行的再创作。与"奥特曼"原型相比，"迪迦奥特曼"在头盔形状、全身条纹颜色和胸前图案等方面有着显著区别，以上均体现了作者独立的构思而不是模仿或抄袭，从而使"迪迦奥特曼"成为了在客观感知上区别于"奥特曼"原型的新的虚拟角色。其次，"迪迦奥特曼"这一虚拟角色具有"创作性"。"迪迦奥特曼"虽是由真人扮演的角色，具有人类的躯体形态，但其并不是由演员简单化妆塑造的人物形象，而是以创作性的手法

---

① 丁兆增："商品化形象权初探——由奥特曼著作权纠纷案引发的法律思考"，载《福建师范大学学报（哲学社会科学版）》2011 年第 6 期。

② 林雅娜、宋静："美国保护虚拟角色的法律模式及其借鉴"，载《广西政法管理干部学院学报》2003 年第 5 期。又可参见李富民："作品中虚拟角色的法律保护"，载《社会科学家》2012 年 5 月。

③ 陈锦川：《著作权审判：原理解读与实务指导》，法律出版社 2014 年版，第 1 页。

塑造的一个头部呈头盔形、眼睛突起呈椭圆形、两眼中间延至头顶部有突出物、两耳呈长方形以及无眉无发的机器人形象，这些都属于作者独到的取舍、选择、安排和设计，体现了作者所特有的个性。有学者指出，"法律上的独创性标准不含对艺术价值的评判，只要表达由作者独立完成，并能够体现一定程度的选择、安排、设计、组合，就是法律上的作品。"[①] 照此标准，"迪迦奥特曼"显然是作者独立构思、创作产生的作品，应当受到我国《著作权法》的保护。在商品经济条件下，虚拟角色可以独立于影视作品进行商业化使用，其权利人可从中获得经济利益，由此可见，虚拟角色是独立于影视作品而存在的作品。

二、虚拟角色属于何种类型作品？

从本案查明的事实来看，日本圆谷制作株式会社将《迪迦奥特曼》系列影视作品及其形象在中国大陆的复制权、发行权、出租权、商品化权等权利授予上海华创公司。据此可以认定，日本圆谷制作株式会社授予上海华创公司的权利包括两项：一是《迪迦奥特曼》影视作品复制权、发行权、出租权等著作权；二是"迪迦奥特曼"虚拟角色形象的商品化权。准确认定虚拟角色"迪迦奥特曼"的作品类型，是确定其享有权利的种类及其保护范围的前提。

有观点认为，虚拟角色"迪迦奥特曼"应当属于角色形象作品，相应地，角色形象作品享有商品化权（Merchandising Right）。世界知识产权组织（WIPO）国际局在1993年发布的关于角色商品化权的研究报告，将商品化权定义如下："为了满足特定顾客的需求，使顾客基于与角色的亲和力而购进这类商品，或要求这类服务，通过虚构角色的创作者或者自然人以及一个或多个合法的第三人在不同

---

① 李琛：《知识产权法关键词》，法律出版社2006年版，第27页。

的商品，或服务上加工或主要利用该角色的实质人格特征"。[1]有学者认为，对虚拟角色应当采取独立的保护模式，"即设立独立的商品化权，在立法上正式确立商品化权的合法地位，不再让商品化权成为人格权、著作权、商标权等民事权利的影子而存在。"[2]但是，我国现行法律并未赋予角色形象以商品化权，因此，"迪迦奥特曼"作为虚拟角色形象的商品化权不能得到我国法律的保护。

另一种观点认为，虚拟角色"迪迦奥特曼"属于美术作品。有学者经研究认为，西方国家对虚拟角色的著作权保护的一个共同特点是，"虚拟角色构成著作权客体的独特领域，但不是一类独立作品。各国多将可视角色视为美术作品，而将文学角色作为作品的组成部分，这是角色得到著作权保护的依据。"[3]我国《著作权法实施条例》第4条第（八）项规定："美术作品，是指绘画、书法、雕塑等以线条、色彩或者其他方式构成的有审美意义的平面或者立体的造型艺术作品。"本案中，"迪迦奥特曼"的造型是一个头部如头盔形状、五官独特、胸口有蓝色圆形图案且全身有红蓝相间颜色条纹的机器人形象，其本质上属于利用线条、色彩、图案等表现手法构成的具有审美意义的造型艺术作品。据此，虚拟角色"迪迦奥特曼"可以作为美术作品得到我国《著作权法》的保护。

需要指出的是，美术作品的权利保护范围要小于角色形象作品的权利保护范围。"迪迦奥特曼"角色形象之所以深受儿童喜爱，一方面是因为有着独特审美意义的外部造型，另一方面还因为影视作品《迪迦奥特曼》将"迪迦奥特曼"塑造成为一名科幻英雄，赋予

---

[1] 李富民："作品中虚拟角色的法律保护"，载《社会科学家》2012年5月。

[2] 刘亚军、曹军婧："虚拟角色商品化法律保护刍议——美国实践的启示"，载《当代法学》2008年7月。

[3] 吴汉东："形象的商品化与商品化的形象"，载《法学》2004年第10期。

了该虚拟角色英勇无畏、维护和平的性格内涵。可以说，被控侵权商品既使用了"迪迦奥特曼"的外部造型，又利用了"迪迦奥特曼"深受喜爱的性格内涵。因此，按照虚拟角色的商品化权的保护模式，"迪迦奥特曼"的外部造型和性格内涵共同构成了一个完整的虚拟角色形象作品。但是，作为美术作品保护的虚拟角色"迪迦奥特曼"，按照著作权"思想/表达二分法"原则，著作权法只能保护其作为外部造型的造型艺术表达，而不能保护其作为性格内涵的作品思想。

三、虚拟角色的著作权人如何认定？

关于虚拟角色的著作权归谁享有，在我国的司法实践中存在分歧。以认定虚拟角色"奥特曼"或"迪迦奥特曼"的权利归属为例，有一种观点认为，"'奥特曼'系文学和影视作品中的虚构人物，著作权人对其享有著作权。"[①]与之相反，另一种观点认为，"'迪迦奥特曼'角色形象的著作权由'迪迦奥特曼'美术作品的著作权人享有。上海华创必须举证证明自己取得"迪迦奥特曼"美术作品的著作权人的授权，而非依据影视作品著作权人的授权即来主张权利。"[②]

我国《著作权法》第15条规定："电影作品和以类似摄制电影的方法创作的作品的著作权由制片者享有，但编剧、导演、摄影、作词、作曲等作者享有署名权，并有权按照与制片者签订的合同获得报酬。电影作品和以类似摄制电影的方法创作的作品中的剧本、音乐等可以单独使用的作品的作者有权单独行使其著作权。"如前所述，"迪迦奥特曼"这一虚拟角色与影视作品中的词作品、曲作品一样，可以独立于影视作品而单独使用。本案中，被控侵权商品即是将"迪迦奥特曼"角色形象复制在其商品上，故该行为是对作为美术作品

---

① 孙美兰、孔丁英："'奥特曼'纠纷案引发的思考——论对商品化权的保护"，载《法学》1999年第7期。

② 湖北省高级人民法院（2012）鄂民三终字第23号民事判决书。

的"迪迦奥特曼"的单独使用，而不是对影视作品《迪迦奥特曼》的整体使用。

按照我国法律规定，美术作品的著作权由美术作品的作者享有，影视作品的著作权由影视作品的制片者享有。本案中，日本圆谷制作株式会社在使用美术作品"迪迦奥特曼"拍摄影视作品《迪迦奥特曼》时，是否与美术作品"迪迦奥特曼"的作者圆谷一夫约定过该美术作品的权属，上海华创公司没有举证证明。即便美术作品"迪迦奥特曼"的作者圆谷一夫授权日本圆谷制作株式会社使用该美术作品拍摄影视作品《迪迦奥特曼》，也不能据此认定圆谷一夫将美术作品"迪迦奥特曼"的复制权、发行权、出租权等著作权一并转让给日本圆谷制作株式会社并授权其进行诉讼维权。因此，虚拟角色"迪迦奥特曼"的著作权人应当是美术作品的作者圆谷一夫，上海华创公司虽取得影视作品《迪迦奥特曼》著作权人的授权，但在其没有举证证明取得美术作品"迪迦奥特曼"著作权人圆谷一夫授权的情况下，不能认定其当然享有影视作品中可以单独使用的美术作品的权利。

（撰稿人：童海超）

5. 音乐录影带性质的认定与著作权保护

——北京华夏金马文化传播有限公司与武汉乐迪熊音乐娱乐有限公司侵害放映权纠纷案

案件索引:湖北省武汉市中级人民法院(2009)武知初字第38号,2009年9月3日判决;湖北省高级人民法院(2009)鄂民三终字第84号,2009年12月22日判决。

基本案情

原告北京华夏金马文化传播有限公司（简称华夏金马公司）诉称,被告武汉乐迪熊音乐娱乐有限公司（简称乐迪熊公司）未经许可,以营利为目的,将《受伤》《狼爱上羊》《愤怒的情人》《爱你我就不后悔》《用你的名字取暖》《想你的时候你是否会想我》《人一旦变了心》七部MTV（音乐录影带）作品复制在其经营的"好乐迪"KTV点播系统中,并以卡拉OK形式向公众放映,侵犯其依法享有的复制权、放映权,请求法院判令被告立即停止对其公司享有著作权的MTV作品复制权、放映权的侵害,赔偿经济损失380000元（人民币,下同）、合理支出费用21114元,共计401114元。被告乐迪熊公司辩称,1.从MTV作品制作方式上看,除《狼爱上羊》外,其他六部MTV作品都不是摄制方式产生的,不构成"类似电影作品",不属于著作权法保护的作品。2.放映权本身包含复制权,属于权利竞合,原告指控被告侵犯其复制权于法无据。3. 被告的播放行为即使构成侵权，也未给原告造成实际损害，原告提出的赔偿数额明显过高，请求驳回原告的诉讼请求。

武汉市中级人民法院一审查明：2005 年 10 月 10 日，华夏金马公司与案外人北京传奇行文化传播有限公司签订音乐录影带制作协议书，委托该公司制作一支《狼爱上羊》的音乐录影带（以下简称 MTV），该作品演唱者为汤潮，采用 16mm 胶片拍摄，《狼爱上羊》的制作费为 110000 元，作品版权归华夏金马公司所有。此外，北京传奇行文化传播有限公司不得擅自将该作品重装、改作、公开播放、公开上映，不得使用或授权第三方使用作品中的道具服装、人物造型、旁白设计或者任何影音设计等。2006 年 2 月 15 日，华夏金马公司与案外人北京精英联盟数码科技有限公司签订《爱你我就不后悔》音乐录影带制作协议书，委托北京精英联盟数码科技有限公司制作一支《爱你我就不后悔》的 MTV，该作品的演唱者为汤潮，采用 16mm 胶片拍摄。合同中双方还约定华夏金马公司向北京精英联盟数码科技有限公司支付制作费 80000 元，作品版权归华夏金马公司享有，北京精英联盟数码科技有限公司不得擅自将该作品重装、改作、公开播放、公开上映，不得使用或授权第三方使用作品中的道具服装、人物造型、旁白设计或任何影音设计。2006 年 3 月 3 日，华夏金马公司与案外人林霞签订制作协议书，委托林霞采用 Flash 方式制作《用你的名字取暖》《受伤》《人一旦变了心》《想你的时候你是否会想我》四首 MTV 音乐作品。双方约定：华夏金马公司向林霞支付《受伤》《人一旦变了心》《想你的时候你是否会想我》Flash 作品制作费每部 2700 元，三首作品共计 8100 元；《用你的名字取暖》已制作完成并结清费用；林霞制作的上述四首 Flash 作品版权归华夏金马公司所有，林霞不得擅自将 Flash 作品修改，不得将 Flash 作品授权第三方出版发行，或者将 Flash 作品在网络等媒体做有偿的试听和下载。华夏金马公司在上述合作、制作合同履行过程中，先后向参与涉案七部MTV 设计、创作的拍摄者、制作者、表演者支付了相关费用，所有参与制作人员均声明上述作品的著作权由华夏金马公司享有。2009年 4 月 13 日，汤潮军出具声明，确认其本人创作和演唱的《狼爱上羊》（唱片版）、《爱你我就不后悔》、《人一旦变了心》（Flash 版）、《用你的名字取暖》（Flash 版）、《想你的时候你是否会想我》（Flash 版）、《愤怒的情人》（Flash 版）、《受伤》（Flash 版）歌曲 MTV 由华夏金马公司拍摄，MTV 版权归华夏金马公司所有。北京市海淀区人民法院（2006）海民初字第 25641 号民事判决书载明，对汤潮军的艺名为汤潮这一事实，汤潮军没有异议。上述七首 MTV 均收录在广东飞乐影视制品有限公司（以下简称广东飞乐公司）出版、发行的名称为《汤潮 狼爱上羊》的专辑里。一审庭审中，一审法院组织双方当事人对华夏金马公司作为作品载体提交的上述专辑进行播放、勘验。双方确认：1. 作品《狼爱上羊》时长为 4 分 55 秒，是以 16mm 胶片拍摄方式完成的 MTV；2. 作品《爱你我就不后悔》时长 4 分 02 秒，是以拍摄方式配以 Flash 动画制作背景，中间穿插了实景拍摄的东北秧歌和时尚街舞画面完成的 MTV；3. 作品《愤怒的情人》时长 5分 12 秒；4. 作品《用你的名字取暖》时长 3 分 56 秒；5. 作品《人一旦变了心》时长 3 分 47 秒；6. 作品《受伤》时长 4 分 02 秒；7. 作品《想你的时候你是否会想我》时长 4 分，后五部作品均是用 Flash软件制作的动画作品，上述七首 MTV 在画面下方或片尾标有"出品北京华夏金马文化传播有限公司"署名，还显示专辑出版、发行方广东飞乐公司的飞乐图标。此外《愤怒的情人》播放画面中有"Flash制作零度剪辑"署名。2008 年 9 月 1 日，华夏金马公司向湖北省武汉市琴台公证处申请证据保全公证。该公证处于 2008 年 9 月 10 日委派公证员，随华夏金马公司的委托代理人周家奇一同来到位于武汉市江汉路步行街 61 号的好乐迪量贩 KTV 进行证据保全，并出具（2008）鄂琴台证字第 101288 号公证书和补正书。公证书和补正书载明，周家奇以普通消费者的身份，在该 KTV 的 303 包房内使用歌曲点播机点播了以下歌曲：《房子》《受伤》《word feel china》《那滋味》《爱情小偷》《狼爱上羊》《愤怒的情人》《故乡黑龙江》《妈妈我想你》《微笑的力量》《爱大了受伤了》《爱大了受伤了 (试听版)》《人一旦变了心》《爱你我就不后悔》《你是我的好朋友》《谁让我爱上了你》《用你的名字取暖》《我爱的姑娘你最美》《想你的时候你是否会想我》。其中 "流行劲榜 3/13" 第五首歌曲为 "狼爱上羊——汤潮"。点选歌曲完成后，上述歌曲依次在 KTV 包房的电视荧屏上进行了播放，周家奇同时使用光盘摄像机 (录像前光盘已格式化为空白盘) 对点播步骤及点播机页面显示情况进行了同步摄像。消费结束后，周家奇取得由好乐迪量贩 KTV 当场出具的武汉市餐食娱乐业定额统一发票六张，金额为 190 元，《湖北省增值税普通发票》一张，系购买食品所花费的 74 元。2009 年 5 月 19 日，一审法院组织双方当事人至乐迪熊公司经营的好乐迪 KTV 处进行实地现场勘验。双方确认歌曲点播的流程为先将歌曲存放在电脑系统的服务器中，由用户通过 VOD 点播系统的点播画面进行选取，再通过电脑系统的局域网络将待播放歌曲存储数据分成数个部分，逐步调取至包厢内的显示器进行播放。侵权公证书显示的播放过程与该播放流程相符，勘验时已没有涉案歌曲供点击播放。同时，双方确认好乐迪 KTV 的经营面积为 1427.5 ㎡，共有 67 间包房，营业时间为 8：00 至次日 2：00。一审审理过程中，一审法院组织双方将公证书封存光盘的内容与上述七部 MTV 进行对比，两者的人物、画面、字幕、Flash 动画情节均相同，除《狼爱上羊》外的其余六首作品画面下方均有 "出品北京华夏金马文化传播有限公司"署名以及广东飞乐公司图标滚动,在《狼爱上羊》MTV片尾标有"琴音制作"署名,在《愤怒的情人》播放画面中有"Flash制作零度剪辑"署名。华夏金马公司为调查、制止上述侵权事实,支付工商查档费50元,公证费800元,办理公证时在好乐迪KTV消费190元和食品花费74元,律师费20000元。

判决与理由

武汉市中级人民法院一审认为,原告华夏金马公司系涉案《狼爱上羊》等七部MTV作品著作权人,依法享有的放映权应受到法律保护。被告乐迪熊公司未经原告许可,擅自播放上述《狼爱上羊》等七首MTV作品,侵犯了原告华夏金马公司享有的放映权,依法应承担停止侵权、赔偿经济损失的民事责任。鉴于双方当事人确认被控侵权行为已实际停止,故本案不再判令乐迪熊公司承担停止侵权的民事责任。据此,依据《中华人民共和国著作权法》(2001年10月27日修正,下同)第3条第(六)项、第10条第1款第(十)项、第2款、第15条、第47条第1款第(一)项、第48条,《中华人民共和国民事诉讼法》(2007年10月28日修正)第128条的规定,判决:一、乐迪熊公司于判决生效之日起十日内赔偿华夏金马公司经济损失15000元;二、乐迪熊公司于判决生效之日起十日内赔偿华夏金马公司合理费用11040元;三、驳回华夏金马公司的其他诉讼请求。一审案件受理费7317元,由华夏金马公司负担1463.4元,由乐迪熊公司负担5853.6元。一审判决后,原、被告均不服,于法定期限内提出上诉。二审法院经审理,判决驳回上诉,维持原判。

评　析

本案系一起较新颖的侵犯以类似摄制电影的方法创作的 MTV 作品放映权纠纷的案件。被告未经原告许可，擅自播放原告享有著作权的 MTV 作品，侵犯了原告的放映权。本文拟从涉案作品的类型、原告的主体资格、被告的行为侵犯原告何种权利以及赔偿损失的计算等方面，将此类案件的办案思路作一梳理。

一、涉案作品的类型

此类案件中，MTV 画面属于哪种作品类型，权利人能主张何种权利，审判实务界有广泛的争议。根据我国《著作权法》区分"电影作品和以类似摄制电影方法创作的作品"[①]以及"录像制品"[②]的规定，一种观点认为，涉案七部 MTV 除《狼爱上羊》属于以类似摄制电影的方法创作的作品外，其余六部均为录音录像制品，录像制作者仅享有《著作权法》第 41 条第 1 款规定的许可他人复制、发行、出租、通过信息网络向公众传播并获得报酬的权利，无权主张放映权；另一种观点认为，涉案七部 MTV 均属于以类似摄制电影的方法创作的作品，著作权人享有《著作权法》第 10 条第 1 款规定的各项权利，包括放映权。

判断 MTV 画面构成录音录像制品还是以类似摄制电影的方法创

①《著作权法实施条例》第 4 条第（十一）项规定："电影作品和以类似摄制电影的方法创作的作品，是指摄制在一定介质上，由一系列有伴音或者无伴音的画面组成，并且借助适当装置放映或者以其他方式传播的作品。"

②《著作权法实施条例》第 5 条第（二）、（三）项规定："录音制品，是指任何对表演的声音和其他声音的录制品；录像制品，是指电影作品和以类似摄制电影的方法创作的作品以外的任何有伴音或者无伴音的连续相关形象、图像的录制品。"

作的作品，关键在于 MTV 画面是否具备著作权法要求的独创性。关于"独创性"，其英文 originality 本身是一个多义词。除了有"源自于"的意思外，还有"创造性"的含义。那么，著作权法意义上的"独创性"究竟只指第一种含义还是同时包含两种含义？在现代版权法的发源地英国，以及早期以英国版权法为立法参考的美国、加拿大、澳大利亚和新西兰等英美法系国家，即使劳动成果中没有体现出任何智力创作成分，只要该劳动成果包含了作者"独立的艰苦劳动"并具有实际价值，就可以满足版权法对"独创性"的要求。[①]英美法系早期版权法中这一判断"独创性"的标准被形象地称为"额头流汗"标准。根据"额头流汗"规则，类似于电话号码簿这种对事实的汇编只要付出了劳动，无论选择和编排之中是否体现了汇编者的智力创造，该汇编都是具有"独创性"的作品。这实际上容易导致对事实本身的垄断。以电话号码簿为例，只要第一家电话公司通过"额头流汗"取得了第一本电话号码簿的著作权，那么今后任何想要在不侵犯著作权的情况下出版一本类似的电话号码簿，只能自己再一次走街串巷进行独立收集和编排。对于地图绘制而言，英国法院甚至根据"额头流汗"规则宣布："对于一本有关道路的书而言，他必须自己计算里程。对于新发现岛屿的地图而言，他必须亲自完成全部测量工作，就像他从未看过以前的地图一样，通常，不经过他自己的独立劳动，他无权从前面出版的信息中使用一个字。"[②]显然，"额头流汗"规则虽在一定程度上防止了劳动成果被他人不公平地加以免费利用，但却会不可避免地阻碍他人利用前人劳动成果中的事实和数据进行创作，这与著作权法鼓励后人"站在前人肩膀

① 王迁：《知识产权法教程》，中国人民大学出版社 2011 年版，第 29 页。
② See *Walter v. Steinkopff*, [1892]3 Ch. 489 at 495. 转引自王迁：《知识产权法教程》，中国人民大学出版社 2011 年版，第 30 页。

上"创作新作品的基本宗旨是相违背的。因此，目前坚守"额头流汗"规则的国家已经很少了。英美法系中的美国与加拿大已明确放弃了这一规则。① 我国《著作权法实施条例》规定只有具备"独创性"的劳动成果才能成为《著作权法》意义上的作品，但对"独创性"中"创"的高度却没有作出任何规定。因此，最终，审判实务界对此类案件达成的共识是，如果 MTV 画面仅仅是声音和图像的简单、机械叠加，或是对现场演唱会的机械录制，则没有达到"独创性"中"创"的高度，就属于录音录像制品而非作品。同时，为保证声音和画面的质量，在摄像过程中进行了适应性的机位调整，或在后期制作中通过简单的剪辑和处理而形成的 MTV，也被认定为录音录像制品；但如果 MTV 画面经过制作表现出歌唱演员或者画面与背景的有机结合，包含了剧本作者、导演、摄影师和剪辑师等富有创造性的劳动，例如画面能够反映一个完整的故事情节等，则符合"创"的要求，属于以类似摄制电影的方法创作的作品。本案所涉的七部 MTV，除《狼爱上羊》外，其余六部均为 Flash 作品，Flash 作品系使用计算机软件制作的配有声音和字幕的可使用播放软件播放的连续漫画。这六部 Flash 作品，画面为一系列有伴音或者无伴音组成的连续的、动态的影像，作品内容系依据音乐的主题思想和歌词含义进行的人物、场景、情节等设计，表达出创作者的思想主题，凝聚了编剧、导演、摄制、剪辑、合成等创作性劳动，具有一定的区别性和独创性，并非对声音或图像的机械再现，因此，涉案的六部 Flash 作品属于以类似摄制电影的方法创作的作品。

还有观点认为，除《狼爱上羊》外，其余六部作品均不是采用胶片拍摄，故不构成以类似摄制电影的方法创作的作品。电影作品

---

① 王迁：《知识产权法教程》，中国人民大学出版社 2011 年版，第 30 页。

从制作方法上讲是一个复杂的技术过程，这一过程随着技术条件的改变而改变。如今已出现采用电脑软件设计制作，并采用电影胶片、录像带、闪存盘、激光视盘、电脑硬盘等介质进行固定，通过影院影音系统或者电脑的播放软件进行播放的作品。《著作权法实施条例》将电影作品的制作方法和固定方法规定为"摄制在一定介质上"，并未排除涉案作品以 Flash 软件制作、保存在数据光盘中的制作方法和固定方式。这种观点也不成立。

二、原告的主体资格问题

本案中，原告是涉案七首 MTV 作品的制片者，根据我国《著作权法》第 15 条第 1 款[①]的规定，原告享有涉案七首 MTV 作品的著作权，是本案适格原告。此处讨论主体资格问题，是鉴于湖北法院同期受理了大批音乐作品的词曲作者（如叶佳修）起诉卡拉 OK 经营者侵犯其词曲作者的复制权、表演权和署名权的案件。制片者以外的词曲作者能否对 MTV 提起起诉？全国也有不同判决。如果将涉案 MTV 认定为录音录像制品，词曲作者有权对卡拉 OK 经营者的使用行为提起诉讼，这一点在审判实践中意见基本一致。因为 MTV 是在原音乐作品基础上形成的一个制品，未产生新的作品，不产生新的著作权人，词曲作者作为音乐作品的著作权人当然有权提起诉讼。

但如果将涉案 MTV 认定为以类似摄制电影的方法创作的作品，词曲作者能否对卡拉 OK 经营者未经许可的使用行为起诉？审判实践中有两种观点：第一种观点认为，词曲作者不能就以类似摄制电影的方法创作的作品来主张词曲作品的著作权。因为根据我国《著作权法》第 15 条第 1 款的规定，当音乐词曲与编剧、导演、摄影等

---

① 《著作权法》第 15 条第 1 款规定："电影作品和以类似摄制电影的方法创作的作品的著作权由制片者享有，但编剧、导演、摄影、作词、作曲等作者享有署名权，并有权按照与制片者签订的合同获得报酬。"

结合在一起形成一个以类似摄制电影的方法创作的作品时，以类似摄制电影的方法创作的作品的著作权，包括复制权、表演权等，由制片者享有，词曲作者仅享有署名权及按照与制片者签订的合同获得报酬的权利，词曲作者不能就以类似摄制电影的方法创作的作品来主张词曲作品的复制权。①

第二种观点认为，叶佳修有权起诉。理由：第一，2007 年 1 月，曹建明副院长在全国法院知识产权审判工作座谈会上的讲话中指出："音乐电视的消费特点是以使用音乐（词曲）为主、欣赏画面为辅，与一般电影作品不同，词曲的地位较突出，而且制片人通常也不是一次性买断词曲作者的全部权利。因此，对于构成作品的音乐电视，除非有特别约定，词曲作者对于营业性播放行为仍可以直接向使用人主张权利。"该讲话中将音乐电视 MTV 划分为以类似摄制电影的方法创作的作品和录音录像制品，明确指出即使认定为以类似摄制电影的方法创作的作品，词曲作者也可直接向使用人主张权利。第二，中国音乐著作权协会是通过与音乐著作权人签订合同管理音乐作品的某些权利的著作权集体管理组织，主要是作曲者、作词者的权利，中国音乐著作权协会的地位相当于词曲作者。根据国家版权局 2006 年第 1 号公告，中国音乐著作权协会有权开展卡拉 OK 版权使用费收取工作。并且，对于叶佳修这种未在中国大陆境内授权别人使用

---

① 广东高院在（2010）粤高法民三终字第 67 号民事判决中持此种观点。广东高院还认为，虽然《著作权法》第 15 条第 2 款规定："电影作品和以类似摄制电影的方法创作的作品中的剧本、音乐等可以单独使用的作品的作者有权单独行使其著作权"，但对于以类似摄制电影的方法创作的作品中音乐作品的著作权人而言，其在"单独使用"音乐或剧本的时候才可以单独行使其著作权。这种"单独使用"系指将词曲作品另行复制、发行或制作唱片等。音乐作品作者获得报酬的权利应通过音乐电视作品的制作者实现，而非通过卡拉 OK 歌厅。最终判决驳回叶佳修认为侵犯其复制权的诉讼请求。

其音乐作品制作 MTV 的词曲作者，如果认定其无权起诉卡拉 OK 经营者，叶佳修很难查清到底是谁制作了 MTV 并去起诉他，不能较好地保护词曲作者的权利。

但第二种观点带来两个无法解决的问题：首先，既然 MTV 不论是属于以类似摄制电影方法创作的作品，还是录音录像制品，词曲作者均有权利起诉，那也就没有必要在案件中区分 MTV 到底是属于以类似摄制电影方法创作的作品，还是录音录像制品了；其次，如果对卡拉 OK 经营者播放 MTV 的某一具体行为，词曲作者依据词曲作者的权利先来起诉，法院支持了词曲作者的诉讼请求，以类似摄制电影方法制作的作品的制片者依据其享有的"大"著作权，又来起诉该卡拉 OK，法院怎么办？虽然以类似摄制电影方法创作的作品的制片者，可能是未经词曲作者的许可创作了该以类似摄制电影方法创作的作品，但目前审判实务界对这种权利基础有瑕疵，但有独创性，形成的新的作品应该予以著作权法保护，还是形成了共识。如果法院再次判决卡拉 OK 经营者就同一侵权行为承担侵权责任，显然违背"一事不再罚"的原则，对卡拉 OK 经营者而言极其不公。

三、被告的行为侵犯原告何种权利的问题

回到本案，原告华夏金马公司主张被告乐迪熊公司侵犯其复制权和放映权。《著作权法》第 10 条第 1 款第（五）项规定："复制权，即以印刷、复印、拓印、录音、录像、翻录、翻拍等方式将作品制作一份或者多份的权利"；第（十）项规定："放映权是指通过放映机、幻灯机等技术设备公开再现美术、摄影、电影和类似摄制电影的方法创作的作品等的权利。"本案中，乐迪熊公司播放包括涉案作品在内的 MTV 流程是，MTV 保存在影音点播系统的电脑服务器中，由消费公众进行点击、播放，并在显示器上显示作品的视听内容。

在被告是否侵犯原告放映权的问题上，审判实务界无大争议，

但曾有观点认为被告的行为侵犯了原告的信息网络传播权。对于这种通过点唱设备的使用行为，是局限于点唱这个机械行为本身认定属于放映权和表演权的内容，还是认定为是通过局域网使用点唱设备中的作品、制品，通过信息网络传播作品的行为，笔者倾向于前者。此点统一认识，可避免原告从原始著作权人取得放映权而法院认定侵犯信息网络传播权，或者原告取得信息网络传播权而法院认为侵犯的是放映权，最终导致原告诉请不能得到支持的情形。

在是否侵犯复制权的问题上，目前有三种观点：第一种观点认为，存储 MTV 表面上是对原作品的复制，但存储在电脑系统服务器中一次完成，是为放映作品所做的必要技术准备，其目的是放映，而不是复制，对放映权的保护覆盖了对该复制权的保护，故被告仅侵犯原告享有的放映权，不侵犯复制权。第二种观点认为，被告，即卡拉 OK 经营者，多不生产点播系统，将 MTV 收录于曲库并售出的行为应是 VOD 点播系统制造商的营利行为，对于曲库的更新和维护也是由 VOD 点播系统供应商来完成，所以，卡拉 OK 经营者没有复制行为，侵犯复制权的责任应由 VOD 点播系统供应商承担。此类案件还有原告主张侵犯其署名权。在判定是否侵犯署名权的问题上，同样认为卡拉 OK 经营者不参与伴唱类电视音乐作品的制作过程，无法决定对伴唱类电视音乐作品是否署名以及如何署名。并且，要求卡拉 OK 经营者在购买曲库时对其曲库中数以万计的卡拉 OK 歌曲的署名情况进行审查，则对卡拉 OK 经营者提出了较高的注意义务，因此也不宜认定卡拉 OK 经营者侵犯署名权。第三种观点主张从举证责任的角度来判定被告即卡拉 OK 经营者，是否侵犯复制权和署名权。具体为：卡拉 OK 经营者，即使用者，不能证明所使用的作品、制品系他人复制在点唱设备中的，应认定使用者实施了复制作品、制品的行为；能够证明所使用的作品、制品系他人复制在点唱设备中的，就认定使用者未实施复制作品、制品的行为。认定是否侵犯署名权也如此。卡拉OK经营者，不能证明所使用的作品、制品系他人提供并复制在点唱设备中的，也认定使用者同时侵犯署名权。

第三种观点是目前的主流观点，笔者也同意。该种观点的积极作用在于引导、鼓励被告即卡拉OK经营者提供上家，即曲库制作者VOD点播商，能有效地从源头上遏制类似侵犯著作权行为的发生，打击真正实施侵权行为的人。

四、赔偿损失的计算问题

本案中，原告未能提交侵权造成其制作、发行或许可涉案MTV作品利润减少的数额，以及被告使用涉案七首MTV作品获利数额，故本案依据《著作权法》第48条① 和《最高人民法院关于审理著作权民事纠纷案件适用法律若干问题的解释》第25条② 的规定适用酌定赔偿方式计算其赔偿数额。法院在确定赔偿数额方面参考如下因素：1. 作品类型。本案请求保护的作品系以类似摄制电影的方法创作的作品，且《狼爱上羊》在KTV市场上具有一定知名度。2. 侵权情节。乐迪熊公司明知播放的作品由华夏金马公司享有权利，却在未获得授权许可的情况下进行播放，主观上存在故意。3. 侵权范围、持续时间。播放涉案七首MTV的范围仅限于乐迪熊公司经营的

---

① 《著作权法》第48条规定："侵犯著作权或者与著作权有关的权利的，侵权人应当按照权利人的实际损失给予赔偿；实际损失难以计算的，可以按照侵权人的违法所得给予赔偿。赔偿数额还应当包括权利人为制止侵权行为所支付的合理开支。权利人的实际损失或者侵权人的违法所得不能确定的，由人民法院根据侵权行为的情节，判决给予五十万元以下的赔偿。"

② 《最高人民法院关于审理著作权民事纠纷案件适用法律若干问题的解释》第25条规定："权利人的实际损失或者侵权人的违法所得无法确定的，人民法院根据当事人的请求或者依职权适用著作权法第四十八条第二款的规定确定赔偿数额。人民法院在确定赔偿数额时，应当考虑作品类型、合理使用费、侵权行为性质、后果等情节综合确定。"

好乐迪 KTV 场所内，经营面积为 1427.5m²，包房 67 间，营业时间为 8：00 至次日 2：00。4.为调查、制止侵权行为发生的合理费用。故法院最终酌定乐迪熊公司按照每部作品 2000 元的标准赔偿，并考虑《狼爱上羊》作品的知名度较高，对该作品酌定 3000 元的赔偿标准，酌定华夏金马公司的经济损失赔偿数额为 15000 元，合理费用为 11040 元。法院酌定的赔偿标准符合本案的实际情况以及其同类案件的赔偿标准。

华夏金马公司在本案中还主张按中国音像著作权集体管理协会的每间包房的收费标准来计算赔偿数额。法院认为，该协会的收费标准系为著作权集中授权制定，并非针对一首歌制定，且本案无法判明涉案七首歌曲占该协会集中授权歌曲的比例，故本案不宜按照该协会的收费标准酌定赔偿数额。

在本案诉讼过程中，法院还接到中国音像著作权集体管理协会的来函。函件的大意是讲，个别权利人，如本案的原告华夏金马公司，不愿加入著作权集体管理组织，执意通过商业诉讼获取利益，导致大量卡拉 OK 歌厅在向著作权集体管理组织缴费后又被诉至法院，歌厅不再愿意继续缴费等情况。中国音像著作权集体管理协会认为法院应综合考虑这类诉讼引发的负面影响，对已向其会支付使用费又被诉讼的卡拉 OK 歌厅判决较轻的赔偿责任，以维护著作权集体管理组织和歌厅已经建立的正常授权和使用秩序，促进我国著作权集体管理制度的建设和发展。此种观点乍听起来较有道理，权利人都加入著作权集体管理组织无疑会促进组织的发展和壮大，但细究起来，此种观点显然违反了"法律面前人人平等"的原则，不能说为了促使权利人加入著作权集体管理组织，就在权利人自己主动维权时判决较低的赔偿数额，而在著作权集体管理组织来维权时就判决较高的赔偿数额。并且，知识产权制度的本质是保护知识产权人的利益，作为法官，在权利人主动维权时，其情感的天平更容易倾向于权利人。著作权集体管理组织的发展和壮大，更应该有赖于管理制度的完善、管理水平的提高以及对著作权人利益的保护力度加大等因素，而非法院在维权赔偿数额上分出"三六九等"。

（撰稿人：徐翠）

6. 计算机字库中单字的性质认定与著作权保护

——北京北大方正电子有限公司与广州宝洁有限公司、
北京家乐福公司侵害著作权纠纷案

案件索引:北京市海淀区人民法院（2008）海民初字第27047号，
2010年12月20日判决；北京市第一中级人民法院（2011）一中民
终字第5969号，2011年7月5日判决。

基本案情

本案原告为北大方正电子有限公司（简称方正公司），其研发
设计了倩体字库产品。广州宝洁有限公司（简称宝洁公司）委托一
设计公司为其设计产品标识，该设计公司购买了方正公司的"正版"
倩体字库产品后，使用了其中的两个单字"飘柔"为宝洁公司设计
了产品标识。方正公司认为设计公司虽然购买了正版的字库产品，
但因字库产品中的每个单字均构成美术作品，且用户协议中对于购
买者商业性再利用单字的行为进行了限制，因此，宝洁公司如欲使
用其中的单字作为产品标识使用，还需要另行取得方正公司的许可。

经查，在方正正版字库光盘中附有对用户的许可协议文件，但
该协议"并非"安装时"必须"点击。其中相应的限制内容为：未
经方正公司书面许可，该"软件产品"的全部或部分不得被仿制、
出借、租赁、网上传输；禁止将字库产品的全部或部分用于再发布

用途（包括但不限于电视发布、电影发布、图片发布、网页发布、用于商业目的的印刷品发布等），禁止将本产品字形嵌入到可携式文件中（包括但不限于 PDF 等文件格式），禁止将该产品使用于网络及多用户环境，除非取得各终端机使用权的授权使用协议书。如果用户使用需求超出了本协议的限定，请与方正公司联系以获取相应授权。

针对宝洁公司的上述使用行为，方正公司向法院提起诉讼，其诉称：我公司经过大量的创造性劳动，完成了涉案方正倩体系列字库字体。倩体字库字体在创造过程中凝聚了我公司技术人员大量的创造性劳动，其中每个汉字均是基于独特的笔画、构造、顺序而创造，属于著作权法保护的美术作品，我公司对该字库字体和其中的每个单字均享有著作权。宝洁公司未经许可，在其生产的多款产品的包装、标识、商标和广告中使用倩体"飘柔"二字的行为侵犯了我公司倩体字库和单字的美术作品著作权。家乐福公司销售使用侵权字体的产品，亦应承担侵权责任。据此，请求判令宝洁公司停止侵权并赔偿经济损失 50 万元及诉讼合理支出 119082 元；家乐福公司停止销售上述侵权产品；二被告公开致歉、消除影响。

宝洁公司辩称：汉字属公有领域，不是著作权法保护的对象，不能为任何人独占。涉案字体系在已有汉字字体的基础上，加入一定设计风格和特征的演绎作品，方正公司需要证明与公有领域中早已存在的字体相比，其字库中的每一个字具有独特的艺术表现和特征，才能对该独创性部分享有著作权保护。倩体字与公有领域的字体差异微小，难以构成著作权法意义上的美术作品，仅借助技术手段完成的机械加工劳动，不能产生新的有独创性的作品。文字是信息传递的主要载体，是具有实用价值的工具，其作用主要为传情达意，艺术欣赏是次要功能。对字库字体的保护，应当保持一个适当的限度，以免影响几千年来文字基本功能的正常发挥。此外，设计公司购买方正公司的字库软件使用，为我公司设计产品标识用字，我公司向设计公司支付制作费，对设计结果的使用亦不侵犯方正公司的权利。综上，宝洁公司请求驳回方正公司的诉讼请求。

家乐福公司辩称：我公司销售的宝洁公司的产品均通过正规渠道进货，来源合法，尽到了注意义务，不构成侵权。宝洁公司使用的字体由设计公司设计，系合理使用，没有侵犯方正公司的权利。

判决与理由

北京市海淀区人民法院一审认为：方正公司自行研制的倩体计算机字体及对应的字库软件是具有一定独创性的文字数字化表现形式的集合。方正公司对此投入了智力创作，使具有审美意义的字体集合具有一定的独创性，符合我国著作权法规定的美术作品的特征，应受到著作权法保护。对于此种字库作品，他人针对字库字体整体性复制使用，尤其是与软件的复制或嵌入相配合的使用行为，可以认定侵权成立。但字库字体始终带有工业产品的属性，是执行既定设计规则的结果，受到保护的应当是其整体性的独特风格和数字化表现形式。对于字库字体，受到约束的使用方式应当是整体性的使用和相同的数据描述，其中的单字无法上升到美术作品的高度。从社会对于汉字使用的效果来讲，如果认定字库中的每一个单字构成美术作品，使用的单字与某个稍有特点的字库中的单字相近，就可能因为实质性相似构成侵权，必然影响汉字作为语言符号的功能性，使社会公众无从选择，难以判断和承受自己行为的后果，也对汉字这一文化符号的正常使用和发展构成障碍，不符合著作权法保护作品独创性的初衷。因此，将倩体字库中的每一个单字都确认具有独创性，享有美术作品的著作权，依据不足。据此，法院依照《中华人民共和国著作权法实施条例》第 4 条第（八）项之规定，判决驳回方正公司的全部诉讼请求。

方正公司不服，向北京市第一中级人民法院提起上诉。

北京市第一中级人民法院经审理认为：方正公司如欲证明宝洁公司实施的被控侵权行为构成侵犯著作权的行为，其应证明本案事实同时满足下列全部要件：1. 涉案"飘柔"二字构成作品；2. 方正公司系涉案"飘柔"二字的著作权人；3. 宝洁公司实施的行为属于对涉案"飘柔"二字的复制、发行行为；4. 宝洁公司实施的复制、发行行为未获得方正公司的许可。这一许可行为既包括明示许可，亦包括默示许可。如其中任一要件未被满足，则方正公司的该主张将无法成立。

在综合考虑本案现有因素的情况下，法院认定宝洁公司的行为系经过方正公司许可的行为，本案不符合侵权构成要件中的第四个要件，故无论本案是否符合另外三个要件，宝洁公司实施的被控侵权行为均不可能构成侵犯著作权的行为。

法院作出上述认定，系考虑到本案一个关键事实，即被控侵权产品上使用的"飘柔"二字系由宝洁公司委托 NICE 公司采用"正版"方正倩体字库产品设计而成。因 NICE 公司有权使用倩体字库产品中的具体单字进行广告设计，并将其设计成果许可客户进行后续的复制、发行，而宝洁公司实施的行为系对该设计成果进行后续复制、发行的行为，故宝洁公司实施的被控侵权行为应被视为经过方正公司许可的行为。相应地，家乐福公司实施的被控侵权行为亦应被视为经过方正公司许可的行为。

法院之所以认定 NICE 公司有权实施上述行为，是因为上述行为属于经方正公司默示许可的行为。法院认为,当知识产权载体的购买者有权以合理期待的方式行使该载体上承载的知识产权时,上述使用行为应视为经过权利人的默示许可。具体到汉字字库产品这类知识产权载体,基于其具有的本质使用功能,调用其中具体单字在电脑屏幕中显示的行为属于购买者合理期待的使用行为,应视为经过权利人的默示许可。对于汉字字库产品这类知识产权载体,在产品权利人无"明确、合理且有效限制"的情况下,购买者对屏幕上显示的具体单字进行后续使用的行为属于购买者合理期待的使用行为,应视为经过权利人的默示许可。

对于何种限制属于合理的限制,法院认为,依据购买者的性质将产品划分为个人版(或家庭版)与企业版,以区分商业性使用与非商业性使用行为通常应视为合理的限制。除此之外的其他限制内容是否合理则应视具体情况而定。但原则上应考虑汉字具有的工具性这一特点,并兼顾汉字使用方式及使用范围的广泛性,不得通过限制条款对购买者或社会公众的使用行为及利益造成不合理的影响。

具体到本案,法院认为,NICE 公司调用该产品中具体单字进行广告设计,并许可其客户对设计成果进行后续复制、发行的行为,属于其合理期待的使用行为,应视为已经过方正公司的默示许可。虽然方正公司的用户协议中对"屏幕显示"和"打印输出"以外的其他著作权均作保留,但因涉案倩体字库产品中的许可协议并非安装时必须点击,且本案现有证据亦无法证明 NICE 公司在安装该字库产品时点击同意了上述许可协议,故从该许可协议的设置本身无法认定 NICE 公司接受了该限制条款。此外,因方正公司并未将涉案倩体字库产品区分为个人版(或家庭版)与企业版销售,这一销售模式足以使商业性购买者合理认为方正公司未对其商业性使用具体单字的行为予以禁止，并基于这一认知而购买该产品。鉴于商业性购买者当然会包括类似 NICE 公司这样的设计公司，而对于此类购买者而言，其购买产品的主要目的在于使用该产品中的具体单字进行设计，并将其设计成果提供给客户进行后续使用，这一使用方式是商业经营的主要模式，亦是其获得商业利益的主要渠道。如果禁止其实施上述行为，或要求其客户在后续使用其设计成果时仍要取得方正公司许可，则对于此类购买者而言，其很难以此作为工具进行商业经营，该产品对其将不具有实质价值，该购买行为亦不会实现购买者合理预期的利益。鉴于此，法院合理认为上述限制条款在现有情况下排除了购买者的主要权利，不属于合理的限制条款。

综上所述，NICE 公司有权将其利用涉案倩体字库产品中的具体单字"飘柔"设计的成果提供给宝洁公司进行后续复制、发行，宝洁公司及家乐福公司实施的被控侵权行为应视为经过方正公司许可的行为，上述行为均无须再另行获得方正公司许可。

据此，北京市第一中级人民法院依据《中华人民共和国民事诉讼法》第 153 条第 1 款第（一）项之规定，判决驳回上诉，维持原判。

评　析

一、计算机字库中的单字是否构成作品

对于字库中的具体单字是否构成作品，现有观点大体分为两类，即认为单字构成或不构成作品。但通过本案的审理，笔者认为在我国现有著作权法框架下对于这一问题的回答应视"字库的具体形成方式"而定，而不能一概而论。在未搞清楚特定字库形成方式的情况下，任何对这一问题的回答都是武断且缺少事实依据的。

1. 不构成作品的情形

如果字库中的每个单字并非由书写者逐一书写而成，而是先由书写者书写部分例字，再由字库制作者对例字的笔画、部首、位置关系及书写风格等予以分析以确定标准，并在此标准指导下，设计字库中的全部单字，则此类字库中的单字不属于具有独创性的智力成果，并非著作权法保护的客体，不可能构成作品。

笔者之所以持上述观点，是因为此种字库中的每个单字都是由"模块化的点、撇、捺等笔画部件构成制成品，如同是利用同一批标准构件组装而成的产品"。[①] 这一类型的字库产品，其创造性劳动体现在标准的提取及制定上，而非具体单字的最终形成上。在具体单字的最终形成环节，完成者只需按照该标准予以执行即可，即便由不同的人完成，其最终形成的单字在表现形式上亦无不同。因这类字库中的具体单字已无法体现独创性所要求的不同作者的智力成果的差异性、个性化，因此，完成者依据特定标准完成具体单字的过程并非著作权法要求的独创性劳动，最终形成的具体单字不属于著作权法保护的作品范畴。

2. 构成作品的情形

如果字库中的单字虽具有同一风格，但其中每个字均是由设计师单独设计修改而成，则此类字库中的单字属于具有独创性的智力成果，是著作权法保护的客体。如果此类客体在字形的表现上具有"显著的特点"并"明显不同于已有字形"，则可以认定其达到了基本的独创性高度，可以认定构成作品。

此类字库中的单字之所以构成著作权法保护的客体，是因为对

[①] 参见吴红梅、吴芳：《字体设计基础教程》，广西美术出版社 2009 年版，第 12 页。转引自王坤："论美术字组的法律问题"，载《知识产权》2011 年第 5 期。

于设计师而言，即便其按照同一风格书写或设计，其得到的每个具体单字亦不可能完全一致，且不同的单字中即便含有相同的组成部分，该组成部分的设计亦不会完全相同，因此，无论其是使用传统的书写工具手写而成（如方正公司的静蕾体完全由徐静蕾使用签字笔逐一手写而成[①]），还是使用工具软件设计而成，其中每个具体单字的设计均体现了设计师智力活动的个性化及差异性，因此其属于设计师独创性劳动的成果。在此基础上，因著作权法明确规定书法作品属于美术作品的范畴，因此，此类字库中的每个具体单字属于著作权法保护客体中的美术作品。

在此基础上，字库中的单字之所以只有在字形上具有"显著的特点"并"明显不同于已有字形"时，才达到基本上的独创性高度，系考虑到如下因素：

首先，这一要求符合立法者的立法本意。立法机关撰写的《中华人民共和国著作权法释解》中明确指出"书法一般指用毛笔字书写汉字的艺术"。众所周知，相对于钢笔等书写工具而言，用毛笔书写的汉字，更讲究笔墨的运用、书写的力度、浓淡等，这些都使得毛笔字具有更高的艺术性亦有更高的创作空间。尽管现行著作权法立法时，毛笔已非汉字的主要书写工具，但立法机关却仍将书法作品主要限于毛笔书法，这一做法可以合理地理解为书法作品应达到更高的创造性高度。

其次，这一要求符合作品独创性的本质要求。独创性是要求作品系由作者独立创作而成。所谓独立创作，意味着其在创作作品之前"未接触到"与该作品的表达构成"实质性近似"的作品。对于

[①] 参见"专访徐静蕾谈静蕾简体字"，http://www.jiantizi.com/news/4.html，最后访问时间：2011 年 10 月 10 日。

由汉字作为构成要素的书法作品而言，汉字固有的沟通功能性使得此类作品的创作人员及使用人数之多、时间之长是其他作品所无法比拟的，这一情形的存在必定使得此类作品的创作者"接触"到他人作品的可能性较之其他类作品极大增加，而这一点凭借社会大众的一般认知即可意识到，法官作为社会大众的一员当然可以认识到这一点，而并不需要当事人另行举证。同时，因汉字被长期大量地使用，亦使得其可创作空间已不多，因此，在在先已有海量汉字字形存在的情况下，亦只有在字形的表现上具有"显著的特点"并"明显不同于已有字形"的情况下才可以认定其与现有字形未构成"实质性近似"。

再次，这一做法符合利益平衡原则。著作权虽为私权，但著作权人的利益不能因此而受到绝对保护。汉字作为人们日常生活交流的工具，如果不对其设定合理的独创性要求，则势必会影响公众对汉字的使用。举例而言，如果对字库中单字的独创性要求过低，则大量字库中的单字均可以被认定构成作品，这将会导致对于多数字库而言，使用者不仅需要购买正版字库软件，其在再次使用时仍应再次取得著作权人的许可。这一情况显然会极大影响汉字的使用，阻碍人们的正常交流，有悖于著作权法促进文化发展之立法目的。

3. 涉案倩体字库中的"飘柔"二字未构成作品

将上述分析适用到本案可以看出，判断涉案"飘柔"二字是否构成作品，首先应考虑其是否属于著作权法保护的客体，即倩体字库是否属于按照一定标准设计而成的字库产品。对于这一问题的判断应建立在扎实的事实基础上，只有对倩体字库中的6763个字一一进行核实并进行相互比对的情况下，才可能确定每个字是否均系单独设计而成，并进而得出其是否属于著作权法保护客体的结论。尽管这一做法可以对其是否属于著作权保护客体作出确切的判断，但不可否认的是，对这一事实的认定要耗费大量时间。而从诉讼经济的角度考虑，法院的任务在于在现有法律框架下最有效率地解决纠纷，在本案纠纷可以从其他角度有效解决的情况下，对如此复杂的事实予以核实显然并非明智之举，因此，法院虽对倩体字库的形成过程进行了较为系统地了解，且从上述了解过程中基本可以确认倩体字库并非按照一定标准组装而成，但法院毕竟并未对字库中每个字的形成过程予以逐一勘验，故法院最终本着严谨的态度，未对其是否构成著作权法保护的客体予以认定。

但笔者认为，即便倩体字库能够构成著作权法保护的客体，其亦未达到字库中单字所应达到的基本的独创性高度。笔者前文中已指出，只有字库中的具体单字的字形具有"显著的特点"并"明显不同于已有字形"时，才能够认定达到作品所要求的基本的独创性高度。但由涉案"飘柔"二字可以看出，其仅为常规的美术字体，与已有字形相比并无显著不同，其显然未达到基本的独创性高度，不构成作品。

二审判决宣判后，有观点认为判决中既然采取了默示许可的理由，则其暗含之意为法院已默认"飘柔"二字构成作品，这一理解实为对判决的一种误解，该判决中并无此意。本案判决中已清楚写明，在侵权判定中只要不符合任一侵权要件，均不可能认定其构成侵权。在认定被告的使用行为系经过默示许可的行为的情况下，该行为显然未符合"未经许可"这一侵权构成要件，因此，无论原告主张的权利客体是否构成作品，其均不可能构成侵权。

4. 判决中未从作品角度予以认定的考虑因素

在本案审理中，笔者一直密切关注业界及学界对本案的看法及观点，亦清楚地看到外界对此问题的迫切期待。但法院最终之所以未从作品认定角度解决本案纠纷，主要是希望这一判决能够在解决本案纠纷的同时，亦能够最大限度地预防即将发生的此类纠纷并兼顾诉讼经济原则。由前文的分析可知，如果从是否属于著作权保护客体角度解决本案纠纷，则意味着本案及以后的此类案件中均需首先对字库中全部单字的形成过程进行认定，这势必会导致每个案件中都要进行烦琐的勘验工作，不利于诉讼经济。在此基础上，即便能够认定特定字库中的单字属于著作权法保护客体，接下来亦不可避免地要考虑其是否达到基本的独创性高度，但众所周知，独创性的判断具有极强的个案性，法院在本案中认定涉案"飘柔"二字未达到独创性高度，并不意味着其他字库中的单字亦未达到独创性高度。这意味着，在将来可能出现的其他此类案件中均要逐一进行独创性判断，这说明本案判决对于此后的案件将具有较低的指导价值。在此情况下，在法院可以采用默示许可这一对此后案件更具有指导价值的做法的情况下，法院未予涉及作品的认定问题，也是法院权衡的结果。

二、正版字库产品购买者默示许可行为的认定

1. 知识产权默示许可的认定原则

在现有的知识产权案件中，极少出现默示许可的认定，或许正因如此，使得本案对于默示许可原则的采用引起如此之大的争论。本案判决中指出，如果权利人的销售行为会使购买者客观上认为权利人不禁止购买者对其承载的知识产权客体进行特定方式的使用，从而对这一权利行使方式产生合理期待，则上述使用方式应视为经过该知识产权权利人的默示许可，购买者不需在购买行为之外另行获得许可。

笔者认为，本案中对于默示许可完全符合现代民法的基本原则（即意思表示的认定原则及公平原则）。默示许可的认定，其实质是对权利人意思表示的认定。在现代民法中，对于当事人真实意思表

示的认定，原则上以该意思表示人实施的表示行为为判断基础；从一般公众的角度，对该表示行为进行客观分析，以推断出其真实的意思表示内容，而非绝对以意思表示人内心的意思为判断标准。[①]具体到知识产权案件，则主要取决于一般公众从权利人的销售行为中所推断出的意思表示，而非权利人内心的意思。如果权利人的销售行为会使购买者客观上认为权利人不禁止购买者对其承载的知识产权客体进行特定方式的使用（即对权利人表示上的效果意思的判断，而非内心效果意思的判断），从而对这一权利行使方式产生合理期待，则上述期待行为即为权利人的表示行为所表现出的意思表示内容。

上述观点在符合意思表示认定原则的同时，亦符合民法基本的公平原则。实践中，任何购买者之所以会支付对价购买某一产品，通常是因为这一对价会为其换取其购买时所合理期待的该产品的使用价值。而购买者所产生的合理期待亦即是基于其对销售者行为而表现出的意思表示的合理理解。此种情况下，如果要求购买者对该产品实施合理期待的使用行为亦要经产品权利人的许可，并另行支付对价，则购买者对这一产品的购买行为将不具有实质意义，这既不符合市场基本规则，亦不符合公平原则，从而极大损害交易相对人的利益。

2. 汉字字库类产品默示许可的一般认定原则

结合考虑汉字字库类产品的特点，笔者认为，如下行为属于字库产品购买者合理期待的使用行为，应视为经过著作权人的默示许可：

（1）调用字库中具体单字在电脑屏幕中显示的行为。

（2）购买者对屏幕上显示的具体单字合理地进行"后续使用"

[①] 参见梁慧星：《民法总论》，法律出版社 2007 年版，第 172 页。

的行为，除非著作权人进行了明确、合理且有效的限制。

后续使用的行为既包括非商业性的使用行为（如为个人或家庭使用目的调用字库中的单字进行文件编辑的行为等），亦包括商业性的使用行为。在商业性使用行为中则既包括购买者在其内部范围内使用字库中具体单字的行为（如在经营过程中在计算机上进行文件编辑的行为、为客户进行广告设计的行为等），亦包括购买者将其使用结果进行后续再利用的行为（如将编辑的文件进行公开展示、将广告设计结果许可广告客户进行后续再利用等）。

笔者之所以持这一观点，是基于如下考虑：

首先，汉字字库产品系以实用工具功能为主，以审美功能为辅的产品。

汉字字库产品系根据国家标准设计的产品，根据国家标准设计的通常仅可能是适于批量生产的工业实用品，而不可能是纯艺术品，故汉字字库产品必然具有作为汉字工具使用的实用功能。当然，这并非否认汉字字库产品亦可能同时具有美感功能。购买者之所以会在不同字库产品之间进行选择，恰恰说明不同字库产品体现的美感有所不同。但应注意的是，即便对于具有鲜明特色及较高艺术性的汉字字库产品，购买者购买时首先考虑的亦是其具有的工具性，而非其美感功能。购买者如仅仅希望获得视觉美感享受，则会选择购买通常意义上的书法作品，而非汉字字库产品。由此可知，汉字字库产品是以实用工具功能为主，以审美功能为辅的产品。

其次，因字库产品以实用功能为主，任何购买者购买该产品主要目的均是使用。因此，汉字的正常合理的使用方式均属于购买者购买字库产品所合理期待的使用行为。显然，上述使用方式均为公众对于汉字的正常合理的使用方式，因此，其均属于购买者合理期待的使用行为。

再次，购买者的上述使用行为属于合理期待的使用行为，并不意味着权利人不能对购买者的后续使用行为进行明确的限制。如果字库产品的权利人对此进行了"明确且合理"的限制，且购买者已接受这一限制，则应认定相应后续使用行为不属于购买者合理期待的使用行为。

对于何种限制属于"明确且合理"的限制，应视具体情况而定，但原则上应考虑汉字具有的工具性这一特点，并兼顾汉字使用方式及使用范围的广泛性，不得通过限制条款对购买者或社会公众的使用行为及利益造成不合理的影响。同时，这一限制亦应在购买者购买该产品"之前"即向其明示，从而使得购买者在知晓这一限制内容的情况下决定是否继续其购买行为。

举例而言，如果权利人将产品划分为个人版（或家庭版）与企业版以区分商业性使用与非商业性使用行为，则如果购买个人版的用户将其进行商业性使用行为，一般难认定该使用行为属于合理期待的使用行为。这一方面是因为这一限制内容较为"明确且合理"，另一方面亦是因为购买者在购买时即知晓该限制，并在此情况下决定继续购买行为，其理应受这一限制的约束。但如果权利人在销售时并未进行任何限制，却在产品销售后的安装过程中强制用户必须同意许可协议中的限制条款，而该限制条款中对于用户的商业性使用行为予以禁止，则此种情况下，因该限制条款并未事先告知用户，且该条款较难被认定为合理的限制条款，故其对于用户将很难起到限制作用。

3.本案中方正倩体字库产品默示许可的认定

具体到本案，因宝洁公司使用的"飘柔"二字是委托 NICE 公司使用正版方正倩体字库产品设计而得，因此，宝洁公司复制发行"飘柔"二字的行为是否可以认定是经过方正公司许可的使用行为，关键在于 NICE 公司商业性使用其中单字的行为是否经过方正公司的默示许可。在考虑以下因素的情况下，NICE 公司的行为应视为经过方正公司的默示许可。

首先，涉案倩体字库产品并未区分企业版与个人版，这一做法使得将该产品进行"商业性使用"属于购买者合理期待的使用行为。鉴于商业性购买者当然会包括类似 NICE 公司这样的设计公司，而对于此类购买者而言，其购买产品的主要目的在于使用该产品中的具体单字进行设计，并将其设计成果提供给客户进行后续使用。如果禁止其实施上述行为，或要求其客户在后续使用其设计成果时仍要取得方正公司许可，则对于此类购买者而言，其很难以此作为工具进行商业经营，该产品对其将不具有实质价值，该购买行为亦不会实现购买者的合理预期利益。对此，权利人显然知晓。

其次，涉案倩体字库产品用户许可协议中的限制条款无法限制购买者的使用行为。有观点认为，"方正字库光盘中有明确的授权许可协议，对字库的使用方式和范围等进行了明确的授权，明确禁止'再发布'等商业使用"，因此，不存在默示许可的情形。[①] 对此，笔者认为，虽然倩体字库产品用户许可协议中仅许可使用者对字库中具体单字进行"屏幕显示"和"打印输出"，而对其他商业性使用行为作了保留。但仅就涉案事实而言，该限制条款尚无法起到上述限制作用。主要原因不仅仅在于上述限制内容是否"合理"尚有待探讨，更重要的在于其并未在购买时向购买者明示上述限制条款，这意味着购买者是在未知晓上述限制条款的情况下实施的购买行为。此时，如以购买者"事后知晓"的限制条款对购买者购买时的合理预期予

---

① 参见"字体产业面临'模式危机'"，http://www.cb.com.cn/1634427/20110722/246203.html，最后访问时间：2011 年 11 月 28 日。

以限制，显然有失公平。此外，即便不考虑是否事先明示这一事实，因涉案倩体字库产品的用户许可协议亦并非安装时必须点击，故亦无法认定 NICE 公司同意受该限制条款约束。

综上可知，NICE 公司有权将其利用涉案倩体字库产品中的具体单字"飘柔"设计的成果提供给宝洁公司进行后续复制、发行，在此情况下，宝洁公司复制、发行被控侵权产品的行为亦应视为经方正公司许可的行为，无须再另行获得方正公司的许可。

4. 判决中采用默示许可理论的考虑因素

前文中已提到，如从认定作品角度解决本案纠纷，可能会导致诉讼不经济并使得本案解决方式局限于个案。但如果采用现有默示许可的方式，则情况显然有所不同。如依照这一原则进行认定，则多数情况下正版产品购买者的使用行为均可以被认定属于默示许可范畴，也就意味着可以排除相当比例的针对正版字库产品购买者的侵权指控，从而尽可能地避免将来纠纷的大量出现。

三、本案审理中的其他考虑因素

笔者在此想着重指出的是，本案的处理是建立在大量的调查研究基础上，并经过了相当慎重的考虑，除前文中已阐述的因素外，下列因素对本案结论的作出亦起到一定影响。

首先，对字库中的单字不提供著作权法保护是国际主流做法。

据笔者调查发现，尽管各自采用的角度有所不同，但现有主要国家或地区（如英国、美国、日本及中国的香港和台湾地区）对字库中的单字基本上均不提供著作权法保护。这一调研结果亦得到北大方正公司的印证。在案件审理过程中，虽经多次要求，但北大方正公司所提交材料最终亦未能证明各国存在对字库中单字进行著作权保护的立法及司法案例。当然，笔者亦并不认为其他国家采用的做法必然适合于我国，但不可否认，当某一做法被多数主要国家或地区采用时，

129

其亦可在一定程度上说明这一做法的合理性。此外，笔者一贯认为知识产权的保护很大程度上是发达国家的保护工具，我国作为发展中国家，知识产权的保护水平不宜高于国际普遍水平，尤其是对于其中地域性特点最弱的著作权保护更是如此，否则将弊大于利。以字库产品而言，如果对中文字库产品中的单字提供著作权保护，势必亦应对西文字库提供保护，而西文字库产品的数量数倍甚至数十倍于中文字库产品，这一保护后果显然将会对社会公众产生更大影响。

其次，对于字库中的单字是否提供著作权法保护与字库行业的发展并无必然联系。

字库企业一直主张，如对字库中的单字不提供著作权保护将直接影响我国字库行业的发展。但笔者对此并不认同，一方面是因为字库企业并未为此提供足够的数据支持；另一方面则是因为，如这一观点成立，则可以合理推知对于不提供单字著作权保护的国家，将难以存在发达的字库产业。但根据有关统计数据，美国字库企业蒙纳公司年收入超过 1 亿美元，[①] 而美国版权法明确将字库中的单字排除在著作权的保护客体之外；日本、韩国亦均无对单字进行保护的案例，但其字库企业的发展均远远强于我国。由此可知，字库企业的营利与否与是否提供字库中单字的保护并无直接关系。而实际上，字库企业自身亦承认，我国字库行业的现状主要系由盗版导致，而非源于最终用户的免费使用。以"静蕾体"为例，正版软件只销售了 2000 多套，但市场上盗版却有几十万套。行业现状是正版字库所占有的市场份额还不足 0.01%，而如果所有字库设计公司能够获

---

① 参见"字库厂因盗版生存挣扎"，http://news.hexun.com/2011-04-20/128905003.html，最后访问时间：2011 年 11 月 28 日。

得字库市场上 5% 的份额，公司就可以正常运营。[①] 但很显然，通过限制最终用户对单字的使用并无法解决盗版问题。

再次，对字库中的单字提供著作权保护将极大影响社会公众对文字的使用。

如果对最终用户使用字库中的单字提供著作权保护，其必然导致的后果是任何使用者在使用计算机中字体时首先要考虑的是该字体是否属于作品，是否应获得著作权人授权后才能使用。因计算机的普及性使用已使得计算机字库产品成为人们必备的文字处理工具，因此，上述结果将影响社会公众对文字使用的方方面面，既包括企业的商业使用行为，亦包括个人用户的使用行为，这无疑将会严重影响汉字的沟通交流功能。

虽然字库企业称社会公众完全可以使用已进入公有领域的字体的字库产品，但在我国现有著作权法框架下，对于哪些字形已进入公有领域，即便由法官进行判断亦无法轻易得出结论，更不用说对此不具有判断能力的社会公众。因此，要求其在使用任何字体之前都对某字体是否已进入公有领域予以判定，客观上完全不具有可操作性，其结果只能使得用户无所适从。

最后，对字库中的单字不提供著作权保护并不代表对于字库产品不提供任何法律保护，字库企业的利益可以通过其他法律的保护得到救济。

在考虑公众利益的情况下虽然对于字库中的单字不提供著作权保护更为适宜，但毋庸置疑，每一款字库产品的开发都花费了字库企业大量的人力及财力，根据目前国家通用的字库开发标准，每个

---

① 参见"盗版猖獗，民族字库业亟待保护"，http://tech.ifeng.com/internet/detail_ 2011_ 03/31/5488903_0.shtml，最后访问时间：2011 年 11 月 28 日。

字库字数最少为 6763 个汉字,最多不超过 2.1 万个汉字[①],字库企业当然有权利基于其投入获得相应的利益。对于如何更好地保护字库企业的利益,笔者认为,鉴于目前影响字库行业发展的最大问题在于盗版的盛行,而针对盗版问题最为有效的保护方法是对字库产品提供整体保护,这一保护方式恰恰也正是一些国家采用的做法。因此,在我国现有的法律框架下,对于此类侵权行为的规制,较为适宜的是《反不正当竞争法》第 2 条的诚实信用条款,认定盗版者的盗版行为违反诚实信用原则,构成不正当竞争行为。

（撰稿人：芮松艳）

[①] 参见"字库设计'铁杵磨成针'产业亟待保护和规范",http://www.chinanews.com/cul/2011/08-17/3264973.shtml,最后访问时间：2011 年 11 月 28 日。

7. 药品说明书性质的认定与著作权保护

—— 陕西金方药业有限公司与济南三友利生物技术有限公司侵害专利权、著作权和不正当竞争纠纷案

案件索引：山东省济南市中级人民法院（2001）济知初字第31号；山东省高级人民法院（2001）鲁民三终字第3号，2002年1月30日判决。

基本案情

原告陕西金方药业有限公司（简称金方药业）诉称，原告的副总经理兼总工程师赵存梅拥有 ZL94113652.3 "双唑泰泡腾片剂及其制备方法"发明专利，赵存梅于2000年8月15日将该专利权转让给原告。被告济南三友利生物技术有限公司（简称三友利公司）未经原告许可，生产、销售的"欣婷"牌双唑泰阴道泡腾片覆盖了原告专利权要求，构成专利侵权。原告对自己的双唑泰泡腾片使用说明书拥有著作权，被告未经原告许可，抄袭原告的上述说明书用于同类产品上，侵犯了原告的著作权。"双唑泰"商品名称是原告专有的知名商品特有的名称，被告擅自使用该名称从事同类商品的生产和销售，并且低价倾销冲击原告的市场，构成不正当竞争，给原告造成巨大经济损失。请求判令被告停止侵犯专利权、著作权及不正当竞争行为，赔礼道歉并赔偿损失180万元。被告三友利公司辩称，

133

原告不是本案专利的专利权人，不具有诉讼主体资格；双唑泰是他人在先产品、在先专利、在先注册的商标均已使用的名称，原告称其产品是知名商品缺乏根据，被告并未以低于成本的价格销售商品，更不存在排挤竞争对手的目的，请求驳回原告有关专利侵权及不正当竞争的诉讼请求。原告产品说明书由两部分组成，第一部分是与药品属性相关的内容介绍，包括药名、主要成分、药理、适应症状、用法用量等，第二部分是说明书上部的图案和文字。上述第二部分与被告说明书毫无共同之处，而第一部分则是法定所有药品说明书必须注明的、客观如实地反映药品属性的内容，是被告参照药典独立完成的，其内容反映了药品的属性。原告说明书的该部分内容与药典的记述、他人在先说明书的记述几乎完全一致，不含有原告独创性的智力创作成果，不具有著作权法上作品的构成要件，不属于受著作权法保护的作品。

济南市中级人民法院一审查明：1994年12月9日，赵存梅就"双唑泰泡腾片剂及其制备方法"向国家专利局申请发明专利，于1998年4月9日获得授权，专利号ZL94113652.3，发明人及专利权人为赵存梅。2000年8月15日，赵存梅作出书面声明：ZL94113652.3发明专利属于职务发明，其知识产权归属于原告。2001年5月9日，陕西省宝鸡市公证处以（2001）宝证字第944号证明书对上述声明进行公证。2001年7月4日，国家知识产权局出示的ZL94113652.3专利登记簿副本表明：该专利现专利权人为赵存梅。原告、被告提交的产品说明书分两部分，第一部分均位于说明书上部，表明各自的商品名称、商标和批准文号，第二部分均位于说明书下部，均是与药品属性相关的内容介绍，包括品名、主要成分、药理、适应症状、用法用量。1993年2月26日锦州市制药五厂向国家商标局申请注册"双唑泰"商标，于1994年5月21日获得批准，其（90）卫药准字 X-108 号药品名称为"双唑泰栓"。1993 年 8 月 30 日，锦州制药二厂闾山分厂就"双唑泰膏及其制备方法"向国家专利局申请发明专利，于 1997 年 10 月 11 日获得授权，专利号 ZL93115777.3。

济南市中级人民法院认为，根据专利法的有关规定，对未经专利权人许可，实施侵害其专利权的行为，专利权人或者利害关系人可以向人民法院起诉。故专利侵权诉讼的适格原告为专利权人或者利害关系人。赵存梅虽然声明转让其专利权给原告并经公证，但双方并未在国家专利局进行专利权转让登记和公告，故原告提起专利侵权诉讼，证据不足。根据著作权法及实施条例的有关规定，著作权法所称作品是指文学、艺术和科学领域内，具有独创性并能以某种有形形式复制的智力创作成果，即著作权法所保护的作品须具有独创性和可复制性。结合我国药品行政管理法规对药品使用说明书的要求，对比已有同类药品使用说明书，原告金方药业的双唑泰泡腾片使用说明书，没有独创性，不属于受著作权法保护的作品。根据反不正当竞争法的有关规定，经营者不得使用知名商品特有的名称，造成和他人的知名商品相混淆，使购买者误认为是该知名商品；经营者不得以排挤竞争对手为目的，以低于成本的价格销售商品。否则，均构成不正当竞争。在原告金方药业使用"双唑泰"这一商品名称之前，他人在先产品、在先专利和在先商标中均已使用该名称，原告主张"双唑泰"为其知名商品的特有名称不成立。原告指控被告采取低价倾销的手段进行不正当竞争，但未提供相应的证据证明其主张成立。综上所述，原告金方药业有关侵犯专利权、著作权和不正当竞争的诉讼请求，或证据不足，或理由不成立，遂判决驳回原告陕西金方药业有限公司的诉讼请求。金方药业公司不服原审判决，于法定期限内提出上诉，请求撤销原审判决，并支持其一审诉讼请求。

判决与理由

山东省高级人民法院二审查明：1994 年 12 月 9 日，赵存梅就"双唑泰泡腾片剂及其制备方法"向国家专利局申请发明专利，于 1998 年 4 月 9 日获得授权，专利号为 ZL94113652.3，发明人及专利权人为赵存梅。该专利的说明书中对专利的说明摘要为："本发明涉及一种抗菌消炎的新药"双唑泰"泡腾片剂及其制备方法。所述泡腾片剂每片含有甲硝唑、克霉唑、醋酸洗必泰和泡腾剂辅料。所述的泡腾剂辅料包括碳酸钠、枸橼酸、硼酸和淀粉，另外还含有吐温。本发明的片剂通过将上述原辅料分为碱性组料 A 和酸性组料 B 分别制粒，之后再混合压片来制备。"该专利的权利要求书包括三项，第一项为发明名称及配方，第二项为该发明的主要特征，第三项为该发明的制备方法。2001 年 7 月 10 日赵存梅给原审法院的关于专利权属的说明中声明该发明专利独家受让权归属陕西金方药业有限公司。2001 年 11 月 19 日，国家知识产权局出示的 ZL94113652.3 专利登记簿副本表明：该专利现专利权人为西安高科陕西金方药业公司，该专利的转让登记日为 2001 年 10 月 18 日。

另查明，上诉人金方药业公司说明书的上部有"每天只用一次、广谱、速溶、高效"字样。药理作用为：本品由抑杀厌氧菌、滴虫、阿米巴的甲硝唑，抑杀真菌的克霉唑和抑杀需氧菌的醋酸洗必泰三种药物与辅料配方研制而成。经抑菌实验和临床研究证实，本品药物的各种组分间在药效上既保持各单味药的抑杀细菌、霉菌、滴虫的生物活性又有治疗学上的协同作用。特别对混合性感染疗效更为显著。注意事项为：1.治疗期应勤洗澡，勤换洗衣、物、鞋、袜，以便提高疗效；2. 一般性伴侣也应同时治疗；3. 极个别患者有阴道灼热感，但不影响疗效；4. 在使用过程中极个别患者有疼痛感，这是因为阴道尤其是外阴感染较重，皮肤黏膜已经有破损所引起，建议坚持用药或暂停使用。被上诉人三友利公司产品说明书下部有"广谱、速溶、高效、方便"字样。作用为：本品由抑杀厌氧菌、滴虫、阿米巴的甲硝唑，抑杀真菌的克霉唑和抑杀需氧菌的洗必泰三种药物与中药及辅料配方研制而成。经抑菌实验，本品药物的各种组分间在药效上既保持各单味药的抑杀细菌、霉菌、滴虫的生物活性又有疗效上的协同作用。特别对混合性感染疗效更为显著。注意事项为：1. 治疗期应勤换洗内衣，以便提高疗效；2. 一般性伴侣也应同时治疗；3. 极个别患者有阴道灼热感，但不影响疗效；4. 在使用过程中极个别患者有疼痛感，这是因为阴道尤其是外阴感染较重，皮肤黏膜已经破损所引起的，建议坚持用药或暂停使用；5. 老年阴道干燥症不宜使用；6. 孕妇慎用。锦州市制药五厂"双唑泰栓"说明书中的药理部分为：本品由抑杀厌氧菌、滴虫、阿米巴的甲硝唑，抑杀需氧菌的醋酸氯己定和抑杀霉菌的克霉唑三种药物配伍制成。经体外和临床证实，药物的各种组分间在药效上保持各单剂的抑杀细菌、霉菌、滴虫的活性，特别对混合性感染疗效更为明显。上诉人在二审中还提供了其在沈阳、秦皇岛、深圳几地购买被上诉人产品的销售发票，价格从 3.5 元到 18 元不等。山东省高级人民法院查明的其他事实与原审一致。

山东省高级人民法院认为：关于被上诉人是否侵犯上诉人专利权的问题，上诉人在起诉时缺乏权利依据，一审法院判决驳回其此项诉讼请求并无不当。由于上诉人对专利侵权没有诉讼主体资格，对被上诉人是否侵犯了上诉人的专利，不再审理。关于被上诉人是否构成对上诉人的不正当竞争问题，在上诉人使用"双唑泰"这一名称之前，锦州市制药五厂和锦州制药二厂间山分厂已经在产品、专利和商标中使用该名称。因此，上诉人主张"双唑泰"为其知名商品的特有名称不成立。上诉人提供的被上诉人销售产品的发票并不足以证明被上诉人低价倾销并给其造成了损害，故对其关于被上诉人产品以低价倾销的手段进行不正当竞争的主张，不予支持。至于上诉人主张被上诉人未取得药品生产批准文号，将非药品当作药品出售，应当由有关医药管理部门进行查处，并不属于本案审理范围。

关于被上诉人是否侵犯上诉人药品使用说明书著作权问题。对比上诉人的药品使用说明书和被上诉人的产品说明书，两者在药理作用、适应症、不良反应和注意事项等内容和文字方面基本一致，足以认定被上诉人的产品说明书抄袭了上诉人的药品使用说明书。但根据1990年公布的《中华人民共和国著作权法》第3条和《中华人民共和国著作权法实施条例》第2条的规定，著作权法所称作品是指文学、艺术和科学领域内，具有独创性并能以某种有形形式复制的智力创作成果。也就是说，一项作品只有具有独创性和可复制性，方能受到著作权法的保护。从上诉人药品使用说明书来看，在格式上严格遵循了国家药品行政管理法规对药品使用说明书格式的规定，其药理作用和注意事项均是对药品属性的一种客观描述，在文字组合上缺乏独创性，而"广谱、速溶、高效"的广告用语亦凸现不出与其他药品广告明显不同的特点。另对比锦州市制药五厂关于双唑泰栓的使用说明书，上诉人的药品使用说明书亦不具有独创性。因此，上诉人主张其药品使用说明书享有著作权证据不足，本院不予支持。

综上所述，上诉人有关被上诉人侵犯其专利权和著作权及不正当竞争的各项主张证据不足，故对其上诉请求不予支持。原审法院认定事实清楚，适用法律正确，判决结果得当。遂判决驳回上诉，维持原判。

评　析

本案是一起涉及专利侵权、不正当竞争、著作权侵权三种侵权行为的纠纷，比较复杂。本文仅围绕药品说明书著作权问题进行评述。被告是否侵害原告药品使用说明书著作权是本案争议的焦点之一，解决这一问题的前提是回答药品说明书能否受著作权法保护。

一、我国司法实践中关于药品说明书能否受著作权法保护的不同观点

近年来，随着生物医药产业的现代化、国际化，药品市场的竞争更加激烈，药品生产企业保护自主知识产权的意识日趋增强。除传统的专利、商标、商业秘密、技术秘密保护策略外，著作权也日益成为药品企业谋求开展行业竞争的战略，药品说明书著作权纠纷成为我国知识产权审判领域的新问题。由于对著作权独创性标准和药品说明书属性的不同认识，不同的法院给出了完全不同的答案。

在本案中，山东省两级法院均对金方药业公司主张其药品说明书享有著作权的请求不予支持；在湘北威尔曼制药有限公司诉苏州二叶制药有限公司侵害药品说明书著作权纠纷中，长沙市两级法院均判决认定苏州二叶制药有限公司侵害了湘北威尔曼制药有限公司的药品说明书著作权；在湘北威尔曼制药有限公司诉广东省佛山市弘兴医药有限公司侵害著作权纠纷案中，法院认为药品说明书不宜认定为受著作权法保护的对象，因涉案药品说明书并非著作权法意义上的作品，故不存在侵犯著作权的侵权行为，判决驳回了湘北威尔曼制药有限公司的诉讼请求。三个案例代表了目前我国司法实践中关于药品说明书著作权问题的两种不同观点：即否定说和肯定说。

否定说认为，药品说明书系严格遵循国家药品行政管理法规对药品使用说明书格式的要求而撰写的对药品客观属性的描述，其表达上不具有独创性，不构成著作权法上的作品。其理由如下：是否具有独创性是能否成为著作权法意义上的作品而受著作权法保护的前提，药品说明书不具有独创性，故不受著作权法的保护。依照国家药监局《药品说明书和标签管理规定》第3条规定[①]，药品说明书的内容最终必须通过国家药监局审批核准才能使用，因此药品说明书不是由药品申报注册者或研发生产者独自完成。依照该规定第9条[②]，国家药监局对药品说明书的内容、格式、书写要求都有严格的规定和限制，并且决定其是否需要修改或修改内容的权力均在国家药监局，药品说明书的起草者几乎没有创作的余地和空间。故药品说明书本身很难具有独创性，因此不受著作权法的保护。

肯定说认为，药品说明书本身不属于行政性文件，包含有药物实验过程、实验数据内容的药品说明书属于具有独创性的智力成果，应受著作权法保护。

二、不同观点形成的原因

对药品说明书能否受著作权法保护认识的不同源于以下原因：一是著作权法关于作品标准规定的不确定性；二是药品说明书本身不同于一般作品的特殊性。

---

① 《药品说明书和标签管理规定》第3条规定："药品说明书和标签由国家食品药品监督管理局予以核准。"

② 《药品说明书和标签管理规定》第9条规定："药品说明书应当包含药品安全性、有效性的重要科学数据、结论和信息，用以指导安全、合理使用药品。药品说明书的具体格式、内容和书写要求由国家食品药品监督管理局制定并发布。"

（一）我国著作权法关于作品"独创性"标准的不确定性

判断一件"作品"是否构成著作权法意义上的作品而受著作权的保护，关键要看其是否具备著作权法所要求的作品的实质性要件，即是否具备独创性。

作品实质要件即独创性涵义的不确定性是导致司法实践中对作品认定标准不一致的根本原因。尽管英美法系和大陆法系国家以及相关的国际公约和世界知识产权组织的解释都将独创性作为构成著作权法意义上作品的实质要件，但由于各国的具体情况及立法的哲学、历史基础不同，对独创性的涵义，无论在理论上抑或立法、司法实践中都存在较大的争议。英美法系国家以"商业版权说"为立法哲学基础，认为版权制度的实质乃是保护作品的财产价值，认为"值得复制的，也就值得保护"，因此用"Copyright"来定义版权。立法重在通过刺激人们对作品的创作投资促进新作品的产生和传播，对作品独创性的要求较低，独创性被规定为作品应该是"工作、技巧或者资金的投入"[1]。正如英国法官彼得尔逊指出的：版权法不要求表达形式必须具备新颖的形式，只要求此作品不是对彼作品的抄袭，是作者独立创作完成的。[2] 美国联邦最高法院通过 1903 年的 Bleistein v. Donald Lithographing Co.[3] 案也将"独立完成"确立为判断作品独创性的标准。大陆法系国家著作权法以人格价值观作为其立法的哲学基础，以作者利益的保护为中心和出发点，用"Author right"来定义著作权[4]，著作权的立法目的在于通过保护著作权，鼓

---

[1] 赵锐："作品独创性标准的反思与认知"，载《知识产权》2011 年第 9 期。

[2] See William R. Cornish,The Copyright Law of United Kingdom, in *International Copyright Law*, Barbara Ringer and Hamish Standison, 1989, p.67.

[3] See US239 SCt298, 4FLEd460. 转引自吴汉东等：《知识产权基本问题研究》，中国人民大学出版社 2009 年版，第 35 页。

[4] 赵锐："作品独创性标准的反思与认知"，载《知识产权》2011 年第 9 期。

励人们发挥创造才能从事智力创造活动。如德国《著作权法》第 2 条第 2 款即规定作品应当是"个人的智力创作",强调了作品中的"智力创作"因素,"作品"应当达到一定的创作高度才能构成著作权法意义上的作品而受到著作权法的保护。随着国际交流与合作的发展,英美法系国家逐步提高了对"独创性"的要求,大陆法系国家则逐步采取了较灵活的方式降低了独创性的标准。世界知识产权组织对"独创性"涵义的解释更趋向于英美法系,指出:享有版权保护的作品必须是初创作品。作品中反映的思想不要求是新的,但其文学的和艺术的表现形式必须是由作者首创的,完全不是或基本不是从另一作品抄袭来的,必须来源于作者的劳动。①

根据《著作权法》第 3 条和《著作权法实施条例》第 2 条的规定,我国著作权法上的作品也以独创性为实质要件,这与两大法系国家的规定和世界知识产权组织的解释是一致的。但是,我国的法律及相关司法解释并未对独创性的涵义做出规定和解释,对独创性缺乏质的规定性。因此,司法实践中对独创性的判定依赖于法院(实际上是案件的具体承办法官)的认识和酌定,这就不可避免地会导致对"独创性"裁判标准的不统一。本案中,法院以金方药业的说明书在格式上严格遵循了国家药品行政管理法规对药品说明书格式的规定为由,直接认定其文字组合缺乏独创性,不属于著作权意义上的作品;而在湘北威尔曼制药有限公司诉苏州二叶制药有限公司案中,法院显然没有因为药品说明书遵循了国家药品行政管理法规对药品说明书格式的规定而否认其独创性。体现出对"独创性"的不同认定标准。

---

① 世界知识产权组织编:《知识产权纵横谈》,第 217 页。转引自吴汉东等:《知识产权基本问题研究》,中国人民大学出版社 2009 年版,第 37 页。

（二）药品说明书的法律规定性

1. 药品说明书格式和内容的规定性

根据《药品说明书和标签管理规定》第 9 条的规定，药品说明书是包含药品安全性、有效性的重要科学数据、结论和信息，与药品包装、标签等随药品共同使用，用以指导公众安全、合理使用药品，是国家食品药品监管部门批准的药品证明文件必备的重要组成部分，对于保证公众用药安全、保障公众对医药产品知情权十分重要。为此，各国无不对药品说明书的内容及格式作出规定。

美国的药事管理法律法规一向以完善严谨著称，其对药品说明书和标签的管理也建立了一套完备的体系。其国家食品药品管理局（以下简称 FDA）对处方药和非处方药的说明书和标签实行分类管理，不要求非处方药附有药品说明书，仅要求其标签上有足够的用药指导，强调处方药说明书上的每类内容要阐述准确、具体、专业、全面、详细的信息[1]。为完善处方药品说明书格式，2006 年 1 月 18 日，FDA 又发布了《人用处方药品及生物制品说明书格式及内容管理条例》，旨在突出说明书中最重要的信息，提高清晰性、易读性。在对处方药与非处方药分类管理的同时，FDA 把药品区分为原研药和仿制药，规定仿制药的 Labeling 须与所参照原研药的 Labeling 一致，内容和格式要与所参照原研药相同，并随之更新[2]。而 Labeling 则包括标签、药品说明书及其他在药品容器上、附随物、封套上的任何书面、印刷和图示物等。欧盟并不要求仿制药的说明书必须与参照

---

[1] 华丛笑、高晨燕："中美药品说明书管理现状的比较"（国家药品评审中心资料），载 http://ishare.iask.sina.com.cn/f/18242413.html?from，最后访问时间：2012 年 3 月 25 日。

[2] "中美欧仿制药品注册管理体制的比较分析"，载 http://gllow8.com/a/danganguanli/20111023/2262.htm，最后访问时间：2012 年 3 月 23 日。

药一致，但其对说明书的内容格式亦有严格具体的要求。2005年出台了针对患者的说明书范本，将说明书分为这个药是什么、用药之前、如何用、可能的不良反应、如何贮存、其他信息六个部分，强调要使用患者能够读懂的语言①。

我国《药品管理法》第54条规定："药品包装必须按照规定印有或者贴有标签并附有说明书。标签或者说明书上必须注明药品的通用名称、成分、规格、生产企业、批准文号、产品批号、生产日期、有效期、适应症或者功能主治、用法、用量、禁忌、不良反应和注意事项。"《药品说明书和标签管理规定》规定了对药品说明书格式和内容的具体要求：要求药品生产企业应在药品说明书中完整、规范地标明相关的项目内容；强调说明书必须提供准确、清晰、详细而全面的药品信息。《化学药品和治疗用生物制品说明书规范细则》规定了说明书的具体格式和内容，包括药品名称、批准文号、主要成分、用法用量、禁忌和慎用、缓释与控释、生产日期、药品批号等，并对每一部分的涵义做出了解释。

正是由于各国法律法规及药监部门对药品说明书内容的严格限定与要求，导致药品说明书的内容主要是对药品属性的客观介绍，而国家药品行政管理法规对药品使用说明书格式的规定又进一步限制了药品说明书的表达空间。因此，尽管撰写人在撰写药品说明书时可能仍存在一定的表达空间，但在特定格式及内容要求下撰写的说明书是否是起草人个人思想的表达并体现出表达上的独创性，是颇值得研究的。

2. 药品说明书形成程序的规定性

一般作品因作者的创作完成而产生，药品说明书的形成则与

---

① "中美欧仿制药品注册管理体制的比较分析"，载 http://gllow8.com/a/danganguanli/20111023/2262.htm，最后访问时间：2012年3月23日。

此不同。由于药品说明书关乎公共卫生及健康，各国无不规定药品说明书须经药监部门审核通过后由药监部门向社会发布。在美国，FDA 下属的药品评审与研究中心负责药品说明书和标签的审核。说明书通常是先由企业起草并向 FDA 提供支持说明书各项内容的研究数据，FDA 对该说明书进行审核，并通过与企业进一步的讨论，形成终稿。FDA 批准的说明书通常和批准信一起放在 FDA 的网站上[1]。在我国，根据相关法律法规规定，药品说明书的内容需要注册申请人提出，技术审评机构依据申报资料和相关审评意见核准，只有当技术审评结束，结论为建议同意上市申请时，才可能全面启动对注册申请人提出的药品质量标准和药品说明书等重要技术文件的审核工作[2]。故药品说明书起草、审核和修订的形成过程，是技术审评机构与注册申请人就相关内容反复沟通达成一致的过程，这一过程既涉及药品注册申请人、起草人（有时二者为同一主体），又涉及技术评审专家和核准机构。

药品说明书的形成过程说明其完成之日并非其起草人完成撰写之日，而是其通过药监部门审核之日，其完成并非取决于起草人而是取决于国家药监部门。这也决定了药品说明书在产生程序上和使用上区别于一般作品的特殊性：即药品说明书系为选用药品、指导安全合理使用药品之目的而制作，其自产生起就只能附随主物之药品使用，脱离主物即失去其自身存在的意义，因此不具有独立的使用价值和价值。著作权法上的作品，往往表达一定的思想，能够独

---

① 华丛笑、高晨燕："中美药品说明书管理现状的比较"（国家药品评审中心资料），载 http://ishare.iask.sina.com.cn/f/18242413.html?from，最后访问时间：2012 年 3 月 25 日。

② 周思源："关于药品质量标准、药品说明书及包装标签的审核修订工作程序的调查"，载 http://www.chinabaike.com/z/yiqi/2011/0326/619873.html，最后访问时间：2012 年 3 月 10 日。

立使用而给人类带来一定的精神愉悦，具有一定的权能，具备独立的价值和使用价值。这种产生及使用上的特殊性导致了人们对药品说明书是否属于行政公文的争议，也是导致对药品说明书是否为作品认识不一的原因之一。

三、美国及我国台湾地区相关规定及判例研究

为了促进仿制药的发展，平衡仿制药与原研药厂商之间的利益，美国于 1984 年颁布了 *Drug Price Competition and Patent Term Restoration Act*，即《药品价格竞争与专利期恢复法》。该法案与相关的联邦法规均要求仿制药的 labeling 应与原研药的 labeling 一致。其立法逻辑在于：原研药的安全性和有效性已经在临床试验和多年使用中得到证实，要求每个仿制药完全重复临床试验既是资源的浪费，又不符合伦理的要求，所以仿制药研发厂商不需要再重复原研药厂商已进行的临床安全性和有效性试验。仿制药申请所需提交的安全性与有效性数据，由该仿制药与其所对应的原研药的生体相等性（bioequivalence）或类似的数据取代。而仿制药之所以可以简化上市程序，系建立在其与原研药成分、剂型、疗效、剂量一致的基础上，且仿制药说明书应记载的所有的药物信息，亦非仅通过生体相等性试验报告或生体可用率试验报告即足以产生，临床前试验的数据仍赖于就参照药进行的试验结果[1]。因此，出于科学及药物安全上的考虑，《药品价格竞争与专利期恢复法》要求仿制药的 labeling 应与原研药的 labeling 一致。据此，美国法院在 Smith Kline Beecham Consumer Healthcare, L.P. v. Watson Pharmaceuticals, Inc.[2] 案判决

---

[1] 参见龚兆龙："仿制药发展趋势及中美仿制药申报注册要求对比"，载 http://www.doc88.com/p-49735454403.html，最后访问时间：2012 年 4 月 3 日。

[2] See *Smith Kline Beecham Consumer Healthcare, L.P. v. Watson Pharmaceuticals, Inc.*, 211 F.3d.

中明确：labeling 的著作权争议只是药品市场竞争的一个手段或方法；FDA 要求仿制药的使用手册及录音带应与原研药的一致依法有据；原研药的消费者使用手册及录音带均受著作权法的保护，但在《食品药品及化妆品法》与著作权法的法益冲突中，应优先适用《食品药品及化妆品法》。该案判决虽然未直接对药品说明书著作权问题作出认定，但其在明确原研药药品使用手册及录音带受著作权法保护的同时，排除了依据《食品药品及化妆品法》制作的与原研药一致的仿制药药品使用手册及录音带的违法性，确立了《食品药品及化妆品法》与著作权法的法益冲突中优先适用《食品药品及化妆品法》的原则，平衡了原研药与仿制药之间的利益关系，促进了仿制药的尽快上市，也为解决仿制药与参照药药品说明书的关系问题提供了可资参考的范例。

我国台湾地区对药品说明书的管理亦参照美国《药品价格竞争与专利期恢复法》的相关原则，对仿制药上市所应附的资料亦不要求提供所有的安全性及有效性的临床试验数据。其药品查验登记审查准则第 20 条规定："监视药品之学名药（即仿制药）仿单（即药品说明书）应依第一家核准仿单核定，非监视药品应依原厂仿单据实翻译。"基于此，我国台湾地区法院在处理药品说明书著作权纠纷时形成了三种裁判观点：（1）在台湾台北地区地方法院 93 年度智字第 81 号案二审判决中，法院直接基于当事人对药事法规的信赖，根据台湾地区药事法第 39 条、药品查验登记审查准则第 20 条第 1 项第 3 款的规定，认为被诉侵权仿单系据实依原厂仿单中译文仿单制作，难认系不法侵害他人之著作权。（2）在台湾台中高等法院 95 年度智上字第 9 号民事判决中，法院认为仿单原创性不符合著作权法上关于作品原创性的要求、不具备学术性的价值、无法独立使用，精神作用极低；被诉仿单系信赖法规制作，药品查验登记审查准则系属法规命令，人民应受其拘束，被诉侵权人制作仿单亦有义务遵守，上诉人亦有容忍义务并受该法之拘束，被上诉人系合理使用，不构成著作权侵害问题。（3）在台湾高等法院 94 年度智上字第 17 号判决中，法院认为仿单的内容大体上均系与消费者使用药品相关的药理作用、药物动力学、药物交互作用、适应症、用法用量、注意事项、副作用等项目的记载，往往需要繁复、庞大的科学实验、研究才得以有此结论，从这些繁复、庞大的实验记载中，浓缩、分析、拣选、重组在科学上有意义的数据，并通过文字将其加以解释描述，编写成浅显易懂之文句措辞，需要经过撰写人员的专业训练、判断、演绎，具有相当程度的创作性，且非仅属药品的操作方法、概念、原理、发现等，而系以药品仿单之客观化形式予以呈现，其内容又属科学上的学术论述（化学）范围，因此仿单应属著作权法上的作品。但仿制药为申请上市报行政审批之目的，重制或翻译原研药厂的药品说明书，是正当目的之合理使用。

综上，台湾地区关于药品说明书是否为作品问题的认定虽然有不同观点，但对药品说明书侵害著作权问题已摸索出因应之道，即仿制药药品说明书系依据台湾地区药事法及药品查验登记审查准则制作，即使与参照药的药品说明书一致，基于当事人对法规的信赖及对参照药说明书的合理使用，亦不构成著作权侵权。这与美国判例的观点是一致的。

四、纠纷解决涉及的几个问题

（一）关于作品"独创性"判断的标准及药品说明书法律性质辨析

如前所述，药品说明书是依据国家药品行政管理法规对药品使用说明书格式的规定撰写的对药品属性、用法、用量、副作用、禁忌等的相关介绍。判断药品说明书是否能够受著作权法的保护关键在于判断其是否具备"独创性"，正是由于对独创性标准的不同认识才导致了我国司法实践中对此类问题的不同认识。因此，根据我国著作权保护的具体国情，并考虑两大法系国家立法、司法的现实及发展趋势，由立法或司法机关明确我国著作权法关于作品"独创性"的判断标准，乃是解决诸如药品说明书、专利说明书等可作品性判断问题的必由之路。

1. 关于药品说明书"独创性"的判断

知识产权法历来都是政府公共政策的选择，根据国家不同发展阶段的需求，对知识产权做出选择性政策安排，是以往西方国家的普遍做法[1]，也是可资我们借鉴的经验。在当前关于作品"独创性"标准质的规定性缺失的情况下，考虑药品说明书著作权纠纷的实质及制药产业服务公共卫生健康的根本目的，适应我国制药产业充分利用当下专利药品到期给我国仿制药生产带来的战略发展机遇期，既抓医药产业技术引进和自主创新又保护仿制并在仿制中创新的实践需要，从著作权立法的原意出发，可采取"适度的独创性高度"标准[2]对药品说明书是否为作品进行认定。"适度的独创性高度"标准有别于大陆法系国家的"智力创作"标准，也不同于英美法系国家的"独立完成"标准，既坚持独创性是构成作品的实质性要件，又使著作权法所要求的独创性有别于专利法上的新颖性和创造性，只要作品是作者独立完成而非抄袭或模仿他人作品完成并能体现某些个性化的特点，即应当认定其具备了独创性。这种标准不会因标

---

① 吴汉东："我国知识产权保护水平总体并不存在'超高'或'过低'的问题"，载 http://www.hinews.cn/news/system/2008/11/05/010349601_01.shtml，最后访问时间：2011年12月6日。

② 北京市第一中级人民法院知识产权审判庭编著：《知识产权审判分类案件综述》，知识产权出版社2008年版，第9页。

准过高而将一些像地图、示意图一样的事实性作品排斥在外，亦不会将一些拼凑材料、常规性堆积的事实材料纳入保护范围，且在诸多司法判决中已有体现。例如在北京市第一中级人民法院（2002）一中民初字第 4738 号皇城老妈诉皇蓉老妈侵犯著作权纠纷中，法院就表达了这样的观点。

根据该标准，药品说明书在内容上系依照国家药品行政管理法规规定的格式，对药品属性、用法、用量、副作用、禁忌等进行介绍，其使用的词汇及语言基本上都是严谨标准的通用物理、化学、药学等科学研究语言以及国际通用的计量单位，不需要也不可能使用独创的词汇或语言，表达空间受到极大的限制。因此，一般情况下药品说明书并非某个自然人或集体的思想表达，很难体现出适度的独创性，不能作为著作权法上的作品而受著作权法的保护。不可否认，药品说明书所表达的实验数据和结论本身是药品研发人员的研究成果，包含着研发人员的创造性劳动，但实验数据和结论的文字表达（即说明书的内容）与实验数据和结论本身是两个不同的概念和范畴，"文字表达"属于著作权法调整的范畴，实验数据和结论则属于数据保护和专利保护的范畴，不能将实验数据和结论的创造性混淆为其"文字表达"的创造性，并以此认定药品说明书为著作权法意义上的作品。

2. 关于药品说明书是否为行政公文的判断

根据国务院于 2000 年发布实施的《国家行政机关公文处理办法》第 2 条的规定，行政公文是行政机关在行政管理过程中形成的具有法定效力和规范体式的文书，是依法行政和进行公务活动的重要工具。据此，行政公文具有以下特点：由行政机关的工作人员撰写，形成于行政管理过程中，具有法定的效力和规范体例格式，服务于行政管理活动，只有同时具备上述条件才属于行政公文。由于药品说明书的责任主体并非行政机关或其工作人员，而是药品研发生产企业，药监部门只是对药品说明书进行审核管理的主体，而非撰写、修订的责任主体；撰写《药品说明书》的根本目的是指导医生和患者用药，服务于公共健康的需求，而不是服务于行政管理活动，相反药监部门的行政监管活动也是服务于公共健康的终极目的的。因此，也不宜将药品说明书认定为行政公文。

需要说明的是，2013 年 7 月 1 日，湖南省高级人民法院作出第（2013）湘高法民再终字第 73 号民事判决，纠正了湖南省长沙市中级人民法院于 2010 年 8 月 3 日作出的（2010）长中民三终字第 0437 号判决，认定药品说明书不是著作权法所保护的作品。自此，全国法院在生效判决中对药品说明书不受我国著作权法保护已经形成一致意见。

（二）完善关于仿制药与参照药说明书一致性的管理规定

药品说明书著作权纠纷实质上是药品生产企业寻求以著作权保护的长期性弥补专利保护有效期之限制，从而延长专利保护期、增强企业竞争力的竞争战略。在我国医药行业整体素质不高，创新能力不强，大多数品种尚没有形成专业化、规模化生产，仿制药仍占绝对优势的现阶段，我国对医药生物领域的知识产权保护既要适应国际发展的趋势与要求，积极履行国际义务，又要最大限度地保护本国利益，坚持既抓技术引进和自主创新，又保护仿制并在仿制中创新的方针，尤其要充分利用跨国公司药品专利到期高峰期的历史机遇，开拓仿制药的市场空间。这就需要法律法规为仿制药的上市提供充分的保障，对仿制药药品说明书的规定当然应属其中之内容。借鉴美国的《药品价格竞争与专利期恢复法》及我国台湾地区药品查验登记审查准则，完善仿制药的审批及管理机制，将仿制药的说明书应依照已核准的参照药的说明书核定并与其一致明确规定于法律法规之中，为依据参照药说明书撰写仿制药的药品说明书提供可以信赖的法律法规依据，对于从根本上破解司法审理药品说明书著作权纠纷之难题、规范仿制药说明书的管理、为我国仿制药的发展提供可靠的法律保障、满足公共利益的需求，都将具有深远意义。

（撰稿人：丁文严）

8. 技术标准性质的认定与著作权保护

——海恩斯坦研究院尤根·米歇尔教授博士有限公司及两合公司与上海天祥质量技术服务有限公司侵害著作权纠纷案

案件索引：上海市第一中级人民法院（2007）沪一中民五（知）初字第 198 号，2010 年 10 月 15 日判决；上海市高级人民法院（2010）沪高民三（知）终字第 90 号，2011 年 9 月 2 日调解。

基本案情

原告海恩斯坦研究院尤根·米歇尔教授博士有限公司及两合公司诉称：国际纺织品生态学研究与检测协会（Oeko-Tex Association，以下简称"OEKO-TEX"）是依瑞士法律成立的、国际著名的专门从事生态纺织品认证检测研究的组织。《生态纺织品标准 100》（Oeko-Tex Standard 100）是 OEKO-TEX 及其发起创立者在总结多年研究成果的基础上发布的一种进行生态纺织品测试的技术要求标准，其诞生可追溯到 1992 年。其后，OEKO-TEX 每年均根据最新研究成果对该标准进行更新和修改，并因此产生标准的不同版本（如 2001 版、2002 版直至 2006 版等）。2005 年 12 月 12 日，OEKO-TEX 作出决议，签订《版权转让协议》，将《生态纺织品标准 100》在中华人民共和国司法管辖区内（香港、澳门、台湾地区除外）的著作权和与之相关的所有权利和利益（包括针对任何侵权行为提起诉讼的权利）转让给了原告。原告继而向中国版权登记中心申请对《生态纺织品标准 100》进行著作权登记，并于 2007 年 3 月 27 日获得版权登记证书。被告上海天祥质量技术服务有限公司是一家于上海成立的消费品测试、检验及认证公司。2005 年，OEKO-TEX 发现其推出 Intertek 生态产品认证服务，并在不同场合散发认证手册和宣传单。OEKO-TEX 发现这些宣传资料在版式以及测试项目和限量表等核心内容方面抄袭了《生态纺织品标准 100》中的内容（尤其是该标准 2002 年版本）。庭审中，原告进一步明确其主张被告的侵权行为为对其享有权利的《生态纺织品标准 100》（2002 年版）中的附件 5《极限值和牢度》及其注释的抄袭。 OEKO-TEX 聘请律师于 2005 年 2 月向被告发出律师信，要求被告停止抄袭行为。被告对律师信进行了回复，并未否认相关事实。原告诉至法院，请求判令：1. 被告停止复制、发行该等宣传资料；2. 被告在《纺织导报》上刊登公告消除影响、赔礼道歉；3. 被告赔偿原告因被告的侵权行为而产生的损失人民币 50 万元。

被告上海天祥质量技术服务有限公司辩称：对原告的诉请一不同意，其没有剽窃，也不存在发行行为。对原告的赔偿主张和赔礼道歉主张也有异议。《生态纺织品标准 100》的著作权人到底是谁原告没有明确说明。2005 年 12 月 12 日 OEKO-TEX 做出的决议的主体是谁原告没有明确，也没有证明其主体的合法性。原告是在决议的基础上做的申请，但是原告提供的证据不是这样的内容。被控侵权的宣传资料是被告内部的宣传资料，不存在公开发行的行为。被告的宣传资料是文字加表格，原告主张侵权的版式到底指的是什么？《生态纺织品标准 100》有七个版本，被告到底侵犯了哪个版本中的什么内容，原告没有明确。OEKO-TEX 聘请律师指控被告侵权行为实际指的是复制和模仿的行为，并未提到抄袭。被告给原告的回函中明确否认了自己的侵权行为。关于被告的复制行为，原告没有提供事实依据。原告主张的赔偿数额也没有事实和法律依据。

上海市第一中级人民法院一审查明：《生态纺织品标准100》是国际纺织品生态学研究与检测协会在瑞士苏黎世利用自有印刷系统，同时以德文、英文、法文印制发布的一种进行生态纺织品测试的技术要求标准。自1992年首次发布以来，该组织先后推出了不同的更新和修改版本（包括1992年、2000年、2001年、2002年、2003年、2004年、2005年）。2005年12月12日，OEKO-TEX执行委员会作出决议，决定将《生态纺织品标准100》在中华人民共和国的著作权和与之相关的所有权利和利益（包括针对任何侵权行为提起诉讼的权利）授予原告，以便其能够采取行动，对被告提起本案诉讼。同日，OEKO-TEX还与原告签署了《版权转让协议》一份，约定了所让与权利的具体内容和地域范围。此后，原告向中国版权登记中心申请对《生态纺织品标准100》（2002年版）进行著作权登记，并于2007年3月27日获得版权登记证书。《生态纺织品标准100》（2002年版）的附件5为《极限值和牢度》（LIMIT VALUES AND FASTNESS）。

被告是1994年于上海成立的为企业提供产品标准、测试等质量技术服务，从事产品认证和管理体系认证业务的公司。2004年6月，被告委托案外人印制了《INTERTEK生态产品认证》宣传册中、英文版各一千册。该宣传册的附录1为《测试项目和限量表》（TESTING PARAMETERS AND LIMIT VALUES）。

2005年2月，OEKO-TEX聘请律师向被告发出律师信，要求被告停止抄袭行为。被告对律师信进行了回复，否认了侵权指控。

在原告主张享有著作权的《LIMIT VALUES AND FASTNESS》（原

告在本案诉讼中翻译为《极限值和牢度》，以下中文译文均为原告在本案诉讼中所做之翻译）表格中，将检测产品分为四类：Baby（婴幼儿用品），In Direct Contact with Skin（与皮肤直接接触），with No Direct Contact with Skin（不与皮肤直接接触），Decoration Material（装饰用产品），并对这四类产品应当检测的项目和各项目的最高极限值做了规定。该表格结构为五列五十七行。表格左起第一列为检测项目名称，第二、三、四、五列分别为四类产品的极限值；表格上起第一行为产品分类的名称，其余五十六行依次列明了十四个大类、三十四个小项的检测项目以及各项目在每类产品中的极限数值。表格附有十二条注释。

被告委托案外人印制的中英文对照版《测试项目和限量表》表格中，将检测产品分为三类：product for babies/ 婴幼儿用品、product for adults/ 成人用品、product for decoration/ 装饰用产品，并对这三类产品应当检测的项目和各项目的最高限量做了规定。该表格结构为四列四十九行。表格左起第一列为检测项目名称，第二、三、四列分别为三类产品的限量值；表格上起第一行为产品分类的名称，其余四十八行依次列明了十三个大类、三十九个小项的检测项目以及各项目在每类产品中的限量值。表格附有十三条注释。

上述两份表格相对比，相同之处主要有：检测项目中，有十个大类名称相同，且在表格中的排列顺序基本相同，有二十三个检测小项名称和限量值相同；注释中，原告表格的注释 1、11、12 分别与被告表格的注释 9、12、13 完全相同，原告表格的注释 10 与被告表格的注释 10 基本相同。

2002 年 11 月 22 日，中华人民共和国国家质量监督检验检疫总局发布了《生态纺织品技术要求》的国家标准。该标准前言中陈述：本标准的产品分类和要求采用国际纺织品生态学研究与检测协会

OEKO-TEX 100-2002《生态纺织品——通用及特殊技术要求》，对生态纺织品进行了分类，规定了各项指标限量值及检测方法，并增加了婴幼儿用品耐唾液色牢度的具体指标和生态纺织品的定义。该标准规定的生态纺织品分类与要求，与原告《极限值和牢度》表格中的内容完全相同，仅在表格制作的形式上略有不同（增加了计量单位作为单独一列）。

美国、欧盟、日本、泰国等国家和地区的法律对原、被告双方制定的标准中的部分纺织品检测项目作了禁限规定。

判决与理由

上海市第一中级人民法院一审认为：根据《中华人民共和国著作权法》第 3 条之规定，受法律保护的作品必须是以一定形式创作的作品，即必须是具有独创性的思想表达。根据该规定，受著作权法保护的作品必须满足独创性的要求，且对作品的保护只及于思想的表达，而不延及思想、工艺、过程或者数学概念等。由该原则引申，没有独创性，或者表达形式具有唯一性的作品，不受著作权法的保护；作品的独创程度越低，或者表达形式虽然不具有唯一性，但可选择性极其有限，在抄袭判断的标准上就越严格。本案中，《生态纺织品标准 100》（2002 年版）系国际纺织品生态学研究与检测协会发布的规范性文件，旨在阐述授权使用生态纺织品标准 100 标志的各种条件，该文件属于著作权法意义上的作品，受著作权法保护自无疑义。本案涉及的《生态纺织品标准 100》（2002 年版）中的附件 5《极限值和牢度》及其注释，所表达的是对纺织品进行检测时所需遵循的分类、禁限项目及限量值的标准，但是必须要通读《生态纺织品标准 100》（2002 年版）的全文，将其置于《生态纺织品标准 100》（2002 年版）完整文本中，才能准确理解其所要表达的思想内容。因此，该附件及注释仅为《生态纺织品标准 100》（2002 年版）中的组成部分，不能独立地成为一个作品。当然，作品的组成部分只要符合独创性的要求，仍然受著作权法保护，原告依然有权制止他人的抄袭行为。但该附件采用的是通用表格的形式，其中内容为化学元素和数值，具有表达的唯一性，而其注释也属于简单的惯常表达，因而仅就该附件和注释而言，尚不能认为具有独创性，不能受著作权法的保护。据此，法院认为原告的诉讼请求并无法律依据，判决驳回原告全部诉讼请求。

原告不服判决提起上诉，经上海市高级人民法院调解，双方达成调解协议。

评　析

本案一审原告被驳回全部诉讼请求，虽然二审中双方在法院主持下达成了调解协议，明确被告在其宣传册等文件中的测试项目和限量表、禁用化学品相关内容，若需借鉴中国国家标准或其他国家的国家标准，应予以注明，并且被告也不再使用本案系争的《INTERTEK 生态产品认证》宣传册中附录一（测试项目和限量表）和附录二（禁用化学品）。但是对于本案涉案的《生态纺织品标准 100》（2002 年版）中的附件 5《极限值和牢度》及其注释，其上是否存在著作权，仍然是一个值得研究探讨的问题。推而广之，对于企业经营中经常使用的各种技术标准，是否适用著作权保护，相关主体的利益如何保障，法律或司法也要予以明确。

一、技术标准是否可以成为著作权的客体

标准是为了在一定范围内获得最佳秩序，经协商一致制定并由公认机构批准，共同使用的和重复使用的一种规范性文件。[①] 标准是对重复性事物概念所作的统一规定，它以科学技术和实践经验的综合成果为基础，经有关方面协商一致，由主管机构批准，以特定形式发布，作为共同遵守的准则和依据。[②] 技术标准作为标准的一种而受到法律规制。根据约束力的大小不同，标准可分为强制性标准和推荐性标准。根据发布主体的不同，标准又可分为国家标准、行业标准、地方标准、企业标准等。关于标准是否可以成为著作权保护的客体，目前存在不同的观点。有观点认为，不论是推荐性标准还是强制性标准，都应该属于法人作品，有关行政主管部门是标准的权利人，其著作权归属于有关行政主管部门（企业标准的权利人除外）。[③] 也有观点认为，标准可以构成著作权法上的作品，但并不一定受到著作权法的保护；国家标准、行业标准和地方标准，都是国家机关制定发布的具有立法、行政性质的文件，属于正式的官方文件，不应该受到著作权法的保护；企业标准，是企业自己制定并只适用于企业自身的标准，不具有官方文件的性质，可以受到著作权法的保护；强制性标准、推荐性标准均不应该纳入著作权法保护的范围。[④]

[①] 见 GB/T 20000.1-2002《标准化工作指南 第 1 部分：标准化和相关活动的通用词汇》，转引自百度百科"标准"词条，http://baike.baidu.com/view/8079.htm?fr=aladdin，最后访问时间：2015 年 10 月 16 日。

[②] 见"为企业提供产品标准、测试等质量技术服务，从事产品认证和管理体系认证业务的公司"，转引自百度百科"标准"词条，http://baike.baidu.com/view/8079.htm?fr=aladdin。

[③] 凌深根："关于技术标准的著作权及其相关政策的探讨"，载《中国出版》2007 年第 7 期，第 49 页。

[④] 周应江、谢冠斌："技术标准的著作权问题辨析"，载《知识产权》2010 年第 2 期，第 79 页。

　　一般所说的技术标准，作为一种科学领域的主要以文字形式表达的智力成果，无疑具有独创性，符合作品的标准。从法律明文规定看，并未明确排除技术标准作为著作权客体。因此，标准之上至少是可以存在著作权的，标准作为著作权的客体是适格的。但是，基于著作权法的例外规定，又并非所有的标准均受到著作权法的保护。根据《著作权法》第 5 条规定，该法不适用于法律、法规，国家机关的决议、决定、命令和其他具有立法、行政、司法性质的文件，及其官方正式译文。标准是否具有立法、行政或是司法的性质，对其是否能够受到著作权法保护，具有关键影响。因此，技术标准能否作为著作权保护客体，主要是甄别其是否具有立法、行政或是司法的性质。所谓具有立法、行政、司法的性质，笔者认为主要是指一项文件是否属于法律、法规、部门规章、规范性文件以及司法机关的裁定、判决等。究其本质，主要看两个因素：一是行使公权力，二是具有强制力。著作权法的整个制度体系是赋予权利人一定的权利以控制作品的传播，包括复制、发行、网络传播等，让权利人在法定期间之内享有独占的权利，获得经济回报。具有立法、行政、司法性质的文件，撰写者无疑是付出相当的独创性劳动的，之所以法律明文规定此类文件不受到著作权法保护，其目的即在于不想限制此类文件的传播，因为这些文件的广泛传播是进行公共管理、维护公共利益的需要，限制其著作权具有正当性。上文已述及，标准可分为强制性标准和推荐性标准，两者在法律效力方面存在明显区别。《标准化法》第 7 条规定：国家标准、行业标准分为强制性标准和推荐性标准。保障人体健康，人身、财产安全的标准和法律、行政法规规定强制执行的标准是强制性标准，其他标准是推荐性标准。省、自治区、直辖市标准化行政主管部门制定的工业产品的安全、卫生要求的地方标准，在本行政区域内是强制性标准。该法第 14 条规定：强制性标准，必须执行。不符合强制性标准的产品，禁止生产、销售和进口。推荐性标准，国家鼓励企业自愿采用。该法第 20 条规定：生产、销售、进口不符合强制性标准的产品的，由法律、行政法规规定的行政主管部门依法处理，法律、行政法规未作规定的，由工商行政管理部门没收产品和违法所得，并处罚款。《标准化法实施条例》第 23 条规定：从事科研、生产、经营的单位和个人，必须严格执行强制性标准。不符合强制性标准的产品，禁止生产、销售和进口。该条例第 33 条对生产、销售、进口不符合强制性标准产品的行为作出了相应的行政处罚的规定。从上述法律法规规定可见，强制性标准是国家行使公权力强制推行的，从违背后果看等同于违法，笔者认为就某具体强制性标准而言，其与强制推行该标准的法律、法规或部门规章等具有同等的法律效力，当然具有立法或行政的性质，因此符合《著作权法》第 5 条的规定，其上不存在著作权。

对于推荐性标准，有观点认为推荐性标准同样是国家机关履行法定职责、按照法定程序而制定、审批和颁布，如同合同法中的任意性规范，也具有法规或规章的性质，因而也不应享有著作权法保护。[1] 也有观点认为，推荐性国家标准属于自愿采取的技术规范，不具有法规性质，由于推荐性标准在制定过程中需要付出创造性劳动，具有创造性智力成果的属性，如果符合作品的其他条件，应当属于著作权法保护的范围。[2] 笔者认为对于推荐性标准不可一概而论。推荐性标准虽然属于国家标准、行业标准的一种，但并非完全是有关行政部门制定的，有的情况下行政部门仅是作推荐，标准本身可能是一项企业标准，企业标准并不因行政部门将其作为推荐性

---

① 周应江、谢冠斌："技术标准的著作权问题辨析"，载《知识产权》2010 年第 2 期，第 79 页。

② 见最高人民法院知识产权庭［1998］知他字 6 号函。

标准而转为具有强制力或成为法规或规章。但是对于立法或行政部门主持制定的推荐性标准，笔者以为不宜规定其受到著作权法保护，因为制定推荐性标准的目的在于鼓励企业采用该标准，如其上存在著作权则传播受限，导致一种"既鼓励又限制"的目的紊乱的奇特场景。对于企业标准，属企业自行制定、内部适用，一般没有理由将其排除于著作权法保护范围之外。

具体到本案而言，涉案标准的源权利人是国外非政府组织，因此从国内法上看该标准实际上是企业标准，虽然行政部门将其作为推荐性标准发布，但同时已明确表示其参考了该企业标准，实质内容也是相同的，因此该标准并没有转化为推荐行政部门的作品，仍然是一种企业标准，可以受到著作权法的保护。

二、技术标准中的技术方案

技术标准是以文字、图表等形式表达出来的作品，如上文所述，企业对其自行制定的标准享有著作权。著作权最基本的权利如复制权、发行权、信息网络传播权，体现在技术标准的保护方面，则他人未经许可，不得复制、发行、在信息网络上传播该技术标准。在现实的市场社会中，有不少企业通过制定标准并认证产品而营利，这种企业标准具有一定的权威性，受到社会和生产企业的认可，甚至有的时候因为企业标准高于国家强制性标准而具有更高的权威性和社会认可度，这种经营方式客观上有利于产品或服务标准的统一和质量的提升，应该是法律所鼓励的，至少不应是法律所禁止的。这种经营模式之下，企业标准的著作权保护显得尤为重要。但是在运用和保护技术标准的时候，应当分清思想和表达的界限。思想和表达的区分，是著作权法的基本原理之一，只有思想的独创性表达才能受到著作权法的保护。就技术标准而言，其中有相当多的操作方法、程序、参数、步骤等，属于技术方案或技术方案的一部分，从著作权法角度看属于思想范畴，因此根据他人享有著作权的技术标准进行产品生产或提供服务，并不侵害他人的著作权。如果权利人想就技术方案寻求法律保护，那么他应该去申请专利，并接受专利授权条件的检验。

就本案而言，虽然被告宣传册中的检测项目名称和限量值，有许多是与原告技术标准相同的，但这些内容术语属于技术方案，也就是思想范畴，显然不应享有著作权。原告虽然一再表示其术语表述具有独创性，其数值是经过科学实验得出，应当得到著作权保护，但是研究成果实际上是技术方案，应当寻求专利权保护或是作为商业秘密保护，如果给予著作权法保护，显然不符合著作权法的立法目的，亦不符合著作权法的功能。

三、关于表达唯一性

作品是思想观念的表达，但如果该思想观念只有一种或极为有限的表达方式，那么对此种表达方式的著作权法保护，将危及思想观念的传播，并继而损害基本的言论自由。因此，著作权法对作品的传播加以限制时，基于公共利益不应限制思想传播，对于具有表达唯一性的作品，不予以保护。这是著作权法的基本原理。对于技术标准而言，是否存在表达唯一性的情况，应该就具体案情具体分析。本案中，原告主张著作权的是技术标准所附表格，一审法院认定其采用的是通用表格的形式，其中内容具有表达唯一性，其注释属于简单惯常表达，因而就该表格和注释而言，尚不能受著作权法的保护。笔者认为，表格所传达的仍然是技术标准的内容，即使是采用通用表格的形式，并不妨碍该份表格可受著作权法保护，对该表格要做整体解读，不能以形式否定内容；就该份表格内容而言，是将技术标准中的检验项目和相关数值以表格形式呈现，使读者阅读时更加直观、使用时更加方便，但表格方式表达的特点是略去了形容词、动词、副词等，技术标准文本中的主谓宾等结构的语句以表格的对应关系体现，从表达一定思想观念的角度看，表格方式确实存在一定的限制，其可选择的表达方式极为有限。前已述及，技术标准中的技术方案是不能成为著作权法保护客体的，表格所体现的检验项目、数值，即使确实是原告投入大量人力物力研究所得，也不受著作权法的保护。

四、侵权判定时的政策考量

应当看到，关于技术标准的著作权侵权纠纷案件，其背后并不是技术标准的复制、发行等著作权法上的问题，而是依据技术标准进行产品认证的企业营利模式以及由此带来的市场竞争的问题。本案中涉案技术标准的原始作者国际纺织品生态学研究与检测协会，是一家专门从事生态纺织品认证检测研究的组织，而被告是为企业提供产品标准、测试等质量技术服务，从事产品认证和管理体系认证业务的公司，双方的业务领域有所重叠，在向纺织品生产企业提供检测、认证服务时不可避免地存在竞争关系。本案原告之所以提起诉讼，主要是认为其关于纺织品检测的科学研究成果为他人无偿所用，并且用于与其展开检测认证市场竞争。从被告的使用情况看，涉案表格与原告表格的内容相似度很高，特别是一些检验项目和数值完全相同，应该说确实使用了原告的相关科研成果。前文已经论述了通过著作权法保护科研成果的路径是走不通的，因为科研成果本质上就是技术方案，并非著作权法的保护客体。原告的技术标准属于企业标准，从整体上看编写者当然是享有著作权的，但应当看到，有关行政部门将其作为推荐性的国家标准予以发布。涉案的技术标准作为国外非政府机构发布的企业标准，能够由国内政府机构作为推荐性标准发布，应当说这个标准是比较权威的，极有可能在业界受到高度认可，也有可能使行业企业形成依据该标准生产的"路径依赖"。技术标准无论如何带有一定的公共性质，因为采用标准的生产企业最终会将产品投向市场，关系到普通消费者的人身和财产安全。即使是企业标准，在给予著作权法保护时，其保护强度应该与一般的文学艺术作品有所区别，同时又是国家推荐性标准的企业标准，其保护强度应进一步减弱。有观点认为，在对是否侵害企业标准著作权进行判定时，按照一般作品处理。[①] 笔者认为，被作为推荐性标准的企业标准，因为具有行政部门的推荐，将导致其技术标准在市场上具有一定的优势地位，如果再给予较强的著作权保护，将进一步强化其竞争优势。对技术标准给予较弱著作权保护的原因，就在于如果给予强保护，技术标准的著作权将可能成为优势认证企业打击竞争对手的工具，造成标准认证市场的垄断，进而危害公众利益。

（撰稿人：丁文联、徐卓斌）

---

① 参见沈强："浅析非政府国际组织的技术标准的版权保护"，载《世界贸易组织动态与研究》2008年第7期，第28页。

侵害著作权的判定

9. 真实历史题材作品的独创性及侵权判断标准

——唐灏与钱江、北京青年报社侵害著作权纠纷案

案件索引：北京市朝阳区人民法院（2013）朝民初字第8853号，2013年8月13日判决；北京市第三中级人民法院（2013）三中民终字第00116号，2013年11月19日判决。

基本案情

钱江是图书《小球转动大球——"乒乓外交"幕后》《"乒乓外交"始末》及文章《"乒乓外交"中的科恩和母亲》的作者。其起诉称被告唐灏在其所著的图书《乒乓外交高层内幕——一个细微事件开启一个时代》抄袭了上述著作，字数达7.2万字，抄袭内容占到其图书总篇幅的三分之一以上，且多处为整页整段抄袭。被告唐灏认为"乒乓外交"本身即为20世纪轰动全球的重大历史事件之一，已经成为社会公有资源，因此如果将"乒乓外交"这一题材说成是某个私人的专著是不成立的。北京青年报社在其出版发行的《北京青年报》上连续15期连载唐灏所著的《乒乓外交高层内幕——一个细微事件开启一个时代》一书。另外，北京青年报社还通过北青网和千龙网对唐灏所著图书进行网络传播。钱江认为唐灏和北京青年报社的行为给他造成了经济和名誉上的损失，也给他的精神造成了损害。故钱江向北京市海淀区人民法院提起诉讼。

北京市朝阳区人民法院一审查明，1987年1月、1997年11月，东方出版社分别出版发行了图书《"乒乓外交"始末》《小球转动大球——"乒乓外交"幕后》，在该两本书的封面及版权页上均有作者钱江的署名。中国艺术研究院主办的2007年第5期《传记文学》上刊登了一篇文章《"乒乓外交"中的科恩和母亲》，署名钱江。2012年4月，当代中国出版社出版发行了唐灏所著的图书《乒乓外交高层内幕——一个细微事件开启一个时代》，版权页记载该书180千字，定价29元。将唐灏所著的图书《乒乓外交高层内幕——一个细微事件开启一个时代》分别与钱江所著的上述《"乒乓外交"始末》《小球转动大球——"乒乓外交"幕后》图书及《"乒乓外交"中的科恩和母亲》文章相比，《乒乓外交高层内幕——一个细微事件开启一个时代》中约有60651字与《小球转动大球——"乒乓外交"幕后》中相应内容一致，约有99字与《"乒乓外交"中的科恩和母亲》中的相应内容一致，约有2409字与《"乒乓外交"始末》中的相应内容一致，且该些一致的内容大多为整段或整页内容一致。北京市朝阳区人民法院认为，根据图书《"乒乓外交"始末》《小球转动大球——"乒乓外交"幕后》及文章《"乒乓外交"中的科恩和母亲》上的署名，在无相反证据的情况下，可以确认钱江是上述图书和文章的作者，对该图书和文章享有著作权。经比对，唐灏所著的图书《乒乓外交高层内幕——一个细微事件开启一个时代》与钱江所著的图书《"乒乓外交"始末》《小球转动大球——"乒乓外交"幕后》及文章《"乒乓外交"中的科恩和母亲》有整段或整页内容表述一致，字数高达6万余字，占图书《乒乓外交高层内幕——一个细微事件开启一个时代》总字数的三分之一，且钱江所著图书和文章发表时间早于唐灏所著图书发表时间，唐灏具有接触钱江作品的可能性，唐灏也认可其参考过钱江的相关作品，唐灏又未举证证明这些一致的表述有其他合法来源，故可以确认唐灏抄袭了钱江作品的相关内容，侵犯了钱江对其作品享有的著作权，应当为此承担赔礼道歉、赔偿经济损失的法律责任。

判决与理由

北京市第三中级人民法院在二审中查明的事实与一审相同。

北京市第三中级人民法院认为：钱江是涉案图书《"乒乓外交"始末》《小球转动大球——"乒乓外交"幕后》和涉案文章《"乒乓外交"中的科恩和母亲》的作者，依法享有著作权。经比对，唐灏图书《乒乓外交高层内幕——一个细微事件开启一个时代》与钱江作品《"乒乓外交"始末》《小球转动大球——"乒乓外交"幕后》及文章《"乒乓外交"中的科恩和母亲》表述内容一致的部分为 60 千字，占唐灏图书《乒乓外交高层内幕——一个细微事件开启一个时代》总字数的三分之一。唐灏虽主张上述表述内容一致部分具有其他来源，但其在二审期间提交的部分证据材料的发表时间晚于钱江涉案作品的发表时间；而对于发表时间早于钱江涉案作品的部分，唐灏亦没有证明上述表述内容一致部分来源于其中。因此，唐灏关于其涉案作品与钱江涉案作品表述一致部分具有其他来源的主张，缺乏依据。唐灏的涉案作品与钱江的涉案作品的主题均为重大历史事件"乒乓外交"。这一主题属于思想的范畴，而非著作权所保护的表达的范畴。但这并不意味着在这一主题下进行创作而形成的内容不可能具有著作权意义上的独创性，也并不意味着就历史事件进行创作而形成的内容是公有资源，任何人均可使用，其中的独创性内容正是著作权保护的作品，依法受到著作权法的保护。因此，唐灏关于涉案作品涉及的内容为重大历史事实，相关内容为公有信息资源，任何人均可使用，原审法院认定构成侵权依据不足的上诉理由，缺乏依据。但原审法院综合考虑钱江涉案作品的独创性程度、抄袭的字数和程度、主观过错程度等因素，根据国家相关稿酬规定酌情确定损害赔偿的数额，并无不当，本院予以维持。因此，本案应当驳回上诉，维持原判。

<hr>

评　析

以真实历史事件为题材进行创作产生的作品的著作权问题，在司法实践中常存在一定争议。而争议的焦点也主要在两个方面，一是该类以真实历史事件为内容所创作的作品是否具有独创性，能否受著作权法保护；二是实践中如何确定侵犯该类作品著作权的标准问题。

一、真实历史题材作品的独创性判断

作品具有独创性是获得著作权法保护的前提条件之一，因此，判断真实历史题材这类创作客体是否能够获得著作权法的保护，关键在于判断其是否具有独创性。

面对同一个创作题材，作者用文字串联起思想、人物、情节等要素时，不同的人所采取的表达方式是不同的，这当中所体现出的是作者的个性、判断和取舍。[①] 独创性的判断包括两个方面，一是独立完成，二是具有一定智力创造性。"独立完成"，要求作者在没

<hr>

① 参见陈锦川：《著作权审判 原理解读与实务指导》，法律出版社 2014 年版，第 2 页。

有或没有完全抄袭、复制他人作品的前提下，自身独立创作出新的作品，或者创作出与他人作品具有不太细微的客观分辨性的作品；"具有一定智力创造性"，要求作品在质量上要包含智力创造活动的成果，要体现作者自身独特的想法和判断，但并不要求具有非常高的艺术水准和价值。[1] 以真实历史事件为题材而创作的作品之所以在独创性上存在争议，主要原因在于有些人认为该类作品所描述的真实历史事件属于客观事实，不能以著作权法加以保护。因此，我们在考虑这类作品是否具有独创性时，应着重判断作者在描述相关历史事件时，是否加入了自己独立的、具有智力创造成分的表达。

按照上述标准，可以将涉及真实历史事件的作品分成两类：

第一类是仅对历史事实进行不含智力创造性的客观表述，或对某一历史事实的表达仅有一种表达方式。[2] 由于历史事实本身就早于作者创作而客观地发生存在着，如果作者只是付出体力劳动将该事实客观表述出来，那么该作品并不能认为具有独创性，也就不能成为著作权法所保护的对象。这类作品主要出现在统计数据、调查报告[3] 等作品形式中。但是，在实践中还有这样的情况：作者主张虽然作品中对历史事件的表述仅是简单地交代五要素，缺乏著作权法上的独创性，但为了查阅、明确这些基本要素，作者付出了很多辛苦的劳动。因此，作者主张即使不能以独创性获得保护，也应当

---

① 参见王迁：《知识产权法教程》，中国人民大学出版社 2014 年版，第 28—35 页。

② 这种情形是"思想"与"表达"发生混同，王迁教授在其《知识产权法教程》中阐述"混同原则"的原因时写道："在保持语言简洁的前提下，能够用于描述该规则的词汇和方式很有限。在这种情况下，原本不受保护的思想和原本受到保护的表达混在了一起，无法在两者之间划出明确的界限。"

③ 调查报告本身可以是受著作权法保护的对象，但其中涉及的客观的调查结果等要素在一些情形下属于不受著作权法保护的客观事实。

保护作者的发现权或首次披露权。这种情形类似于美国早期判例中有当事人主张以"额头流汗"规则予以保护,而这些规则现在多已丧失了其约束力。从著作权法的角度来讲,其立法目的之一是促进文化的创作和传播,如果对于发现和首次披露给予过多保护,即使是通过民法予以保护,笔者认为会造成限制文化传播和发展的结果,使得人们难以"站在巨人的肩膀上"继续文化的发展。因此,无论是作者主张通过著作权法予以保护,还是通过民法予以保护,都需要谨慎认定。

第二类是以真实历史事件为创作对象而产生的作品。在这种情形中,作者在描述真实历史事件时,加入了自己含有智力创造成分的表达,这些具有独创性的文字是其作品获得著作权法保护的关键点。著作权法虽然不保护抽象的思想、客观事实等对象,但是保护对于某种思想和客观事实的具体表达,只要这种表达具有独创性。这类作品的文体通常不是严肃工整的历史调查报告,而是历史小说等文学性或艺术性较强的文体。也就是说,对于这类文学艺术作品来讲,作者在描写历史事实时,是具有一定的创作空间的,基于这个创作空间产生的具有独创性的作品显然是著作权法保护的对象。

二、侵犯真实历史题材作品的著作权的认定标准

明确了具有独创性的真实历史题材作品属于著作权法保护的对象之后,就遇到了实践中如何确定侵害该类作品著作权的认定标准的问题。笔者认为,可以从以下几个方面来界定:

1. 真实历史题材作品的著作权保护范围

正如上文所述,单纯的客观历史事实本身并不是著作权法保护的对象,只有作者在表达该历史事实时发挥了自己的创作空间,运用了智力创造性的表达,才是著作权法保护的对象。从一般的著作权法理论来讲,作品的思想、主题、客观事实、标准场景等都不属

于著作权法所保护的范围，作品的情节通常可以根据是否涉及高级抄袭而予以保护。对于一般的小说等文学作品来说，对作品情节予以著作权保护的重要性不言而喻。但对于涉及真实历史题材的作品来说，可能会遇到一个问题，就是同一真实的历史事件的情节本身就是确定的，如果作者的写作目的就是还原该事实，那么不同的作者所表述出的语言文字很有可能是较为相似的。其原因在于真实历史题材这种作品类型本身进行创作的空间是有限的，因此在审判实践中我们需要区分不同的作品类型，在个案中分析是否将涉案作品的情节纳入著作权保护的范围。

2. 高级抄袭的特殊情形

如上文所述，真实历史题材的作品在情节安排上需要符合历史发生的真实顺序，因此创作空间比较小。但是不排除作者在情节安排上既符合史实，又有自己的独创性在里面。如果这种情形下作品情节被抄袭，应当考虑作者在情节安排上的独创性，此时的情节就应当被纳入著作权保护的范围。因本人审理的相关案件并不多，所以尚未遇到这种情况，但并不排除实践中发生这种情况的可能性。

3. 真实历史题材作品的侵权认定应当从严

上文提到，对于不同类型的作品区分不同的保护范围；对于侵权认定也是一样，不同的作品类型应适用不同的宽严规则。对于虚拟创作作品来说，作者的创作空间相对是比较大的，他可以对时间、地点、人物、事件等要素自由地进行安排，不同的作者表述的差异可能性更大，内容相同相似的可能性较小。因此，对于这类作品的侵权认定应当适用较为宽松的标准。对于真实历史题材作品来说，如果作者所写的是历史上真实发生的事件，同时作者的表述是希望将该事件真实还原，而不是进行演绎改编，那么他的独创性空间是比较小的。这时很容易发生不同作者在表述同一历史事件时，所采用的表述文字相近。如果继续适用一般的侵权标准来认定的话，恐怕会影响到进入公有领域的历史事实的使用。因此，在认定真实历史题材作品的侵权时应把握从严的标准，同时把握好恰当保护与公有领域的平衡。

4. 判决文书后应附上抄袭比对列表

很多当事人对于法院认定为侵权的结论表示不服，主要原因在于判决主文中只列出所有表述一致的字数和所占比例。而实践中又经常发生高级抄袭的情形，作者所主张的抄袭内容通常是分散的，每处的字数从几十字到几百字不等，笔者遇到过的最少的十几字，最多的两千字。因此，笔者认为这种情形下，法院应当组织双方当事人就主张抄袭的内容进行逐段的质证（类似于专利技术特征的比对），根据当事人的不同抗辩理由和方式，总结分类哪些部分具有其他合法来源，哪些部分抗辩理由不力等。建议在判决文书主文后附上抄袭比对的列表，以及不同抗辩方式、认定归类的附表说明，使当事人一目了然，不再认为法院对侵权事实的认定不清。

总之，涉及描写以历史事实为题材的作品的独创性要结合作品来分析，要看作者是否发挥了自己的创作空间，加入了自己的具有智力创造性的文字。同时，涉及侵害该类作品著作权行为的认定，要综合作品本身的独创性空间、比对结果等条件，进行个案分析判断。

（撰稿人：冯刚）

10. 侵害作品改编权的判断标准

——北京时代嘉华文化传媒有限公司与北京巨海传媒有限公司侵害作品改编权纠纷案

案件索引：北京市朝阳区人民法院（2011）朝民初字第 24269 号，2012 年 1 月 17 日判决；北京市第二中级人民法院（2012）二中民终字第 04623 号，2012 年 3 月 19 日判决。

基本案情

原告北京时代嘉华文化传媒有限公司（简称时代嘉华公司）诉称：我公司独家拥有将视频剧《老男孩》（简称涉案视频剧）改编成话剧的权利。2011 年 4 月，被告北京巨海传媒有限公司（简称巨海传媒公司）在北京市朝阳区 1919 小剧场公开演出了话剧《再见"李想"》（简称涉案话剧）。经比对，涉案话剧在人物设置和人物关系、主要剧情和戏剧冲突、人物形象设计、所使用的音乐等方面均与涉案视频剧相同或近似，属于以话剧的形式使用了涉案视频剧的内容，构成了对涉案视频剧的改编。巨海传媒公司未经许可擅自对涉案视频剧进行改编，侵犯了我公司对涉案视频剧享有的话剧改编权，给我公司造成了巨大经济损失，也使社会对涉案视频剧的话剧改编的认识产生了混淆。故我公司要求巨海传媒公司：不得继续演出涉案话剧，在《北京晚报》上刊登启事消除影响，赔偿我公司经济损失 460000

元及为本案支出的合理费用 30400 元。

被告巨海传媒公司辩称：原告主张享有涉案视频剧的话剧改编权的依据不足；涉案话剧是由我公司自行创作、编排、演出的，我公司并未对涉案视频剧进行改编；涉案话剧与涉案视频剧虽然有相似之处，都反映了相同的题材，但两者在时长、定位、人物设置、故事情节、所使用的音乐等方面还是有很大区别的；原告未举证证明我公司演出涉案话剧给其造成了巨大的经济损失，故其要求我公司赔偿经济损失的主张不能成立。综上，我公司请求法院驳回其诉讼请求。

法院经审理查明：肖央曾与中国电影集团公司制片分公司（简称中影集团制片分公司）签订《〈老男孩〉制作合同书》，约定中影集团制片分公司委托肖央进行《老男孩》短片电影制作。中影集团制片分公司为本片的出品方，负责提出制作要求、提出修改意见、进行作品验收、对该片进行宣传等。肖央负责该片剧本的创作、拍摄制作和后期剪辑，并保证电影剧本、音乐的原创性及版权拥有等。中影集团制片分公司、优酷网和肖央拥有该短片电影的全部版权及其相关附属权利。

2010 年 10 月 28 日，涉案视频剧在优酷网上首播，片头署名中国电影集团公司、优酷网联合出品，肖央导演 / 编剧，片尾署名中影集团制片分公司制作。

2011 年 4 月 2 日，肖央与时代嘉华公司签订《授权合同》，约定肖央将涉案视频剧改编成话剧并在中国大陆地区演出的权利，以独占、专有的方式授权给时代嘉华公司。授权期限为合同签订之日起 36 个月。同时，肖央同意时代嘉华公司在话剧演出中使用肖央拥有著作权的歌曲、同意以"筷子兄弟"的名义免费参加前五场话剧《老男孩》的演出、协助时代嘉华公司进行话剧剧本改编、提供照片等资料、出席时代嘉华公司安排的媒体见面会等。时代嘉华公司取得肖央授权后，自行负责涉案视频剧的话剧改编、排练和演出。诉讼中，时代嘉华公司陈述其现正在将涉案视频剧改编为话剧，该话剧目前尚未上演。

2011年4月7日至24日，巨海传媒公司在北京市朝阳区1919小剧场演出了涉案话剧。巨海传媒公司称其于该时间段内共演出涉案话剧12场，该1919小剧场共有约250个座位。在涉案话剧演出门票上记载有涉案话剧的出品方为巨海传媒公司。在涉案话剧演出前，中国青年网、腾讯网、中国戏剧网都登载有涉案话剧即将上演的报道，称由巨海传媒公司出品的涉案话剧即将于4月7日在1919小剧场上演，4月7日至24日每周四、五、六、日上演，首轮共计12场。

将涉案话剧与涉案视频剧进行具体比对，两者在故事线索、人物和人物关系、主要故事情节等方面基本一致，只是在有一些故事情节的具体处理上、人物形象刻画上稍有不同。

判决与理由

北京市第二中级人民法院在二审中查明的事实与一审相同。

北京市第二中级人民法院认为肖央享有将涉案视频剧改编为话剧的权利。后时代嘉华公司根据《授权合同》以独占、专有的方式取得了涉案视频剧的话剧改编权。

涉案视频剧从制作手法上讲是一部电影作品。在电影作品创作中，人物及人物之间的关系往往是通过具体故事情节来刻画和描述的，而故事情节又往往是围绕人物为中心展开的，人物及人物之间的关系与具体的故事情节相互融合，形成表现思想情感的整体表达方式，故人物设置、人物关系及具体故事情节等融合而成的具有独创性的内容应当是著作权法所保护的电影作品的内容。在判断一个作品是否使用了另一个作品的内容、是否构成侵权时，除需要对人物、人物关系、具体故事情节等分别比对外，还需要对人物及人物关系与故事情节所融合而成的内容进行整体比对、综合判断。涉案视频剧应受著作权法保护。

我国著作权法规定，改编权是改变作品，创作出具有独创性的新作品的权利。一般来讲，改编必须是在使用原作品独创性内容的基础上又对原作品内容进行了修改，从而产生了新的作品。因此，判断一个作品是否构成对另一个作品的改编，除了要考察作品类型是否有所改变外，更重要的是，还需要考察前者是否在使用后者独创性内容的基础上又对后者内容进行了修改，从而产生了新的作品。本案中，从对涉案视频剧和涉案话剧进行的比对来看，涉案话剧中的确有一些具体的故事情节和人物设置在涉案视频剧中是没有的或者是不够具体、丰满的，这体现了涉案话剧具有的独创性内容。但是，涉案话剧和涉案视频剧所讲述的整体故事内容及设置的故事线索基本是一致的，更为重要的是两者在众多的主要具体故事情节的安排、人物设置和人物关系等方面几乎完全相同或实质性近似，甚至连演员所说的台词、有些人物名称等细节处都基本一致或实质性近似。故从人物及人物关系与具体故事情节相互融合所形成的整体内容来看，两者构成了实质性近似。这已经超出了因独立创作而产生雷同或巧合的程度。涉案视频剧又发表在涉案话剧上演之前，巨海传媒公司具有接触涉案视频剧的客观条件。故本院认定涉案话剧使用了涉案视频剧的独创性内容，属于在此基础上再创作而产生的不同于涉案视频剧类型的新作品，即涉案话剧属于对涉案视频剧的改编。巨海传媒公司改编涉案视频剧并未经过时代嘉华公司的许可，侵犯了时代嘉华公司对涉案视频剧享有的话剧改编权，并在一定程度上导致了社会公众对涉案话剧和涉案视频剧之间关系的混淆和误认，产生了不良社会影响。

对于赔偿经济损失的具体数额，本院综合考虑涉案视频剧和涉案话剧的知名度和影响力、时代嘉华公司购买涉案视频剧的话剧改编权所支付的对价、1919小剧场的规模、涉案话剧的演出时段和场数、涉案话剧演出门票的价格、涉案话剧对涉案视频剧改编的程度、巨海传媒公司主观过错程度等因素，酌情确定本案赔偿数额。

评　析

本案例涉及的核心问题是对侵犯改编权的司法判断标准问题，但在侵权成立后确定赔偿数额时是否应考虑非法改编形成的新作品的合理收益，以及非法改编形成的新作品是否受著作权法的保护等问题亦是本案需要着重解决的焦点问题，并对相关案例具有一定的指导意义。

一、侵犯改编权的司法判断思路及标准

根据《著作权法》第10条第（十四）项规定：改编权，即改变作品，创造出具有独创性的新作品的权利。由此可见，改编权是指在原作品的基础上，通过改变作品的表现形式或用途，创造出具有独创性的新作品的权利。从性质上说，改编是对已有作品的演绎行为之一，改编主要是在保留了原有作品的情节、内容的基础上，通过改变作品的表现形式或者用途，创造出具有独创性的新作品。改编权是著作财产权中的一个重要权项，其既可以由著作权人行使，亦可以通过转让的方式将作品的改编权转让给受让人，受让人依法享有该作

品的改编权并排除他人干涉的行为。因此，在司法实践中，判断侵犯改编权的思路是首先审查改编权的权利主体，再判断涉案被诉行为是否为改编行为，最后看改编行为是否有法定的免责理由。

在本案中，根据涉案视频剧的《〈老男孩〉制作合同书》及中影集团制片分公司的说明，可以确认肖央享有将涉案视频剧改编为话剧的权利，即涉案视频剧的话剧改编权。同时，肖央又于 2011 年 4 月 2 日与时代嘉华公司签订《授权合同》，将涉案视频剧的话剧改编权转让给时代嘉华公司，期限为自 2011 年 4 月 2 日起 36 个月，因此，本案中时代嘉华公司通过转让的方式取得了涉案作品的改编权并有权排除他人侵害的行为，其是涉案作品改编权的权利主体。

被告的涉案被诉行为是否是对原告作品进行改编的行为是本案判断的焦点问题。根据著作权法的规定可知，改编权的核心内涵是改变在先作品，创造出具有独创性的新作品，同时，改编作品与在先作品之间又必须具有表达上的实质性相似，只有在保留在先作品基本表达的情况下通过改变在先作品创作出新作品，才是著作权法意义上的改编行为，否则该改编完成的作品即属于独立创作完成的新作品，与在先作品不存在关联，亦不涉及对在先作品的侵权。因此，在司法实践中判断一部作品是否构成对另一作品的改编，关键还是判断表达是否构成实质性相似；而对两部作品相似成分的比对，应首先剔除在先作品中的思想成分及非独创性表达成分，从而确定在先作品的独创性表达。接下来判断独创性表达成分是否足以构成实质性相似，即在后作品是否保留了在先作品的基本内容、核心情节，从而构成改编作品。本案中，涉案话剧和涉案视频剧所讲述的整体故事内容及设置的故事线索基本是一致的，更为重要的是两者在众多的主要具体故事情节的安排、人物设置和人物关系等方面几乎完全相同或实质性近似，甚至连演员所说的台词、有些人物名称等细节处都基本一致或实质性近似。故从人物及人物关系与具体故事情节相互融合所形成的整体内容来看，两者构成了实质性近似。同时，从对涉案视频剧和涉案话剧进行的比对来看，涉案话剧中有一些具体的故事情节和人物设置在涉案视频剧中是没有的或者是不够具体、丰满的，比如围绕喜力这个人物所展开的故事情节在涉案话剧中有而在涉案视频剧中没有，围绕校花这个人物所展开的故事情节在涉案话剧中较为具体和丰满，而在涉案视频剧中不够详细和具体，这体现了涉案话剧具有的独创性内容。由此可见，涉案话剧构成了对涉案视频剧的改编。

本案中，涉案话剧对涉案视频剧的改编未经话剧改编权人时代嘉华公司授权许可，这种情况是否必然构成侵权？这里还需要对改编行为是否构成合理使用进行判断。根据《著作权法》第 22 条第（九）项的规定，"免费表演已经发表的作品，该表演未向公众收取费用，也未向表演者支付报酬"，可以不经著作权人许可，不向其支付报酬，但应当指明作者姓名、作品名称，并且不得侵犯著作权人依照本法享有的其他权利。由于本案涉案话剧经巨海传媒公司改编后在北京市朝阳区 1919 小剧场经营商业性演出，亦没有指明作者姓名、作品名称，由此可见，该行为已经超出了合理使用的范畴，不属于法律规定的免责事由。

二、非法改编形成的新作品是否应当受到著作权法的保护

法律规定改编权是改变作品，创作出具有独创性的新作品的权利。虽然未经授权，但经过改编形成的具有独创性的作品是一个新的作品。根据《著作权法实施条例》第 2 条的规定，著作权法所称作品，是指文学、艺术和科学领域内具有独创性并能以某种有形形式复制的智力成果。改编行为是一种事实行为，它并不以原著作权人的同意为实施的必要条件。虽未经作者同意改编其作品，但这种改编行

为亦付出了智力劳动并具有一定的创造性，形成了有别于原作品的新作品，实际上是一种演绎作品。

那么，这种非法改编的作品是否可以获得著作权法的保护是一个目前理论界尚存争议的问题。我国《著作权法》并未对此进行明确规定。但从著作权法保护的对象特征来分析，只要具有一定独创性并能以某种有形形式复制的智力成果都属于著作权法保护的对象，那么，改编作品不论是否取得原权利人授权，但就最终形成的改编作品而言应该给予著作权法的保护。但是，由于改编作品未取得合法授权，从权利取得方面将不具有正当性，其所受到的保护亦应有所区别。美国著作权法规定演绎作品的版权只涵盖演绎者所创作出来的部分，不延及原作品的任何部分。美国1990年的"阿本德"案确立的规则为：演绎作品中由演绎作者所加入的方面，是该作者的财产。但从已有作品中抽取出的因素，仍然属于已有作品的作者。[1]也就是说，未经授权进行改编而创作的作品，其受到著作权法保护的部分应该是基于改编行为而创作的内容，即有别于原作品的新的表达。同时，该改编作品在实现权利时不能侵犯原作品所享有的相关权利。也就是说，改编作品如果要进行传播势必会同时涉及原作品的传播，在未经原权利人同意的情况下，一旦进行传播即有侵权之风险。从实际上来讲，这种改编作品具有的仅仅是消极权利，即只有当他人未经许可使用了基于改编行为创作的新的表达部分时，该改编作品权利人才可以依据著作权法来主张自己的权利。

---

① *Steward v. Abend*,110S.Ct.1750.14 USPQ 1622（1990）.

三、确定赔偿数额时是否应考虑保留一定比例的收益给非法改编作品的问题

在著作权侵权案件中，判定赔偿数额时首先应当按照权利人的实际损失给予赔偿，但未经权利人同意擅自进行改编的行为给权利人造成的损失一般很难有证据可以证明。在本案中，改编权人并未就涉案视频剧进行改编，仅仅就改编做了一些准备，但其话剧市场潜在的获利可能因为侵权行为而不可避免地受到影响，这部分损失是难以计算的。同时，法律规定实际损失难以计算时，可以按照侵权人的违法所得给予赔偿。本案中，涉案侵权话剧共演出 12 场，该 1919 小剧场共有约 250 个座位，票价分别为 120 元、180 元、380 元。但对于上座率、话剧演出的广告收入等均无证据给予证明，因此，亦无法计算出侵权人的违法所得。最终法院根据侵权行为的情节，综合涉案视频剧和涉案话剧的知名度和影响力、巨海传媒公司主观过错程度判定赔偿数额。

但在法院酌定赔偿数额时，对于是否应该考虑保留一定比例的收益给改编后的作品是有不同意见的。法律在规定酌情判定侵权数额时考虑的因素为侵权行为的情节，但侵权行为的情节又受到多种因素的影响。因此在酌定赔偿数额时，有观点认为，鉴于非法改编的作品享有著作权的消极权能，其不可能通过传播来获得利益，因此，不应考虑给予其一定比例的收益。但有观点认为，尽管涉案话剧是侵权作品，但其亦经过自身创作性智力劳动，应该按照其创作的比例给予其相应比例的经济利益，否则显失公平，亦不能达到著作权法所追求的鼓励创作之目的。从著作权法鼓励创作和传播的立法目的来看，其基础是通过保护作品的著作权来实现的，这里保护的应该是合法取得的著作权而并非未经授权许可进行的非法创作的作品。非法创作的作品因为缺乏权利基础，其传播必然受到原权利人权利

的限制，因此，其不可能基于传播而获得经济利益。同时，作品是一个完整的整体，尽管可以区分出哪一部分是原作品的独创部分，哪一部分是因为改编行为而创作的部分，但获得经济收益却不能基于这种划分而给予等同的分配。这不仅仅是因为原作品独创性部分与改编的新创作这两部分对经济收益的贡献不同，更是因为后者依赖于前者而实现，其本身没有合法基础。最终，法院在酌定赔偿数额考虑侵权行为情节时，并没有考虑给予非法改编作品保留一定比例的经济收益。

（撰稿人：张玲玲）

11. 民间文学艺术作品的署名权保护

——贵州省安顺市文化和体育局与张艺谋、张伟平侵害著作权纠纷案

案件索引：北京市西城区人民法院（2010）西民初字第 2606 号，2011 年 5 月 24 日判决；北京市第一中级人民法院（2011）一中民终字第 13010 号，2011 年 9 月 14 日判决。

基本案情

本案涉及国家级非物质文化遗产"安顺地戏"。"安顺地戏"是流行于我国贵州省安顺地区的一种地方戏剧。2006 年 6 月，国务院将"安顺地戏"列为国家级非物质文化遗产。2005 年发行的电影《千里走单骑》使用了"安顺地戏"的戏剧表演《千里走单骑》，但在使用时将其称之为"中国云南面具戏"。

针对上述电影中的使用行为，安顺市文化和体育局认为，"安顺地戏"是国家级非物质文化遗产，属于《著作权法》第 6 条规定的民间文学艺术作品，涉案电影中将安顺地戏称之为"云南面具戏"，却未在任何场合对此予以澄清，其行为构成了对安顺地戏这一"民间文学艺术作品"的"署名权"的侵犯，违反了《著作权法》对于民间文学艺术作品署名权保护的相关规定，构成著作权侵权行为。据此，其将涉案电影的出品人新画面公司、制片人张伟平、导演张

187

艺谋诉至法院，要求各被告再行使用影片《千里走单骑》时，应当注明"片中的云南面具戏实际上是'安顺地戏'"。

判决与理由

北京市西城区人民法院一审认为："安顺地戏"作为国家级非物质文化遗产，应当依法受到国家的保护、保存，任何使用者包括出品人、制片人、编剧和导演等都应当尊重和保护非物质文化遗产。但涉案电影《千里走单骑》将真实存在的"安顺地戏"作为一种文艺创作素材用在影片《千里走单骑》作品中，就戏剧表演的配器及舞台形式加以一定的改动，使之表现形式符合电影创作的需要，并将其称为在现实中并不存在的"云南面具戏"，这一演绎拍摄手法符合电影创作的规律，区别于不得虚构的新闻纪录片。各被告在主观上并无侵害非物质文化遗产的故意和过失，从整体情况看，也未对"安顺地戏"产生法律所禁止的歪曲、贬损或者误导混淆的负面效果。据此，北京市西城区人民法院依照《著作权法》第3条、第6条、第9条、第10条、第11条，《著作权法实施条例》第19条之规定，判决驳回安顺市文化和体育局之诉讼请求。

安顺市文化和体育局不服，提起上诉。

北京市第一中级人民法院二审认为：

本案涉及的是"安顺地戏"的保护问题，因"安顺地戏"由安顺地区的人民世代相传、继承、丰富而成，并不归属于某个特定民事主体，因此，当他人的使用行为对这一文化遗产造成损害时，难以由特定的公民、法人或其他组织主张权利。作为安顺地戏的管理及保护机关，原告安顺市文化和体育局有资格代表安顺地区的人民就他人侵害安顺地戏的行为主张权利并提起诉讼，因此，其与"安顺地戏"具有直接利害关系，有权作为原告提起本案诉讼。

对于被告新画面公司、张伟平、张艺谋是否均应对被控侵权行为承担民事责任，法院认为，虽然《著作权法》中对因电影作品产生的民事责任的承担主体并无明确规定，但对其著作权的权属却有明确规定，即制片者享有电影作品的著作权。基于民事权利与民事责任相对等的原则，电影作品的制片者在行使权利的同时，亦当然应承担基于该电影作品而产生的民事责任。因此，本案中，新画面公司作为制片者应对涉案电影产生的侵权行为承担责任，张艺谋及张伟平因其并非涉案电影的制片者，故不应对被控侵权行为承担责任。

对于本案的核心问题，即涉案电影中"安顺地戏"的使用方式是否构成对"安顺地戏"署名权的侵犯，法院认为，《著作权法》第10条规定，署名权，即表明作者身份，在作品上署名的权利。由该规定可知，署名权的权利主体是作者，权利客体是具体的作品，权利内容是在作品上对作者名称予以标注。他人只有在未经许可实施了上述署名权控制的署名行为时，该行为才可能构成对署名权的侵犯。本案中，因"安顺地戏"既非署名权的权利主体，亦非署名权的权利客体，而涉案电影中虽实施了将"安顺地戏"称之为"云南面具戏"的行为，但这一使用行为并非《著作权法》意义上的署名行为，故依据《著作权法》的规定，上述行为不可能构成对"安顺地戏"署名权的侵犯。基于此，北京市第一中级人民法院依照《中华人民共和国民事诉讼法》第153条第1款第（一）项之规定，判决驳回上诉，维持原判。

评　析

　　本案因涉及"安顺地戏"这一非物质文化遗产的著作权法保护问题而广受关注。一、二审法院尽管采用的理由有所不同，但最终均驳回了原告安顺市文化和体育局的诉讼请求，认为依据《著作权法》的规定，涉案电影《千里走单骑》中的使用行为并未构成侵犯署名权的行为。该案宣判后引来一些不同声音。作为该案二审法官，笔者尝试在本文中对判决中已阐明的判决理由做更为详尽的分析，以使读者对这一案件的审理有更为清晰的认识。

一、《非物质文化遗产法》与《著作权法》的关系

　　因本案涉及非物质文化遗产的著作权法保护问题，因此，在本案的审理中首先应明晰《非物质文化遗产法》保护与《著作权法》保护之间的关系。通读《非物质文化遗产法》可以发现，该法侧重行政保护，强调的是各级文化管理部门对非物质文化遗产的认定及保护、保存工作。对于非物质文化遗产的"民事保护"，该法并未涉及。不仅如此，该法第44条明确规定，使用非物质文化遗产涉及知识产权的，适用有关法律、行政法规的规定。由此可知，"安顺地戏"被认定为国家级非物质文化遗产这一事实仅意味着其应受《非物质文化遗产法》的保护，至于其是否受《著作权法》保护，还要看其是否符合《著作权法》的相应规定。

二、民间文学艺术作品保护的法律依据

　　本案中，原告认为"安顺地戏"不仅属于非物质文化遗产，亦属于受《著作权法》保护的"民间文学艺术作品"，并据此主张"安顺地戏"作为"民间文学艺术作品"的署名权。

对于民间文学艺术作品这一特殊类型的作品，《著作权法》只在第6条中规定，"民间文学艺术作品的著作权保护办法由国务院另行规定"，除此之外并无具体规定。迄今为止，国务院尚未制定出有关民间文学艺术作品的著作权保护办法，但这并不意味着无法对民间文学艺术作品提供著作权法保护。因这一规定系设立在《著作权法》中，意味着国务院将来出台的民间文学艺术作品的保护办法应符合《著作权法》的相关规定，故在相关保护办法尚未出台的情况下，法院可以依据《著作权法》的基本原则和规定对民间文学艺术作品提供保护，包括对其署名权的保护。

三、对著作权法署名权的理解

本案中，因原告主张"安顺地戏"作为民间文学艺术作品的署名权，因此本案认定的关键在于如何理解《著作权法》中的署名权。《著作权法》第10条规定，署名权，即表明作者身份，在作品上署名的权利。由该规定可以看出，署名权的权利主体是作者，权利客体是具体的作品，权利内容是在作品上对作者名称予以标注。署名权中的"名"指的是权利主体（即作者）的名称，而非权利客体（即作品）的名称，《中华人民共和国著作权法释解》中亦指出该权利的应有之义是作者有表明以及不表明作者身份的权利。他人只有在使用作品而未署"作者"的名称时，其行为才可能构成对署名权的侵犯，至于是否标注了"作品"的名称，则并非署名权调整的范围。①

基于对署名权的上述理解，笔者认为，因为本案原告主张的是对"安顺地戏"的署名权，因此，除非"安顺地戏"构成作品（署

---

① 本案原告认为署名权的"名"应理解为既包括"作者"的名称，亦包括"作品"的名称，这一理解有误。

名权权利客体），且"安顺地戏"可以被认定为是作者的名称或对作者合理的署名方式（署名权权利主体），否则原告无法要求他人在使用安顺地戏时标注"安顺地戏"这一名称。

对于"安顺地戏"是否构成作品，笔者认为，依据著作权法基本原理，只有对思想的具体表达才可能构成受著作权法保护的作品。就"安顺地戏"而言，其与"京剧"、"评剧"等传统剧种一样，均仅是戏剧的具体种类之一，是对符合特定特征的戏剧剧目的总称。因任何剧种均并不表达"具体"的思想感情，"安顺地戏"亦不例外，故"安顺地戏"不构成作品，不能成为署名权的权利客体，任何主体均不可能对"安顺地戏"享有著作权中的署名权。

但笔者同时希望指出的是，"安顺地戏"不构成作品不等同于其中的"具体剧目"不构成作品，二者不能混为一谈。就具体剧目而言（如涉案电影中使用的《千里走单骑》等剧目），因其均系对具体的思想感情的表达，故属于受《著作权法》保护的作品，民事主体可以针对具体剧目享有署名权。只是因本案中，原告明确主张的是"安顺地戏"的署名权，而非其"具体剧目"的署名权，故法院对"具体剧目"的署名权未予论及。

在此基础上，对于"安顺地戏"是否为署名权的权利主体，笔者认为，依据通常理解，作者系署名权的权利主体，而作为剧种的"安顺地戏"显然并非民事主体，其不可能成为作者，因此当然不能成为署名权的权利主体。但笔者想指出的是，对于民间文学艺术作品的署名，要考虑此类作品的特殊性。《中华人民共和国著作权法释解》亦指出，与通常的作品相比，该类作品的典型特征之一在于其作者具有不确定性（即很难确定哪个特定主体是民间文学艺术作品的作者）和群体性（即作者通常是创作该民间文学艺术作品的社会群体，其既可能是民族，亦可能是社区①)，因此，在考虑民间文学艺术作品应如何进行署名、哪种署名方式系合适的署名方式时，其所具有的这一特性是我们不得不加以考虑的问题。鉴于本案中仅从署名权的权利客体角度即可以驳回原告的诉讼主张，并未进一步涉及署名方式的问题，故笔者不宜在本文中进行深入探讨。笔者在此仅想强调的是不应仅因"安顺地戏"并非民事主体，而认定这一标注方式当然地并非著作权法所允许的署名方式。

四、对署名行为的理解

本案中，原告如欲证明被告的行为属于侵犯署名权的行为，除应证明其有权主张署名权外，亦应同时证明被控侵权行为属于《著作权法》中署名权所控制的署名行为。否则，即便原告有权主张署名权，亦无法认定被告的行为构成对署名权的侵犯。

本案中，被控侵权行为是涉案电影中将"安顺地戏"称之为"云南面具戏"但却未予以澄清的行为，对于这一行为是否属于受署名权控制的署名行为，笔者认为，前文中已提到，署名权中的"名"指的是作者名称，因此，只有"云南面具戏"系作者名称，或者是对于作者的合理的署名方式时，才可以认定其属于署名权控制的署名行为。但基于与"安顺地戏"相同的理由可知，因现有证据尚无法证明其系对涉案电影中使用的戏剧作品的作者的合理署名方式，因此，涉案电影中对于"云南面具戏"这一名称的使用，亦属于对于特定剧种名称的使用，不属于著作权法意义上的署名行为。

五、"安顺地戏"案与"乌苏里船歌"案的区别

在现有案例中，涉及民间文学艺术作品保护的极少，最为著名

---

① 在世界知识产权组织《保护传统文化表现形式条款草案》第 1 条中即规定，传统文化表现形式的保护应延及一族人民或一个社区。

的是北京市高级人民法院终审的"乌苏里船歌"案，①该案中法院最终支持了原告的诉讼请求。在本案中，原告即以该案作为先例而要求法院对其诉讼请求予以支持。笔者认为，本案与"乌苏里船歌"案存在的以下两点不同，导致"乌苏里船歌"案中采用的原则无法适用于本案：

首先，两案原告主张的权利客体不同。"乌苏里船歌"案中原告主张的系特定的两首赫哲族民歌（即《想情郎》及《狩猎的哥哥回来了》）的著作权，而非"赫哲族民歌"这一类民歌的著作权。因上述两首特定的民歌当然构成著作权法保护的作品，因此，其受到著作权法中署名权的保护亦无疑义。但本案情况却非如此，本案原告主张的系"安顺地戏"这一剧种，而非"安顺地戏"中具体剧目的著作权，而"安顺地戏"并非作品，其当然无法受到著作权保护。

其次，两案中所涉被控侵权行为不同。"乌苏里船歌"案中针对的系被告郭颂在改编作品《乌苏里船歌》上署名为作者的行为。因《著作权法》规定的署名行为系指在作品上对作者名称予以标注的行为，因此，该案被告这一行为显然符合《著作权法》中有关署名行为的规定。但本案情况并非如此，本案的被控侵权行为是涉案电影中将"安顺地戏"称之为"云南面具戏"的行为，在现有证据尚无法证明这一标注系对涉案电影中所用戏剧作品的作者的合理署名方式的情况下，这一使用方式难以被认定为著作权法意义上的署名行为。

（撰稿人：芮松艳）

---

① 参见北京市高级人民法院（2003）高民终字第 246 号民事判决书，该案原告为黑龙江省饶河县四排赫哲族乡人民政府，被告为郭颂、中央电视台。

12. 建筑作品的保护不以建筑物载体为限

——国家体育场有限责任公司与熊猫烟花集团股份有限公司等侵害著作权纠纷案

案件索引：北京市第一中级人民法院（2009）一中民初字第4476号，2011年6月20日判决。

基本案情

2003年11月13日，国家体育场有限责任公司（简称国家体育场公司）委托Herzog & de Meuron Architekten AG（H&deM）、Ove Arup & Partners Hongkong Ltd.、中国建筑设计研究院设计国家体育场，并约定设计成果的著作财产权归属国家体育场公司。

国家体育场于2008年6月27日竣工验收。国家体育场（见图一）呈现出以下特点：（1）整体造型。东西方向窄而高，南北方向长而低，其外形呈立体马鞍型。（2）长宽比例为1∶0.88。（3）钢架结构。外观为看似随意的钢桁架交织围绕内部田径足球场。（4）色调线条搭配。在夜间灯光的映衬下，国家体育场的钢架呈现出灰蓝色，看台背板呈现出红色，灰蓝色钢架在外笼罩红色看台。（5）火炬。东北侧顶部设置了凸起用于点燃奥林匹克圣火的火炬。（6）照明。国家体育场的照明装置，安装在顶部上下弦之间的立面上，以使灯光照向田径场内。（7）田径场。国家体育场内部为绿色足球场、红色外围跑道。

图一　国家体育场照片

2009年1月14日，国家体育场公司的委托代理人以单价140元的价格购买"盛放鸟巢"烟花（见图二）三个。该产品呈现出以下特点：（1）整体造型。呈立体马鞍型，窄的两个对边高，长的两个对边低。（2）长宽比例。长40厘米，宽33.5厘米，长宽比例为1∶0.84。（3）钢架结构。外部招纸绘制了与国家体育场看似随意的钢桁架相近似的线条，其弯曲的角度和弧度、交织的频度均与国家体育场的外观相似。（4）色调线条搭配。外在色彩，采用灰蓝色线条交织覆盖红色体身的搭配设计。（5）火炬。"盛放鸟巢"在顶部一侧安放了烟花的点火点。（6）照明。"盛放鸟巢"在顶部上下弦之间的立面上绘制了灯光照明的图案。（7）田径场。"盛放鸟巢"在内部设置了绿色足球场、红色外围跑道图案。

图二　"盛放鸟巢"烟花产品照片

该产品上载明：浏阳熊猫公司制造，熊猫集团公司监制，北京熊猫公司经销。

国家体育场公司认为，其是国家体育场（鸟巢）建筑作品的著作权人。由熊猫集团公司监制、浏阳熊猫公司生产、北京熊猫公司销售的"盛放鸟巢"烟花产品模仿了"鸟巢"的独特艺术特征，剽窃了原告的创作智慧，侵犯了原告的著作权，被告亦因此获得巨大不正当利益。据此，请求人民法院判令被告：一、立即停止对原告著作权的侵犯；二、在全国性报纸上公开声明，向原告赔礼道歉，消除影响；三、赔偿原告经济损失 400 万元。

被告熊猫集团公司辩称：一、第一被告既不是被控侵权产品的生产商，也不是该产品的销售商。作为被控侵权产品的监制单位，其仅是对第二被告的烟花产品生产进行质量监控和提供技术支持。原告要求第一被告承担侵权责任没有事实和法律依据。二、原告提供的证据只能证明其享有相关作品的著作财产权，并非著作人身权，而消除影响、赔礼道歉仅适用于侵害人身权的侵权情形，故原告要求消除影响、赔礼道歉的诉讼请求不应予以支持。综上，请求驳回原告全部诉讼请求。

被告浏阳熊猫公司辩称："盛放鸟巢"烟花产品，没有侵犯国家体育场建筑作品著作权。首先，"盛放鸟巢"烟花是工业产品，不是著作权法意义上的作品，不存在对国家体育场建筑作品的剽窃或复制。其次，《著作权法》第22条第1款第（十）项规定，"对设置或者陈列在室外公共场所的艺术作品进行临摹、绘画、摄影、录像"属于对作品的合理使用，即便"盛放鸟巢"烟花包装图案模仿了国家体育场，也是对该建筑作品的合理使用，不构成任何侵权行为。综上，请求驳回原告全部诉讼请求。

被告北京熊猫公司辩称：第三被告仅为"盛放鸟巢"烟花产品的销售商，该产品有合法来源，且第三被告针对所购产品的特殊性，已经对是否侵犯他人知识产权进行了合理审查，履行了合理的注意义务，其销售行为不构成对原告著作权的侵犯。综上，请求驳回原告全部诉讼请求。

判决与理由

北京市第一中级人民法院经审理认为：

一、原告是否享有国家体育场建筑作品著作权

国家体育场属于《著作权法实施条例》所指的建筑物，其所采用的钢桁架交织围绕碗状建筑外观形象，空间结构科学简洁，建筑和结构完整统一，设计新颖，结构独特，具备了独立于该建筑物实用功能之外的艺术美感，体现出相当水准的独创性，因此，可以认定国家体育场属于《著作权法实施条例》所指称的建筑作品。原告已经取得了国家体育场建筑作品的著作财产权，其所享有的上述权利应依法得到保护。

二、"盛放鸟巢"烟花产品的制造和销售行为是否属于侵犯原告所享有的建筑作品著作权的行为

对建筑作品著作权的保护，主要是对建筑作品所体现出的独立于其实用功能之外的艺术美感的保护，因此，在没有合理使用等合法依据的情况下，未经建筑作品著作权人许可，以剽窃、复制、发行等方式对建筑作品所体现出的艺术美感加以不当使用、损害著作权人合法权益的行为，构成对建筑作品著作权的侵犯。

"盛放鸟巢"烟花产品外形呈椭圆形，中部镂空，且在整体造型、长宽比例、钢架结构、色调线条搭配、火炬等方面采用了与国家体育场外观相同或者近似的设计，较为全面地体现出国家体育场建筑

作品所采用的钢桁架交织围绕碗状结构的独创性特征，构成了对国家体育场建筑作品的高度模仿，系对国家体育场建筑作品独创性智力成果的再现，与国家体育场构成实质性相似。对"盛放鸟巢"烟花产品的制造和销售，构成对国家体育场建筑作品的复制和发行。

如上所述，对建筑作品著作权的保护，主要是对建筑作品所体现出的独立于其实用功能之外的艺术美感的保护。只要未经权利人许可，对建筑作品所体现出的艺术美感加以不当使用，即构成对建筑作品著作权的侵犯，而不论此种使用是使用在著作权法意义上的作品中，还是工业产品中，亦即不受所使用载体的限制。因此，被告浏阳熊猫公司辩称"盛放鸟巢"烟花产品是工业产品，不是著作权法意义上的作品，不存在对国家体育场建筑作品的剽窃或复制的抗辩主张缺乏法律依据，不能成立。

虽然《著作权法》第22条第1款第（十）项规定，对设置或者陈列在室外公共场所的艺术作品进行临摹、绘画、摄影、录像，属于对作品的合理使用，但是首先，《著作权法》的该项规定明确将这种合理使用限定在"临摹、绘画、摄影、录像"四种方式内，而不包括这四种方式之外的其他使用方式，本案被告对于国家体育场设计的使用明显不属于上述使用方式。其次，合理使用制度的目的主要是保护公共利益，被告将原告建筑作品应用于烟花产品上，纯粹是基于商业目的，若将该行为视为合理使用亦不符合合理使用的立法目的。再次，在判断是否构成合理使用时，需要考虑该使用方式是否会影响到作品的价值或者潜在市场，亦即是否会影响权利人对该作品的正常使用。作品的正常使用，是指在一般情况下人们可能合理地预期到的作者利用其作品的各种方式，包括作者所预期的现实存在的作品使用方式和未来可能出现的作品使用方式。将建筑设计应用到其他产品上属于可以预见的使用方式，被告的行为直接影响到原告对其作品的二次商业化利用，会不合理地损害原告的利益。因此，本案被告对国家体育场建筑作品的使用行为，不属于《著作权法》第 22 条第 1 款第（十）项规定的合理使用的情形，被告浏阳熊猫公司的该项辩解主张不能成立。

综上，在没有证据证明征得了原告许可的情况下，"盛放鸟巢"烟花产品的制造和销售侵犯了原告对国家体育场建筑作品享有的复制权、发行权。

三、各被告应当承担的民事责任

被告浏阳熊猫公司和熊猫集团公司实施了剽窃、复制、发行侵犯原告建筑作品著作权的行为，应当共同承担停止侵害、赔偿损失的民事责任。被告北京熊猫公司为"盛放鸟巢"烟花产品的经销者，仅需承担停止侵权的法律责任。赔礼道歉、消除影响系对著作人身权受到损害后的救济方式，而原告并未获得国家体育场建筑作品的著作人身权，因此，原告要求被告赔礼道歉、消除影响的诉讼请求缺乏事实和法律依据。

综上，判决被告熊猫集团公司、被告浏阳熊猫公司停止制造、销售"盛放鸟巢"烟花产品，共同赔偿原告经济损失十万元，诉讼合理支出二千四百九十七元九角；被告北京熊猫公司停止销售"盛放鸟巢"烟花产品。

一审宣判后，各方当事人均未提起上诉。

评　析

建筑作品是我国在 2001 年对《著作权法》进行修改时新增加的著作权保护客体。《著作权法实施条例》第 4 条规定："建筑作品是指以建筑物或者构筑物形式表现的有审美意义的作品。"虽然上述规定给予了建筑作品明确的定义，但是对建筑作品的保护范围并没有具体的界定，使得在具体适用法律时，仍然存在较大的争议空间。法官在本案审理过程中即面临了两个分歧较大的问题，一是建筑作品的保护是否以建筑物载体为限？二是将建筑设计应用到其他工业产品上是否构成对建筑作品的合理使用？

一、建筑作品的保护是否以建筑物载体为限

从建筑作品的定义可以看出，其特别强调了建筑作品要以建筑物或者构筑物形式表现。在审判实践中，如果未经许可，将他人建筑作品进行复制，建造另一建筑物构成侵权，似乎没有争议。而在本案中，被告系将原告"鸟巢"的建筑设计应用到烟花产品上，并未以建筑物或者构筑物的方式来体现"鸟巢"的建筑设计，由此带来的疑问是，建筑作品的保护是否以建筑物为载体？要解决这个问题，我们首先需要回答建筑作品的保护对象是什么？

作品是著作权法保护的对象，具有无体性，这是作品区别于有体物的特性。载体是公众得以感知作品的媒介，其本身不是作品，也不构成作品的部分。尽管任何作品都离不开载体，但作品并不是载体。因此，载体不是著作权法保护的对象，当然也不应当成为作品受保护的限制。

建筑作品属于作品的一种类型，同样应当具备无体性的特征。虽然建筑作品以建筑物或构筑物方式体现，但建筑物或构筑物这一载体仅仅对于建筑作品区别于其他类型的作品时具有意义，而不能成为对建筑作品进行保护时的限制。在本案中，法官特别强调，对建筑作品的保护，主要是对建筑作品所体现出的独立于其实用功能之外的艺术美感的保护，而艺术美感恰恰是可以与其载体分离的。是否以建筑物或者构筑物体现，仅仅决定其作品的性质是建筑作品

还是艺术作品，或者是其他作品，而并不决定其是否能够获得保护。因此，建筑作品的保护不应以建筑物载体为限，并最终判决被告将原告"鸟巢"的建筑设计应用到烟花产品上，构成对原告建筑作品著作权的侵犯。

二、将建筑设计应用到其他工业产品上是否构成对建筑作品的合理使用？

根据我国著作权法的规定，作者对于其创作的作品享有著作权，他人未经许可不得使用。但是著作权法同时对于著作权人的权利作出了限制性规定，即在特定情况下，允许他人自由使用已有作品而不必征得著作权人的许可，亦无须支付报酬，这就是合理使用制度。建立合理使用制度的目的在于照顾社会公共利益，防止著作权人滥用其权利，以更好地促进科学技术的发展和文化的繁荣。该制度存在的主要考虑是不允许使用他人作品会阻碍自由表达与交流思想，它最关注的是非营利目的的使用。

《著作权法》第 22 条第 1 款以列举形式规定了著作权合理使用的十二种情形，其中第（十）项规定，"对设置或者陈列在室外公共场所的艺术作品进行临摹、绘画、摄影、录像"，属于对作品的合理使用。该规定有两个适用条件，从适用的对象看，应限定为设置或者陈列在室外公共场所的艺术作品；从使用方式看，应限定为临摹、绘画、摄影、录像等平面复制的行为。

建筑作品虽然具有实用功能，但其同时具有艺术性，所以，建筑作品应当属于艺术作品的一种，对于"鸟巢"等室外建筑作品的保护，应当受到《著作权法》第 22 条第 1 款第（十）项的限制。由此看来，对于建筑作品的使用方式将决定其使用行为是否构成合理使用。

本案中，被告生产、销售的"盛放鸟巢"烟花的立体造型完全系模仿"鸟巢"建筑作品的造型，其同时利用印刷有钢架结构、夜景效果的招纸进行装饰，使受众可以明显感受到该烟花利用了"鸟巢"建筑作品的核心设计和艺术精华，系以立体的方式再现"鸟巢"建筑作品。因此，"盛放鸟巢"烟花并非通过临摹、绘画、摄影、录像等平面方式使用"鸟巢"建筑作品，不构成《著作权法》第22条第1款第（十）项规定的合理使用。

虽然著作权法列举了一些特定的合理使用行为，但是，在司法实践中并不能简单地以是否被列入有限分类的行为而确定是否为合理使用。在确定被告行为是否为合理使用时，应当考虑的因素包括：使用的目的和性质、作品的性质、作为一个整体的作品被使用的量和实质部分、使用效果对著作权作品的潜在市场和价值的影响。因此，本案还从合理使用制度的目的以及被告使用方式是否会影响到原告作品的价值或者潜在市场两个方面进行了论证，并得出被告行为不构成合理使用的结论。

（撰稿人：姜颖）

13. 互联网电视涉及的侵权判定问题

——北京优朋普乐科技有限公司与 TCL 集团股份有限公司、深圳市迅雷网络技术有限公司等侵害信息网络传播权纠纷案

案件索引：北京市第二中级人民法院（2010）二中民初字17910 号，2010 年 9 月 27 日判决；北京市高级人民法院（2010）高民终字 2581 号，2011 年 4 月 20 日判决。

基本案情

北京优朋普乐科技有限公司（简称优朋普乐公司）称该公司享有电影作品《薰衣草》的独占信息网络传播权，被告 TCL 集团股份有限公司（简称 TCL 公司）在其生产的"MiTV 互联网电视机"中内置互联网自动搜索下载功能的模块以实现对涉案电影的搜索下载，涉案电影的搜索下载等操作固定指向被告深圳市迅雷网络技术有限公司（简称迅雷公司）的视频搜索平台和视频资源门户，且搜索下载技术也由被告迅雷公司提供。因此，两被告未经原告许可实施的上述行为共同侵犯了原告享有的信息网络传播权。被告国美电器有限公司（简称国美公司）明知"MiTV 互联网电视机"的上述功能系专门用于侵权影视作品的下载与播放，还突出将之作为卖点予以销售，牟取非法利益，依法应当承担相应责任。故原告诉至法院，请

求判令：1. 被告 TCL 公司停止生产"MiTV 互联网电视机"，并拆除尚未出售电视机的互联网功能模块；被告 TCL 公司和迅雷公司停止通过信息网络传播涉案作品《薰衣草》的行为；被告国美公司停止销售涉案电视机；2. 被告 TCL 公司和迅雷公司分别在其官方网站"www.tcl.com"和"www.xunlei.com"网站首页的显著位置以与其他正文字号相同的方式刊登向原告赔礼道歉的声明，声明内容应当事先经法院审核认可并持续保留 1 个月；3. 三被告连带赔偿原告经济损失 20 万元及制止侵权行为的合理开支 12000 元，并承担本案诉讼费用。

被告 TCL 公司辩称：第一，原告对涉案作品不享有信息网络传播权，其无权提起本案诉讼。涉案电影作品《薰衣草》未取得《电影片公映许可证》，不能发行上映，原告未提交《薰衣草》的正版光盘。而且，原告提交的权利证书和发行权证明书等有瑕疵，不能证明涉案影片的原始权利人为嘉禾电影（中国）有限公司，不能证明原告取得涉案电影作品的信息网络传播权。第二，原告要求 TCL 公司停止生产涉案电视机或是拆除其中的互联网功能模块没有法律依据。TCL 公司生产的涉案"MiTV 互联网电视机"在传统的电视机上增加了互联网搜索下载功能模块，通过该模块消费者可以搜索并下载相关内容由电视机播放，具有实质非侵权用途。即使侵犯了原告的信息网络传播权，TCL 公司也仅应承担停止在互联网上传播涉案作品的法律责任。第三，TCL 公司是网络设备提供者，与迅雷公司不构成共同侵权。用户使用互联网电视机时，TCL 公司不对用户下载观看的影视作品进行选择、编辑、复制等操作，只是被动的接收，因此 TCL 公司不是网络内容提供者，仅是终端设备的提供商。第四，TCL 公司主观上没有过错。互联网电视机作为新兴产业，其发展模式还处于探索之中，TCL 公司与相关单位进行合作不违反相关规定，主观上没有过错。而且，原告未履行相应的通知义务，起诉后，被告迅雷公司就删除了涉案作品，涉案互联网电视机中已无法搜索到涉案作品。因此，请求法院驳回原告对 TCL 公司的诉讼请求。

被告迅雷公司辩称：第一，原告是否为涉案电影作品的权利人尚不明确。迅雷公司曾通过广州港老汇公司取得过香港动力影片有限公司的授权，其中包括影片《薰衣草》。第二，迅雷公司仅为 TCL 公司提供技术服务，即狗狗搜索引擎的基础索引库，不涉及视频内容，不应承担法律责任。迅雷公司提供的是全互联网环境下的即时搜索和非定向下载服务，涉案电视机用户进行搜索下载时，其过程也是在互联网全网搜索，最终提供第三方来源地址给用户，迅雷公司未实施直接侵权行为。互联网上存在大量正版视频供免费获取，迅雷公司无法判断搜索结果中的视频文件是否取得授权，也不能简单推定从互联网上搜索到的影视剧均为侵权作品。而且，涉案电视机的搜索结果页应由 TCL 公司控制，迅雷公司没有也不可能对搜索结果进行任何形式的编辑和整理，没有主观引导或客观帮助的辅助侵权行为。第三，迅雷公司所提供的是搜索引擎服务，原告未以任何形式发送权利通知，迅雷公司不应承担任何责任。迅雷公司在被起诉后及时在其掌控的三个网站进行了简单的关键字屏蔽，尽到了版权保护责任。因此，请求法院驳回原告对迅雷公司的诉讼请求。

被告国美公司辩称：涉案"MiTV 互联网电视机"有合法进货来源，国美公司没有侵权故意和侵权事实，不应与其他被告承担连带责任。因此，请求法院驳回原告对国美公司的诉讼请求。

判决与理由

北京市第二中级人民法院经审理认为：本案双方当事人争议的焦点问题是原告优朋普乐公司对涉案电影作品《薰衣草》是否享有信息网络传播权；被告迅雷公司、TCL 公司、国美公司的涉案行为是否侵犯了原告优朋普乐公司享有的信息网络传播权及是否应承担相应的法律责任。

第一，关于原告优朋普乐公司对涉案电影作品《薰衣草》是否享有信息网络传播权的问题。

根据我国著作权法的规定，如无相反证明，在作品上署名的公民、法人或者其他组织为作者。涉案电影作品《薰衣草》中署名的出品单位为嘉禾电影（中国）有限公司，故嘉禾电影（中国）有限公司应为涉案电影作品的著作权人。原告优朋普乐公司提交的香港影业协会出具的《发行权证明书》等相关证据显示，嘉禾电影（中国）有限公司将电影作品《薰衣草》的专有独占性信息网络传播权授予嘉乐影片发行有限公司，嘉乐影片发行有限公司又将该电影作品的独占性信息网络传播权授予优朋普乐公司，故原告优朋普乐公司对涉案电影作品《薰衣草》享有独占性信息网络传播权。

被告迅雷公司主张其从广州港老汇文化传播有限公司获得涉案电影作品的授权，并提交了《影片著作权转让书》以证明涉案电影作品的著作权人动力影片有限公司将该影片的电视媒体版权永久性转让给广州港老汇文化传播有限公司。但其未举证证明动力影片有限公司是涉案电影作品的著作权人，且电影作品《薰衣草》光盘中并未出现动力影片有限公司的署名。因此，虽然被告 TCL 公司和迅雷公司就原告优朋普乐公司对涉案电影作品《薰衣草》享有信息网络传播权持有异议，认为原告提交的相关证据存在瑕疵，但其未就此提出相反证据予以证明，故本院对其上述抗辩主张不予采纳。

第二，关于被告 TCL 公司、迅雷公司的涉案行为是否侵犯了原告优朋普乐公司对涉案电影作品《薰衣草》享有的信息网络传播权，是否应承担相应的法律责任问题。

根据本案查明的事实，被告迅雷公司依据其与深圳 TCL 新技术有限公司签订的合作协议，授权被告 TCL 公司在其生产的互联网电视机中集成 CE 版迅雷下载软件，并负责向 TCL 公司提供影音资讯库的资料，包括影音名称、所属栏目、关键字、分类、语种、导演信息、主演信息、上映时间、片长、内容介绍、所属地区、发布来源及评价等。被告迅雷公司认可其许可 TCL 公司在涉案互联网电视机中安装的模块与其在互联网狗狗网站的搜索功能相同，经本院当庭勘验，使用"狗狗搜索"搜索相关影片的搜索结果分为 BT、电驴、手机视频、高清等类型的搜索结果。

经公证，在涉案 MiTV 互联网电视机中搜索涉案电影作品《薰衣草》时，搜索结果页面包括该影片的相关资讯、"下载技术 powered by 迅雷"字样并附有迅雷公司的图标，并仅显示两个种子文件的链接。虽然被告 TCL 公司和迅雷公司对购买涉案互联网电视机并进行互联网取证的公证书的真实性持有异议，但经本院核实，涉案互联网电视机并未出现脱离公证处工作人员控制的情况，故本院对其上述抗辩主张不予采纳。上述搜索结果页面的两个种子文件表明该搜索结果属于 BT 类型，根据本案现有证据，涉案电影作品的权利人原告优朋普乐公司虽曾授权第三方通过网络传播涉案电影作品，但原告及相关被授权人并未将涉案电影作品制作为种子文件且通过网络发布，据此可以认定，搜索结果出现的种子文件的来源地址提供的视频文件应属未经许可传播的侵权作品。虽然被告迅雷公司主张行业中目前存在提供 P2P 服务的相关网站购买影视作品版权，进而制作种子文件通过网络发布的情况，因此其无法判断搜索结果中的种子文件是否为未经许可的侵权来源，但其未就此充分举证证明，故本院对其上述抗辩主张不予采纳。

被告迅雷公司作为涉案搜索服务提供者，通过被告 TCL 公司生产的涉案互联网电视机，向电视机用户提供了涉案电影作品的 P2P 搜索服务。根据经公证的上述搜索结果页面的相应内容，可以认定被告迅雷公司和 TCL 公司对相关搜索结果进行了编辑、整理，有合理理由知道所链接的作品为侵权作品，仍帮助被链者实施了侵犯原告优朋普乐公司享有的信息网络传播权的行为，其主观上具有过错，被告迅雷公司和 TCL 公司应就此承担共同侵权责任。被告 TCL 公司提出其为网络设备提供商，不对用户下载观看的影视作品进行选择、编辑等操作，不具有主观过错，不应承担侵权责任的抗辩主张，被告迅雷公司提出其仅提供搜索技术服务，无法判断搜索结果中的视频文件是否取得授权，不应承担法律责任的抗辩主张，依据不足，本院均不予采纳。虽然被告 TCL 公司和迅雷公司均主张搜索结果页面系对方制作完成，迅雷公司还根据公证过程中的技术监测结果，认为 TCL 公司作为股东之一的广州欢网科技有限责任公司实际控制该搜索结果页面，但其均未提交充分证据予以证明，故本院对其抗辩主张均不予采信。

虽然公证过程中进行的技术监测显示，涉案电影作品《薰衣草》的种子资源来自被告迅雷公司的网址，但据此不能证明涉案电影作品直接来源于迅雷公司的网络服务器，故原告优朋普乐公司主张被告迅雷公司通过网络传播涉案电影作品并要求其承担直接侵权的相应法律责任，缺乏依据，本院不予支持。

第三，关于被告国美公司销售涉案互联网电视机的行为是否侵犯了原告优朋普乐公司享有的信息网络传播权，是否应承担相应的法律责任问题。

根据著作权法的相关规定，被告国美公司销售的涉案互联网电视机具有合法来源，不应就此承担法律责任。鉴于国美公司销售的涉案互联网电视机中包含迅雷公司可提供涉案电影作品《薰衣草》下载观看服务的互联网功能模块，故国美公司应承担停止销售涉案互联网电视机的责任。原告优朋普乐公司主张被告国美公司将涉案互联网电视机的侵权功能作为卖点进行宣传促销，谋取非法利益，并要求其与被告 TCL 公司和迅雷公司承担连带法律责任，依据不足，本院不予支持。

综上，原告优朋普乐公司作为涉案电影作品《薰衣草》的信息网络传播权人，指控被告 TCL 公司和迅雷公司的涉案行为侵犯了其信息网络传播权，并要求其共同承担停止侵权、赔偿经济损失及因诉讼支出的合理费用的法律责任，理由正当，本院予以支持。关于停止侵权的具体方式，本院将依据本案具体情况予以确定。关于赔偿经济损失及因本案诉讼支出的合理费用的数额问题，本院将依据本案的具体情况，综合考虑被告 TCL 公司和迅雷公司的侵权方式、范围、主观过错程度、涉案侵权行为持续的时间及获利状况等因素，酌情确定赔偿原告经济损失及因本案诉讼支出的合理费用的具体数额。鉴于原告主张的信息网络传播权属于财产性权利，并不具有人身权的属性，故原告要求被告 TCL 公司和迅雷公司就涉案侵权行为在其官方网站刊登赔礼道歉声明的主张，缺乏依据，本院不予支持。

综上，北京市第二中级人民法院依据 2001 年 10 月 27 日修正的《中华人民共和国著作权法》第 10 条第 1 款第（十二）项、第 2 款，第 48 条，《信息网络传播权保护条例》第 23 条之规定，判决：一、

TCL 集团股份有限公司、深圳市迅雷网络技术有限公司于本判决生效之日起，停止通过涉案带有深圳市迅雷网络技术有限公司互联网功能模块的"MiTV 互联网电视机"提供涉案电影作品《薰衣草》的下载观看服务的行为；二、国美电器有限公司于本判决生效之日起，停止销售涉案带有深圳市迅雷网络技术有限公司互联网功能模块可下载观看涉案电影作品《薰衣草》的"MiTV 互联网电视机"；三、TCL 集团股份有限公司、深圳市迅雷网络技术有限公司于本判决生效之日起十日内共同赔偿北京优朋普乐科技有限公司经济损失一万元及因本案诉讼支出的合理费用一万一千五百元；四、驳回北京优朋普乐科技有限公司的其他诉讼请求。

本案作出判决后，TCL 公司和迅雷公司分别提起上诉，北京市高级人民法院作出二审判决，驳回上诉，维持原判。

评　析

在我国，互联网电视的发展及其带来的著作权侵权问题经历了不同的发展阶段。本案所涉及的互联网电视著作权侵权问题，是我国互联网电视发展早期，相关行政监管并未到位的情况下发生的。这个阶段的互联网电视行业被监管部门视为"未经行业主管部门批准和侵犯了著作权人的合法权益，扰乱了互联网视听节目传播秩序"[①]，从而一度被监管部门叫停。但随着三网融合技术的发展，监管部门对互联网电视的态度从禁止转变为规范和引导。

[①]　国家广电总局《关于加强以电视机为接收终端的互联网视听节目服务管理有关问题的通知》。

此后，随着内容服务提供商、集成服务平台和硬件生产商各自依相应的牌照权限进行经营，互联网电视行业逐渐从无序走向规范，却又产生了第三方应用程序突破监管限制等新问题，也带来了新的著作权侵权问题。

一、互联网电视运营中涉及的主体

按照行政监管部门的政策，目前在规范的互联网电视的制造和运营各环节中，涉及多方主体，在著作权侵权案件中需要加以区分，分别确定责任。一是内容服务平台。目前，在互联网电视内容服务中，新闻节目点播服务仅由广播电视播出机构开办，影视剧点播服务和图文信息服务可以由广播电视播出机构与拥有版权资源的机构合作开展。目前我国拥有互联网电视内容提供资质的有十四家广播电视播出机构。二是版权所有方。这类主体可与上述十四家内容服务平台合作提供影视剧点播服务和图文信息服务。三是集成播控平台。集成播控平台将内容服务平台提供的内容统一集成为数据信息，向终端发送。目前，广电总局许可的集成播控平台只有七家。四是内容分发网络（Content Delivery Network）运营商，即通常所说的CDN运营商，为视听节目的流畅传播提供技术服务。五是互联网电视设备制造商，包括一体式的互联网电视机制造商和外置的机顶盒制造商。

本案侵权行为发生时，互联网电视运营各环节尚未如此规范，内容服务平台和集成播控平台的概念及运营资质尚未出现。在本案中，TCL公司生产涉案互联网电视机，主要属于互联网电视设备制造商；而迅雷公司在TCL公司生产的互联网电视机中集成CE版迅雷下载软件，并负责向TCL公司提供影音资讯库的资料，通过互联网电视机向用户提供涉案电影作品的P2P搜索服务，其既不属于目前规范运营下的内容服务平台，更不属于集成播控平台，只能说是在相关行政监管部门未限制互联网电视直接连接互联网时出现的网络搜索服务提供者。

二、互联网电视涉及的著作权权利内容

互联网电视是三网融合的重要应用之一。电信网、广播电视网、互联网的互联互通和资源共享使作品的传播更加便利，由此也带来了相关著作权权利内容的边界问题。根据我国现行《著作权法》的规定，广播权是以无线方式公开广播或者传播作品，以有线传播或者转播的方式向公众传播广播的作品，以及通过扩音器或者其他传送符号、声音、图像的类似工具向公众传播广播的作品的权利；信息网络传播权是以有线或者无线方式向公众提供作品，使公众可以在其个人选定的时间和地点获得作品的权利。三网融合中的作品传播借助于有线的方式进行，会带来如下关于著作权权利内容的问题：首先，享有广播权的主体再次传播作品一旦涉及有线的方式，该主体应当拥有作品的信息网络传播权，在传播形态多样化的情况下，一些传播方式会引起权利主体的争议；其次，虽然目前的相关行政规定已将互联网电视集成平台的功能限定为视频点播和图文信息服务，排除了广播电视节目直播类服务技术接入的可能性[1]，但在著作权民事侵权领域，仍有可能出现通过有线转播侵犯广播权的情形，且对于电信网接入广播电视节目直播类服务，并没有明确的此类限制；第三，随着信息网络传播权涵盖的传播方式愈加多样化，越来越多的著作权授权许可将不再以《著作权法》第10条规定的权项为内容，而将呈现细分化的趋势，在相关纠纷中，将会较多地出现违约和侵权竞合的情况，而涉及的内容往往是信息网络传播权项下的某一具体内容。

---

① 国家广电总局《持有互联网电视牌照机构运营管理要求》。

三、互联网电视中涉及提供链接和搜索服务的侵权分析

按照目前的监管措施，上述五类互联网电视的运营主体均只能接入特定的平台，不能接入互联网。但本案侵权行为发生时并未有此禁止措施，所以出现了迅雷公司提供网络搜索服务的情况。即使在当前，也有一些违规上市的互联网电视设备及第三方视频软件存在，其是否违反行政法规属于行政部门处理的问题。但其在涉及民事侵权时，也会涉及提供链接和搜索服务的侵权分析问题。

1.侵权行为性质的界定："服务器标准"还是"用户感知标准"

在认定"网络传播行为"时，对于应当适用"服务器标准"还是"用户感知标准"，实践中曾经存在分歧。"服务器标准"是指：以作品是否由被控侵权人上传至服务器为准，判断被控侵权人是否实施了"网络传播行为"。而"用户感知标准"是指：以普通用户的感知为准，只要用户主观上感觉作品是从被控侵权人处而来，就认定是被控侵权人实施了"网络传播行为"。适用这两种标准会导致对网络传播行为的链接行为的不同法律定性，甚至影响判决结果。

在本案中，虽然公证过程中进行的技术监测显示，涉案电影作品《薰衣草》的种子资源来自被告迅雷公司的网址，但据此不能证明涉案电影作品直接来源于迅雷公司的网络服务器，故原告优朋普乐公司主张被告迅雷公司通过网络传播涉案电影作品并要求其承担直接侵权的相应法律责任，缺乏依据，法院不予支持。显然，法院采用的是"服务器标准"，而不是"用户感知标准"。

本案判决之后，最高人民法院发布的《关于审理侵害信息网络传播权民事纠纷案件适用法律若干问题的规定》未采用"服务器标准"来定义信息网络传播行为，而是将信息网络传播行为作广义的理解，以是否直接提供权利人的作品的法律标准取代服务器标准来界定信息网络传播行为。将信息网络传播行为区分为作品的提供行为与其

他信息网络传播行为，而其他信息网络传播行为则是以其技术、设施提供网络中间性服务的行为，即是一种提供服务而非直接提供作品等的行为。这是因为，随着技术的发展，不经过服务器的存储或中转，通过文件分享等技术也可以使相关作品置于信息网络之中，以单纯的"服务器标准"界定信息网络传播行为不够准确，也难以应对网络技术的飞速发展。因此应将信息网络传播行为区分为作品提供行为和网络服务提供行为，对于构建网络环境下著作权保护的责任体系具有基础性意义。在这种区分的基础之上，产生了直接侵权责任与间接侵权责任的区分，直接侵权责任对应作品提供行为，而间接侵权责任对应网络服务提供行为。

2. 过错的认定

网络服务提供者是为服务对象提供自动接入、自动传输、信息存储空间、搜索、链接、P2P（点对点）等服务的，属于为服务对象传播的信息在网络上传播提供技术、设施支持的帮助行为，不构成直接的信息网络传播行为。在本案中，两被告的行为不是直接的信息网络传播行为，系间接的信息网络侵权行为。

根据《信息网络传播权保护条例》的规定，网络服务提供者为服务对象提供搜索或者链接服务，明知或者应知所链接的作品、表演、录音录像制品侵权的，应当承担共同侵权责任。《北京市高级人民法院关于网络著作权纠纷案件若干问题的指导意见（一）（试行）》从反面来具体阐释这一原则规定，通过信息网络自动为被诉侵权作品、表演、录音录像制品提供信息存储空间、搜索、链接、P2P（点对点）等服务，且对被诉侵权的作品、表演、录音录像制品不进行编辑、修改或选择的，除非有网络服务提供者知道或者有合理理由知道存在侵权行为的其他情形，否则不应认定网络服务提供者有过错。提供搜索、链接、P2P（点对点）等服务的网络服务提供者按照自己的意志，在搜集、整理、分类的基础上，对被诉侵权的作品、表演、录音录像制品制作相应的分类、列表，网络服务提供者知道或者有理由知道被诉侵权作品、表演、录音录像制品构成侵权的，可以认定其有过错。

本案中，被告迅雷公司认可其许可 TCL 公司在涉案互联网电视机中安装的模块与其在互联网狗狗网站的搜索功能相同，经法院当庭勘验，使用"狗狗搜索"搜索相关影片的搜索结果分为 BT、电驴、手机视频、高清等类型的搜索结果。经比对，狗狗网站的搜索结果、界面与互联网电视机显示的搜索结果、界面有所区别。互联网电视机搜索的结果数量少于狗狗网站的搜索结果，互联网电视机的界面还增加了影片的简介等信息，与狗狗网站的界面不同。根据经公证的上述搜索结果页面的相应内容，可以认定被告迅雷公司和 TCL 公司对相关搜索结果进行了编辑、整理，有合理理由知道所链接的作品为侵权作品，仍帮助被链接者实施了侵犯原告优朋普乐公司享有的信息网络传播权的行为，其主观上具有过错。

网络服务提供者明知或者应知所链接的作品、表演、录音录像制品侵权的，应当承担共同侵权责任，这时不能适用避风港原则来免责。本案判决之后最高人民法院发布的《关于审理侵害信息网络传播权民事纠纷案件适用法律若干问题的规定》，对人民法院如何认定网络服务提供者是否构成"应知"进行了较为详细的解释。

四、实质非侵权用途与技术中立——互联网电视设备制造商的侵权责任分析

1984 年美国最高法院在"环球电影制片公司诉索尼公司案"中判决，为了在家庭中"改变观看时间"使用录像机录制电视节目构成"合理使用"，认为只要产品能够具有一种潜在的"实质性非侵权用途"，产品的制造商和经销商就不承担"帮助侵权责任"。在此后

的 20 年中，美国国会通过的《家庭录音法》《千禧年数字版权法》以及联邦通信委员会对摄录设备规定的技术标准将录像机的"合理使用"范围牢牢限制在录制免费节目中。

在本案中，被告 TCL 公司提出其为网络设备提供商，不对用户下载观看的影视作品进行选择、编辑等操作，不具有主观过错，不应承担侵权责任的抗辩主张。二审法院对 TCL 公司在本案中的有关行为区分为两个方面：一是制造涉案互联网电视机的行为，二是参与涉案互联网电视机播放内容的编辑、管理行为。在论述互联网电视机的生产销售行为时，法院进一步认定，"涉案网络电视机只是用于搜索、下载和播放的工具"，"作为中性播放工具、并不特定用于侵权的互联网电视机"。如果涉案互联网电视机中并不预存电影作品的内容，而且涉案互联网电视机并不专门用于侵权，TCL 公司并不因制造涉案互联网电视机而侵犯著作权。在此后判决的乐视网诉康佳公司、百视通公司侵犯著作权纠纷等案件中，亦判决互联网电视制造商不承担侵权责任。

虽然 TCL 公司制造互联网电视机这一技术本身是中立的，但根据本案查明的事实，用户是通过 TCL 互联网电视机中设置的影音资讯库技术来实现侵权影片《薰衣草》的搜索、链接和下载行为的。当用户输入关键词之后，系统会自动将其与影音资讯库中的资料进行对比，并会展示该影视作品的所有介绍资料，这说明被告 TCL 公司和被告迅雷公司均参与了互联网电视机传播侵权影视作品内容的编辑和管理工作。这些搜索、下载的内容，并非基于系统技术自动生成而来。因此，法院判决 TCL 公司构成侵权，并非基于其制造互联网电视机本身，而是因为其实施了其他帮助侵权的行为。

（撰稿人：崔宁）

14. 电子商务平台服务提供者侵害著作权的认定

——中国友谊出版公司与浙江淘宝网络有限公司、杨海林侵害出版者权纠纷案

案件索引：北京市东城区人民法院（2009）东民初字第 2461 号，2009 年 6 月 19 日判决；北京市第二中级人民法院（2009）二中民终字第 15423 号，2009 年 9 月 20 日判决。

基本案情

中国友谊出版公司（简称友谊出版公司）享有在我国大陆范围内以图书形式出版《盗墓笔记 4》的专有权利。该公司认为，杨海林通过其开设在淘宝网上的网店销售盗版图书《盗墓笔记 4》，侵犯了友谊出版公司享有的专有出版权；浙江淘宝网络有限公司（简称淘宝网公司）作为提供交易服务平台的主体，未尽合理审查义务，为销售盗版图书提供了便利，与杨海林构成共同侵权，应承担连带责任。

北京市东城区人民法院一审查明，进入淘宝网后，在首页"搜索宝贝"栏目输入"盗墓笔记全集"，显示符合搜索条件的结果 121 条，不同卖家的单册定价为 11 元至 25 元不等，运费亦各不相同；返回淘宝网，在"搜索宝贝"栏目输入"盗墓笔记"，显示符合搜索条件的结果 4000 余条，卖家报价均在 10 元以下；在首页搜索栏中输入"盗

墓笔记 4",进入搜索页面,选择"价格从低到高",所在地为"北京",点击搜索页面中的第七个标题"盗墓笔记 4 南派三叔"(卖家:杨帆书屋),显示卖家报价 8 元。2008 年 12 月 18 日,磨铁公司受友谊出版公司委托向淘宝网公司出具关于淘宝网销售涉案图书问题的函及知识产权侵权通知书,通知被告淘宝网有关销售涉案图书的链接内容侵犯其版权,要求删除其列举的侵权图书链接,对有关网站经营者予以警告,并提供侵权网店经营者的真实名称、地址、联系方式。淘宝网公司于 2008 年 12 月 22 日向磨铁公司出具投诉回函,称对磨铁公司所指证的侵犯原告知识产权的上传信息进行检查,给予删除处理,共 28 件,并提供卖家在被告淘宝网上自行注册的资料。其中,会员名为杨帆书屋的卖家姓名为本案被告杨海林。经当庭比对,涉案图书与正版图书虽然版权页均标明系原告出版,但正版图书与涉案图书在印刷版次、印刷质量、目录样式上均不一致,友谊出版公司否认涉案图书系其出版物。

北京市东城区人民法院据此判决杨海林、淘宝网公司赔偿友谊出版公司经济损失二千元。淘宝网公司不服一审判决,提起上诉。

判决与理由

北京市第二中级人民法院二审认为:友谊出版公司享有涉案图书的专有出版权。杨海林销售涉案图书的行为侵犯了友谊出版公司的专有出版权,应当承担相应的侵权责任。而淘宝网涉及的商品数量巨大、类别繁多,除法律、行政法规明确禁止流通和限制流通的商品外,其他商品均可以通过电子商务平台进行流通;其次,电子商务平台中的卖家分为个人卖家和商家卖家,其中个人卖家数量巨大、情况复杂,既有个体工商户经营,也有自然人销售自有物品的情况。淘宝网公司作为电子商务平台服务提供者,对于作为个人卖家的杨海林的真实姓名和身份证号码进行了核实。由于目前法律、行政法规中并无具体明确的规定要求电子商务平台服务提供者负有审查网络卖家经营资质的义务,故淘宝网公司并未要求杨海林提供其具有经营资质方面的证明没有违反相关规定。友谊出版公司出版的涉案图书的单价为 32.8 元,而杨海林销售涉案图书的价格明显低于该定价。但是,在淘宝网上销售的商品的数量巨大、种类繁多、情况复杂,法律、行政法规仅明确规定了禁止流通和限制流通的物品,并未要求电子商务平台服务提供者负有审查网络卖家销售商品的价格是否明显低于市场价格的义务,故对于杨海林以明显低于市场定价的价格销售涉案图书的行为,淘宝网公司并未违反规定。淘宝网公司在接到警告信后,在淘宝网上及时删除了杨海林销售涉案图书的相关信息,已尽合理义务。

淘宝网公司对于杨海林注册为淘宝网个人卖家已尽合理审查义务和事后补救义务,对于杨海林侵犯友谊出版公司就涉案图书享有的专有出版权的行为,并未违反法律、行政法规的规定提供便利条件,不构成共同侵权。因此,二审法院撤销了一审要求淘宝网公司与杨海林承担连带责任的判决,判令杨海林于本判决生效之日起十日内赔偿友谊出版公司经济损失二千元。

评　析

随着网络技术的高速发展,网络的应用越来越普遍,与此相伴生的是涉及网络的纠纷也日渐增多和复杂。其中,网络知识产权侵权纠纷在司法实践中呈现出数量大、类型多以及在技术和法律两个方面日趋复杂化的特点。关于电子商务平台服务提供者侵权责任的认定，便是在上述趋势中诞生的一个审判难点问题。

一、电子商务平台服务提供者的法律地位

电子商务平台服务提供者是为交易信息和交易行为提供网络服务的主体。从某种角度，似乎可保守地坚持电子商务平台属于传统领域延伸的认识，认为电子商务平台就是虚拟的商场，其法律地位与传统的商场有着可类比性。然而不可置疑的是电子商务平台尽管从功能上与传统商场相同或有可类比性，但两者仍然有极大差别。首先，两者涉及的商品类别不同。电子商务平台涉及的商品数量巨大、类别繁多，除法律、行政法规明确禁止流通和限制流通的商品外，其他商品均可以通过电子商务平台进行流通；而现实中的一个商场一般只能根据有关审批进行特定类别商品的流通，商品数量亦有限。其次，两者涉及的卖家情况不同。电子商务平台中的卖家分为个人卖家和商家卖家，其中个人卖家数量巨大、情况复杂，既有个体工商户经营也有个人销售自有物品；而现实商场的卖家则必须为符合相关规定的经营者，数量亦十分有限。再次，两者所负的审查范围及相应的审查内容不同。电子商务平台对于商家卖家的审查内容包括企业法人营业执照、个体工商户营业执照等材料，对于个人卖家，由于目前法律、行政法规中并无具体明确的规定要求电子商务平台服务提供者负有区分各种情况的义务，故仅审查个人卖家的真实姓名和身份证号码即可；而现实中的商场经营者则需对于其全部的卖家审查其企业法人营业执照、个体工商户营业执照等材料。可见，巨大的规模、海量的信息、极速的更新使得如果把给传统商场的审查义务施加给电子商务平台，将导致对其毁灭性的打击。如果一项法律规则施加到不同主体将导致利益的严重失衡，就不应再采用简

单类比的方法对其进行相同的规制，而应该对其重新界定。这是由法律对利益平衡的本质决定的。①

二、电子商务平台服务提供者的界定

电子商务平台服务提供者包括自营型和中介型两种类型。在电子商务平台服务提供者身份的确定问题上，可以借鉴信息网络传播权领域中互联网内容提供商（ICP）与互联网服务提供商（ISP）的区分。一方面，ICP 与 ISP 的身份不是固定的，在现实中，许多平台服务提供者往往既自行上传信息，又提供他人上传的信息，对于前者其身份是 ICP，对于后者则是 ISP，因此，只有在个案中针对特定行为，确定 ICP 与 ISP 的身份才有意义；另一方面，平台服务商主张涉案作品是第三方提供的，其应当就此承担举证责任，证明 ISP "身份" 的举证责任在平台服务商，若举证不能，将推定其 "身份" 为 ICP，承担对信息网络传播权的直接侵权责任。确定自营型或中介型电子商务平台服务商的身份完全可以借鉴上述两个方面的规则，在个案中，针对具体的被控侵权行为，要求电子商务平台服务商承担证明被控侵权交易信息或相应交易行为系由其他网络卖家利用其网络服务提供或从事的举证责任。

三、电子商务平台服务提供者的侵权责任

1. 自营型电子商务平台服务提供者的侵权责任

对于自营型电子商务平台服务提供者的侵权责任问题，理论上和实践中基本已经形成了共识，认为自营型平台服务商以自己的名义向公众提供被控侵权交易信息或从事相应交易行为侵害他人知识产权的，应当认定其为销售商，承担直接侵权责任。但自营型电子

---

① 博登海默：《法理学：法哲学及其方法》，邓正来译，中国政法大学出版社2004 年版，第 415 页。

商务平台服务提供者以自己的名义仅向公众提供被控侵权交易信息侵害他人知识产权的，在权利人没有证据证明自己受到实际损失的情况下，可以不承担赔偿经济损失的责任，但应该承担停止侵权的责任。这种情况可类比于侵害他人专利权的许诺销售行为的责任承担方式。

2. 中介型电子商务平台服务提供者的侵权责任

事实上，中介型平台服务商所实施的间接侵权，包括帮助侵权和教唆侵权两种形态，而间接侵权人的主观状态均应该为故意。

（1）中介型电子商务平台服务提供者的帮助侵权

《侵权责任法》第36条规定的均是中介型电子商务平台服务商责任认定的法律依据，学理上中介型电子商务平台服务商承担的是侵害他人知识产权的间接侵权责任，该责任的成立应该以直接侵权的成立为前提。因此，中介型电子商务平台服务商知道网络卖家利用其网络服务侵害他人知识产权，但未及时采取必要措施的，应当认定为间接侵权，对知道之后产生的损害与网络卖家承担连带赔偿责任。网络卖家利用中介型平台服务商的网络服务提供被控侵权交易信息或从事相应交易行为侵害他人知识产权，是中介型平台服务商承担侵害知识产权责任的前提。这其中判断"是否知道"常常是司法实践中的难点，法院在审理具体案件时，只能具体问题具体分析，通过具体案情所展现的客观表征来推测中介型平台服务商的"主观意图"。客观表征常常体现在以下几个方面：一、被控侵权交易信息的明显程度，被控侵权交易信息是否位于网站首页、各栏目首页或网站的其他主要页面等明显可见位置；二、其对被控侵权交易信息是否进行了人工编辑、选择或推荐；三、权利人的通知是否足以使其知道被控侵权交易信息通过其网络服务进行传播或足以使其相信侵害知识产权的可能性较大；四、交易信息中是否存在明确表明未经权利人许可的网络卖家的自认，足以使其相信侵害知识产权的可能性较大；五、中介型平台服务商知道被控侵权交易信息或相应交易行为侵害他人知识产权的其他情形。

如前所述，知道包括明知和应知。明知指中介型平台服务商实际知道网络卖家侵害知识产权行为存在；应知是指按照利益平衡原则和合理预防原则的要求，中介型平台服务商在某些情况下应当注意到网络卖家侵害他人知识产权行为存在。所以，应知属于法律判断的范畴，取决于平台服务商承担的知识产权注意义务。人民法院应当基于平台服务商为网络卖家所提供的服务的性质、方式和所具备的信息管理能力等因素，合理确定中介型平台服务商对网络卖家利用其所提供的交易平台侵害他人知识产权行为的注意义务。中介型平台服务商从网络卖家的交易行为中直接获得经济利益的，对该网络卖家的侵权行为负有较高的注意义务；中介型平台服务商对同一网络卖家的重复侵权行为负有较高的注意义务。值得注意的是，这里的应知特指的是作为法律所拟制的理性"人"在合理的注意义务下应该知道，这种应知是法律所推定的"知道"，在这种"知道"的情形之下，仍为直接侵权行为提供便利条件，当属故意。

（2）中介型电子商务平台服务提供者的教唆侵权

《侵权责任法》第9条规定，教唆、帮助他人实施侵权行为的，应当与行为人承担连带责任。因此，中介型平台服务商以言语、推介技术支持、奖励积分等方式诱导、鼓励网络卖家实施侵害他人知识产权的行为的，构成教唆侵权，应该与实施侵害他人知识产权行为的网络卖家承担连带责任。

（撰稿人：周多）

224

15. 帮助侵权和教唆（引诱）侵权行为的认定

——乐视网信息技术（北京）股份有限公司与杭州在信科技有限公司、中国联合网络通信集团有限公司侵害著作权纠纷案

案件索引：北京市西城区人民法院 (2011) 西民初字第 20126 号，2011 年 9 月 23 日判决；北京市第一中级人民法院（2011）一中民终字第 18027 号，2011 年 12 月 2 日判决。

基本案情

原告乐视网信息技术（北京）股份有限公司（简称乐视网）是涉案影片的信息网络传播权人，被告杭州在信科技有限公司（简称杭州在信公司）经营的网站提供信息存储空间服务，用户未经原告许可在该网站中上传了涉案影片供其他网络用户下载或在线观看。原告认为被告为该网络用户的上传行为提供信息存储空间服务的行为构成共同侵权行为，应承担相应民事责任。

本案中如下事实值得特别关注：被告网站中设有"电影"栏目，涉案影片即存储于该栏目中。该网站同时还设有"最新爱情电影"、"最新喜剧电影"、"最新动作电影"等分类并对应相应榜单。此外，网站页面中亦有"海量的影视、游戏、软件等免费下载……"等字样。在相关影片的下载页面有"文件超过 20M，建议您下载后观看"、"该

文件超过 5M，建议使用客户端下载"等显示。

针对原告的起诉理由，法院分别从帮助侵权行为及教唆（引诱）侵权行为两个角度着手予以分析，指出本案审理焦点在于如何确定信息存储空间提供者对于"电影"栏目中的内容应具有的注意义务，以及网站设立"电影"栏目却不采取限制措施的行为是否构成侵权。在此基础上，法院最终认定被控侵权行为同时构成帮助侵权行为及教唆（引诱）侵权行为，判令被告停止侵权并赔偿损失三万元。

判决与理由

北京市西城区人民法院经审理认为：

根据《著作权法》之相关规定，乐视网公司享有涉案作品的专有信息网络传播权。杭州在信公司为该网站的经营者，对该网站所涉侵权行为承担法律责任。

杭州在信公司作为提供信息存储空间的网络服务商，在网站"资源中心"–>"电影"标题下设定"爱情片"、"喜剧片""动作片"等栏目，同时还设定"最新爱情片"、"最新喜剧片"、"最新动作片"等包含具体影视作品名称的榜单，虽然在"资源中心"上传影视作品内容的是网络用户，但涉案网站预先设置上述影视栏目和榜单的行为不仅起到引导网络用户有序上传的作用，而且是对上传的影视作品共享文件进行的分类、整理行为，在此情况下，杭州在信公司对网站是否存在侵权作品负有较高的注意义务，不能因其在网站刊登免责声明等内容而免责。作为提供视频文件分享的网站经营者，杭州在信公司应当知道电影作品的权利人不会授权网络用户免费将涉案电影上传至其网站予以传播，在此情况下，仍为涉嫌侵权的影

226

视作品内容分类提供可以分享的存储空间，其对于网络用户的直接侵权行为主观上构成"应知"，其经营行为存在过错。杭州在信公司上述网络传播行为未经著作权人许可，亦未尽到著作权合理注意义务，侵犯了乐视网公司享有的信息网络传播权，应当对网络用户实施的侵权行为承担连带民事责任，停止侵害、赔偿损失。因乐视网公司认可涉案网站中已不存在涉案电视剧，侵权行为业已停止，故法院不再要求其停止侵权。由于以现有证据无法确定原告的实际损失抑或被告的违法所得，故法院综合考虑涉案作品的知名度及市场价值、被告的侵权情节、诉讼合理开支等因素酌情确定赔偿数额。

北京市西城区人民法院依照《民法通则》第 130 条，《著作权法》第 10 条第 1 款第（十二）项、第 15 条、第 48 条第（一）项、第 49 条第 2 款，《最高人民法院关于贯彻执行〈中华人民共和国民法通则〉若干问题的意见（试行）》第 148 条之规定，判决杭州在信公司赔偿乐视网公司经济损失及合理费用支出共计人民币三万元。

杭州在信公司不服，向北京市第一中级人民法院提起上诉。

北京市第一中级人民法院经审理认为：

因杭州在信公司设置"电影"栏目的主要目的在于吸引网络用户上传尚处于保护期内的影视作品全片，且网络用户通常亦会认为涉案网站"电影"栏目的设置主要是吸引网络用户上传影视剧的全片。同时涉案网站中设置了"电影"栏目，却未采取相应限制措施的行为在相当程度上直接导致了网络用户实施了上传侵犯他人著作权的影视作品的行为。故杭州在信公司的行为构成教唆侵权行为。

对于杭州在信公司实施的行为是否构成帮助侵权行为，法院认为，鉴于网络用户上传涉案电影的行为构成对乐视网公司信息网络传播权的直接侵犯，而乐视网公司并无证据证明杭州在信公司明确知晓网络用户在其网站中传播的涉案电影侵犯了其信息网络传播权，构成主观"明知",故判断杭州在信公司实施的行为是否构成帮助侵权行为的关键在于其对于用户上传行为构成侵权主观上是否为"应知"。本案中,因影视作品的高投入使得其权利人基于经济利益的考虑,基本不可能授权网络用户免费将其上传至视频分享网站,杭州在信公司对此理应知晓。在此情况下,杭州在信公司却在其网站中设立"电影"栏目且并未采取任何措施避免网络用户上传侵犯著作权的影视作品,该行为必然导致该栏目中的内容具有很高的侵权风险,杭州在信公司对此显然亦应知晓。在此情况下,杭州在信公司对于栏目中的内容理应具有较之于其他内容更高的注意义务。这一注意义务体现为对此类栏目中的全部内容应当及时查看并及时删除侵权内容。杭州在信公司如履行了上述义务,其理应注意到其网站中存在有涉案内容并认识到该内容系未经许可上传,从而主观"应知"网络用户实施的行为构成直接侵权行为。综上,杭州在信公司实施的被控侵权行为亦构成帮助侵权行为。

据此,北京市第一中级人民法院依据《中华人民共和国民事诉讼法》第153条第1款第(一)项之规定,判决驳回上诉,维持原判。

评 析

本案典型之处在于,法院同时从帮助侵权和"教唆(引诱)侵权行为"两个角度对提供信息存储空间服务行为的侵权责任认定进行了评述,从而使该案成为我国"首例"从教唆(引诱)侵权角度认定信息存储空间网站侵权性质的案件。

民法上的共同侵权行为包括两种形态,即帮助侵权行为与教唆侵权行为。我国现有法律中对上述两种侵权形态做了明确规定。《最高人民法院关于贯彻执行〈中华人民共和国民法通则〉若干问题的意见（试行）》第148条规定，教唆、帮助他人实施侵权行为的人，为共同侵权人，应当承担连带民事责任。本案中，因原告并未对被控侵权行为属于哪一类型的共同侵权行为予以明确，故法院有必要同时从两种侵权类型角度出发对被控侵权行为予以认定。

一、"电影"栏目的设置与帮助侵权行为的认定

民法意义上的帮助侵权行为通常是指，帮助人在主观明知或应知情况下，对他人的直接侵权行为提供帮助的行为。帮助人实施的帮助行为与受害人遭受的损害之间存在因果关系，帮助行为是最终损害发生的原因之一。[①]

将上述民法基本理论适用于信息存储空间服务行为则可以看出，判断信息存储空间服务行为是否构成帮助侵权行为应考虑如下要件：首先，网络用户上传涉案影片的行为未取得权利人许可，其上传行为属于直接侵权行为；其次，被告"明知"或"应知"用户上传行为系侵权行为，却仍为其提供存储空间服务。

具体到本案，因网络用户上传涉案作品的行为并未经原告许可，故本案认定关键在于被告对于用户上传行为构成侵权主观是否"应知"。法院指出，"应知"的认定通常应考虑如下要件：首先，只有在被告知晓涉案网站中含有涉案内容的情况下，其才可能对用户上传行为是否构成侵权具有认知，因此，被告客观上知晓网络用户已将涉案电影上传至涉案网站是认定主观应知的前提条件；其次，在知晓该事实的情况下，基于被告所应具有的认知能力及所负有的注意义务，其应能够认识到用户上传的内容并未获得权利人许可。

[①] 参见王利明：《侵权责任法研究》（上卷），中国人民大学出版社2010年版，第539页。

依据上述两要件对本案进行具体分析可以看出，本案事实已足以证明被告对于网络用户上传行为构成侵权主观为"应知"。众所周知，影视作品通常具有较高的经济投入，这一高投入的特点使得其权利人基于经济利益的考虑，基本不可能授权网络用户免费将其上传至视频分享网站，被告对此理应知晓。在此情况下，被告在其网站中设立"电影"栏目但并未采取任何措施避免网络用户上传侵犯著作权的影视作品的行为必然导致该栏目中的内容具有很高的侵权风险。在此情况下，被告对于栏目中的内容理应具有较之于其他内容更高的注意义务。这一注意义务体现为"对此类栏目中的全部内容应当及时查看并及时删除侵权内容"。在履行了上述义务的情况下，被告理应注意到其网站中"存在"涉案内容并"认识到"该内容系未经许可上传，从而主观"应知"网络用户实施的行为构成直接侵权行为。据此，被告的行为完全符合帮助侵权行为的认定要件，其行为构成帮助侵权行为。

二、"电影"栏目的设置与教唆（引诱）侵权行为的认定

教唆（引诱）侵权行为通常指教唆人在主观故意的情况下利用言语或行为教唆他人实施某种侵权行为。教唆人的教唆行为虽不是侵权行为发生的充分条件，但却构成损害发生的必要条件，二者具有相当因果关系。①

对于信息存储空间"电影"栏目与教唆（引诱）侵权的认定，二审法院在本案中进行了首次尝试，提出了"如果被告实施了教唆网络用户上传他人享有著作权的影视作品的行为，且该教唆行为在相当程度上直接导致了网络用户实施了上传行为，则可以认定被告

---

① 参见王利明：《侵权责任法研究》（上卷），中国人民大学出版社 2010 年版，第 534 页。

实施的行为构成教唆（引诱）侵权行为"这一认定原则，在结合本案事实对这一认定原则进行如下具体分析的情况下，法院最终认定上述行为构成教唆（引诱）侵权行为：

1. 被告设置"电影"栏目却不采用相应限制措施的目的在于教唆网络用户上传他人享有著作权的影视作品

首先，被告设置"电影"栏目的主要目的在于吸引网络用户上传尚处于保护期内的影视作品"全片"。

本案中，被告主张其设置"电影"栏目的目的在于吸引用户"合法"上传影视作品。因为理论上讲，"电影"栏目中的内容在下列情况下可以被认定为"合法"上传：一为网络用户自行制作的视频文件；二为权利人授权网络用户上传的影视作品；三为尚处于保护期的影视作品的片花、预告片、介绍评论等；四为已过著作权保护期的影视作品。故如果被告可以证明本案事实符合上述要求，则被告该主张将可以成立。但法院在结合案件事实对四种情况逐一进行分析的情况下，最终未支持被告的上述主张。

对于第一种情况（即网络用户自行制作的视频文件），法院指出，虽然在现有网络环境下的确存在大量网友自行制作的视频内容，但此类内容并不符合一般公众对于"影视剧"的界定，网络用户自行制作的视频内容一般会被网站及网络用户划归为"原创"内容，而非"影视剧"，网络用户亦通常不会将此类视频文件上传到"电影"类栏目中，因此，该类内容实践中很少出现在"电影"类栏目中，被告对此显然应当知晓。

对于第二种情况（即权利人授权网络用户上传的影视作品），法院认为实践中亦极少出现。原因在于，电影、电视剧通常投资较大，为尽最大可能地收回其投资并获取利益，影视作品的权利人虽然目前亦会采用网络传播的方式，但其通常仅会"有偿地"授权有限的"网站"进行传播,而不会允许"网络用户"将其作品"免费"上传到信息存储空间。因此,涉案网站的"电影"栏目中基本上难以出现经过权利人授权的影视作品,被告对此亦当然知晓。

对于第三种情况(即尚处于保护期的影视作品的片花、预告片、介绍评论等),法院指出实践中亦确实存在网络用户上传该类内容的情形,而此类内容亦很有可能是由权利人自行上传或由其许可其他网络用户上传。但结合本案查明事实可以看出,被告设置"电影"栏目的目的亦并非在于吸引网络用户上传上述内容。众所周知,影视作品全片的片长及文件的大小与其片花、预告片、介绍评论等内容的长度及大小有显著不同,后者的播放时间通常很短,文件大小亦远远小于影视剧的全片。目前的技术手段完全可以做到将二者予以区分,以避免网络用户上传影视剧全片,涉案网站在网络用户下载影视剧全片时出现的"文件超过 20M,建议您下载后观看"、"该文件超过 5M,建议使用客户端下载"等提示亦说明被告的技术水平完全可以做到这一点。但被告不仅未采取任何技术手段将上述两类内容予以区分,反而在相关文件大于一定值时为使网络用户具有更好的用户体验,而建议用户下载观看,这一事实足以说明其不仅知晓,而且希望网络用户上传影视作品的全片。

对于第四种情况(即已过著作权保护期的影视作品),法院指出,网络用户当然可以将其合法免费地上传到信息存储空间供他人分享。但仅凭这一事实亦并不能证明被告设置这一栏目的目的即在于吸引用户合法上传此类影视作品。原因在于:首先,自著作权法施行至今,已超过 50 年保护期的影视作品在所有影视作品中所占比例极小,且其绝对数量亦相对有限。在此情况下,被告如欲使网络用户合法上传此类内容,其理应采取相应限制措施。但被告不仅未采取任何限制措施,反而在其网站中宣传其网站包含"海量的影视……",这一事实在相当程度上可以说明网络用户上传到"电影"栏目的内容中绝大多数均属于尚处于保护期内的作品。被告不仅知晓这一事实，同时亦希望这一情形发生。其次，涉案网站不仅设置了电影栏目，还进一步设置了"最新爱情电影"等栏目并附有榜单，被告显然知晓这些栏目所指向的影视作品尚处于保护期，因此，这一做法同样在相当程度上说明被告希望网络用户上传此类尚处于保护期，甚至热映期内的作品，而非已过保护期的影视作品。

综上可以看出，被告设置"电影"栏目却并未采取任何限制措施，其主要目的并不在于吸引网络用户上传符合上述四种情形的内容，而在于吸引网络用户上传尚处于保护期的影视作品的全片。

除此之外，"电影"栏目的设置与涉案网站获利之间密切联系，亦从另一角度佐证了被告设置该栏目的动机。实践中，虽然信息存储空间网站通常并不对分享其网站内容的网络用户收费，但网站的获益直接或间接地来源于用户的数量，被告亦承认"电影"栏目设置的目的即在于吸引更多的用户。因为真正吸引网络用户观看的通常是影视剧的全片，而非已过保护期的影视剧，以及尚处于保护期内影视剧的片花等，故为吸引更多的用户，被告显然更希望网络用户在"电影"栏目中上传尚处于保护期的影视剧全片，从而最终使得涉案网站能够具有更好的收益。

2. 网络用户通常亦会"意识到"涉案网站"电影"栏目的设置主要是吸引网络用户上传影视剧的全片

虽然被告具有诱导网络用户上传影视剧全片的主观意图，但如果网络用户并未理解被告这一意图，则被告行为亦不可能构成教唆（引诱）侵权行为。本案中，尽管"电影"栏目中涉及的内容客观上可能包括四种合法情况，但考虑到网络用户对于"电影"栏目及其下设的"最新爱情电影"、"最新动作电影"等栏目名称的通常理解，以及网络用户对影视剧内容的通常需求，在被告未进行相关限制及提示的情况下，通常情况下，网络用户会认为该栏目中所指向的内容主要是影视剧的全片，而非其他。

3. 涉案网站中设置了"电影"栏目，却未采取相应限制措施的行为在"相当程度上"直接导致了网络用户实施了上传侵犯他人著作权的影视作品的行为

教唆（引诱）侵权行为的成立虽然应以教唆行为与直接侵权行为之间具有因果关系为前提，但因为侵权行为诱因的认定属于对行为人主观状态认定的范畴，主观状态所具有的特性使得其通常仅能依据现有事实予以推定，客观上很难作出确切的唯一的认定，因此这一直接因果关系的要求并不意味着教唆行为应是直接侵权行为的唯一诱因，其只要在"相当程度上"导致了直接侵权行为的发生，即可认定存在这一因果关系，否则将会使得教唆（引诱）侵权行为客观上难以存在。

鉴于法院已认定涉案网站中设置了"电影"栏目却不进行任何限制的行为"足以使网络用户意识到"其可以将影视剧的全片上传到该网站，而现有证据尚无法证明网络用户实施相关上传行为具有其他诱因，故结合网络用户对于影视作品上传行为所具有的侵权性质的认知情况，法院虽无法认定被告的教唆行为系网络用户直接侵权行为的唯一诱因，但却可以合理认为上述行为在相当程度上直接导致了网络用户上传行为的发生。

综上，法院最终认定被控侵权行为已构成教唆（引诱）共同侵权行为。但法院同时指出，这一认定并不意味着任何信息存储空间中设置"电影"类栏目的行为均当然地构成教唆（引诱）侵权行为。本案中之所以认定被告的行为构成教唆（引诱）侵权行为，"电影"栏目的设置仅是考虑因素之一，更重要的考虑因素在于被告在有能

力采取相应措施避免网络用户未经许可上传侵犯他人著作权的影视作品的情况下，并未采取相应限制措施避免侵权行为的发生。因此，对于其他设置"电影"类栏目的网站而言，其行为是否构成教唆（引诱）侵权行为，不能一概而论，而应结合具体情况予以认定。

（撰稿人：芮松艳）

16. 苹果公司"App Store"侵害信息网络传播权的认定

—— 中国大百科全书出版社有限公司与苹果电子产品商贸（北京）有限公司、苹果公司侵害作品信息网络传播权纠纷案

案件索引：北京市第二中级人民法院（2011）二中民初字第 10500 号，2012 年 9 月 27 日判决。

基本案情

中国大百科全书出版社有限公司（简称大百科全书公司）对《中国大百科全书》中国历史卷第一版享有著作权。2010 年 10 月，大百科全书公司发现在被告苹果电子产品商贸（北京）有限公司（简称苹果商贸公司）经营的网站上下载并安装 ITUNES 软件后，能够进入被告苹果公司（Apple Inc.）经营的"APP STORE"购买并下载大量包含《中国大百科全书》内容的应用程序供在 IPHONE 和 IPAD 产品上阅读。其中应用程序《中国百科全书》（简繁）售价 20.99 美元，包含了《中国大百科全书》中国历史卷第一版第三册的全部内容。大百科全书公司认为二被告的行为给其造成巨大的经济损失，请求法院依法判令：二被告停止涉案侵害原告信息网络传播权的行为，并共同赔偿大百科全书公司经济损失人民币 50 万元，以及因维权支出的相关费用共计人民币 39467 元。苹果商贸公司认为自己只是

苹果硬件产品的销售公司，涉案 ITUNES、APP STORE 并非由其经营，其与涉案被控侵权行为无关。苹果公司则认为，自己确系涉案 ITUNES 软件的开发者，但 ITUNES 以及其中的 APP STORE 并非由其经营，而是由其全资子公司即注册成立于卢森堡大公国的 ITUNES S.A.R.L 公司经营，涉案被控侵权行为并非由其实施，即使构成侵权其法律责任也应由 ITUNES S.A.R.L 公司承担。

判决与理由

北京市第二中级人民法院经审理认为：大百科全书公司对《中国大百科全书》中国历史卷第一版享有的著作权应该受到法律保护。苹果公司在其经营的"APP STORE"上以 20.99 美元的价格提供被控侵权应用程序《中国百科全书》（简繁）的下载服务。上述应用程序的全部内容与涉案作品的部分内容相同，且未经大百科全书公司许可，应为侵害大百科全书公司信息网络传播权的侵权应用程序。鉴于苹果公司不能证明涉案应用程序为第三方开发商所开发，应认定该应用程序系苹果公司自行开发。苹果公司未经权利人许可亦未支付费用，自行开发并在"APP STORE"上提供涉案应用程序的付费下载服务，侵害了大百科全书公司依法对《中国大百科全书》中国历史卷第一版享有的信息网络传播权，应承担停止侵权并赔偿经济损失的法律责任。即使根据涉案应用程序的署名认定该应用程序为第三方开发商所开发，鉴于苹果公司参与了涉案应用程序的开发过程，对第三方开发商开发完成的涉案应用程序进行了挑选并独自决定了其在"APP STORE"上的分销，同时在销售收益中分得了固定比例，事实上与第三方开发商共同实施了将涉案侵权应用程序提供给网络用户供其付费后进行下载的行为。苹果公司与涉案应用程序第三方开发商的上述行为仍构成对大百科全书公司信息网络传播权的共同侵害，苹果公司亦应承担相应的法律责任。由于大百科全书公司并未举证证明苹果商贸公司与涉案侵权行为有关，故对其针对苹果商贸公司的诉讼请求不予支持。综上，法院判决苹果公司停止涉案侵权行为；赔偿大百科全书公司经济损失人民币五十万元及因诉讼支出的合理费用人民币二万元。

评　析

"APP STORE"是苹果公司经营的互联网开放平台。所谓互联网开放平台，指公开其应用程序编程接口（API）或函数（Function），使外部程序可以增加该软件系统的功能或使用该软件系统的资源的开放平台。鉴于开放平台商业运营模式能给应用开发者、网络用户和平台运营商带来多方共赢，许多互联网知名企业迅速依托自身核心资源对开放平台抓紧开发运营，苹果公司经营的"APP STORE"便是其中的典型代表。在对"APP STORE"侵权性质进行判定之前，必须先对"APP STORE"经营模式进行分析。

一、"APP STORE"的经营模式

"APP STORE"不同于一般意义上的网络商店，它本身不是一个电子商务网站，而是基于 ITUNES 软件的一个互联网开放平台。对于其经营者身份的确定不能简单按照核实网站经营者的一般程序——即通过查询网站载明的 ICP 许可证号、备案号或查询域名所有人、服务器的相关备案信息来进行，而应该通过平台页面上标识的联系信息、内容、版权所有信息和具体经营情况进行综合分析确认。

具体而言，网络用户在注册苹果网络账户时可以选择接受或者拒绝的关于应用商店的条款和条件中包括"您使用 APP STORE……以及从有关商店购买……许可的行为受您与 ITUNES S.A.R.L 之间的本法律协议的管辖"；"ITUNES 是有关商店的提供商"；"ITUNES 从其在卢森堡的办公地点运行"的记载。苹果公司与第三方开发商签署的《iOS 开发商计划许可协议》的附录中也有关于 iOS 应用开发商如果选择通过"APP STORE"在中国销售收费的应用的许可，必须授权 APPLE 关联公司即 ITUNES S.A.R.L 从事为该等应用程序提供寄放服务、允许存储获许可的应用程序及供最终用户使用，居间向最终用户获得订单，就最终用户的应付价款开具账单，在分销过程中收取佣金的记载。根据这些记载，似乎"APP STORE"的经营者是 ITUNES S.A.R.L。但综合分析"APP STORE"的相关信息可以看到，上述条款和条件的署名人为苹果公司，《iOS 开发商计划许可协议》的文本提供方也是苹果公司，在"APP STORE"的所有运行界面上均标注有苹果公司版权所有或保留所有权利等字样，特别是在"APP STORE"上购买涉案被控侵权应用程序所获得的付款电子单据的落款处亦记载为苹果公司。相反，在"APP STORE"的所有运行界面和应用程序的整个购买过程中，从未出现过 ITUNES S.A.R.L 的名称。综合上述因素，苹果公司作为"APP STORE"技术平台的提供者，在"APP STORE"界面上遍布其信息，要求在"APP STORE"中提供的所有应用程序均须经其审查挑选，为购买者出具电子收据，已经符合了经营者的条件。

在苹果公司运营"APP STORE"的过程中涉及三方主体：

1. 作为经营者的苹果公司。它是整个经营模式的核心和枢纽，在经营过程中扮演了多个角色。首先，负责提供交易平台的开发、技术支持和管理；其次，自行开发应用程序；第三，收费许可第三方开发商使用苹果公司的软件编写、测试可运行在 iOS 环境下的应用程序，为开发商提供相关作业系统、文档资料、软件（源代码和目标代码）、应用程序、示范代码、模拟器、工具、应用程序库存、API、数据等内容和服务；第四，接受第三方开发商开发并提交的应用程序并选择分销及酌情独自决定是否同意分销；第五，向网络用户收取全部销售款项并按比例与相关开发商进行分成。至于苹果公司主张的"APP STORE"的实际经营者 ITUNES S.A.R.L 其实是一家注册成立于卢森堡大公国的苹果公司全资子公司，注册资本仅为12500 欧元，不具有经营"APP STORE"的能力。

2. 第三方开发商。它主要是作为应用程序的提供者存在，在向苹果公司提供详细主体信息进行注册后，可以付费使用苹果公司的软件平台开发应用程序，提交给苹果公司选择后在"APP STORE"中供用户免费下载或购买，并与苹果公司本身或其指定的关联公司进行销售款项分成。

3. 网络用户。网络用户是应用程序的消费者，需要通过在苹果公司指定的网站上下载包含有"APP STORE"的软件"ITUNES"并进行注册后，成为注册用户。注册用户可以在"APP STORE"上下载免费应用程序，也可以通过信用卡网上支付购买收费的应用程序。

二、"APP STORE"的行为定性

从以上经营模式中可以看出，"APP STORE"中供用户免费下载或购买的应用程序有两种来源：一是苹果公司自行开发，二是第三方开发商开发。"APP STORE"中的应用程序出现侵权情形时，因应用程序的来源不同，苹果公司需要承担的责任也有所区别。

在侵权应用程序是苹果公司自行开发的情况下，苹果公司未经权利人许可亦未支付费用，自行开发并在其经营的 APP STORE 上提供侵权应用程序，供网络用户付费后在选定的时间和地点下载的行

为,构成了对作品权利人信息网络传播权的侵害,根据相关法律规定,应承担直接侵权责任。本案中苹果公司即被判决认定为应用程序的开发者,构成直接侵权并承担相应责任。需要指出的是,苹果公司并不认可涉案应用程序系其自行开发,主张在该应用程序中署名的"ZHOU LIANCHUN"是该程序的开发商。根据相关法律规定,当事人对自己提出的主张有责任提供证据。苹果公司作为合同一方,认可其掌握涉案应用程序开发商注册信息以及其与涉案应用程序开发商签订的《已注册的 APPLE 开发商协议》和《iOS 开发商计划许可协议》文本。经法院多次释明,苹果公司仍拒绝向法院提交其与"ZHOU LIANCHUN"签订的《已注册的 APPLE 开发商协议》、《iOS 开发商计划许可协议》以及有关"ZHOU LIANCHUN"真实身份的注册信息,因此,法院在无法确认涉案应用程序为第三方开发商所开发的情况下认定该应用程序系苹果公司自行开发。

在能够确认侵权应用程序是第三方开发商开发的情况下,苹果公司应承担何种法律责任?对于这个问题,存在两种不同意见。

一种意见认为,苹果公司不但收费许可相关开发商使用苹果公司的软件编写、测试可运行在 iOS 环境下的应用程序,为开发商提供相关作业系统、文档资料、软件(源代码和目标代码)、应用程序、示范代码、模拟器、工具、应用程序库存、API、数据等内容和服务,还要求开发商开发的所有应用程序必须向苹果公司提交并由苹果公司选择分销,并同意苹果公司酌情独自决定是否同意分销。同时,经苹果公司同意分销的应用程序在确定分销方式时需要经过苹果公司的挑选,收益要与苹果公司指定的关联公司进行分成。因此,苹果公司并不仅仅是信息存储空间的提供者,其不但参与了涉案应用程序的开发过程,还对第三方开发商开发完成的涉案应用程序进行了挑选并独自决定了其在"APP STORE"上的分销,同时在销售收益中分得了固定比例，构成了事实上与第三方开发商共同实施将涉案侵权应用程序提供给网络用户供其付费后进行下载的行为。苹果公司与涉案应用程序第三方开发商的上述行为构成了对权利人信息网络传播权的共同直接侵害，其仍需承担相应的法律责任。

第二种意见认为，苹果公司为第三方开发商提供开发应用软件所需的技术平台和服务支持，与应用程序内容的侵权不具必然联系。应用程序的侵权，应由其开发者承担侵权责任。对于第三方开发商开发的应用程序，苹果公司经营的"APP STORE"只是提供了信息存储空间，其身份应被认定为"信息存储空间服务提供商"。《信息网络传播权保护条例》第22条规定："网络服务提供者为服务对象提供信息存储空间，供服务对象通过信息网络向公众提供作品、表演、录音录像制品，并具备下列条件的，不承担赔偿责任：（一）明确标示该信息存储空间是为服务对象所提供，并公开网络服务提供者的名称、联系人、网络地址；（二）未改变服务对象所提供的作品、表演、录音录像制品；（三）不知道也没有合理的理由应当知道服务对象提供的作品、表演、录音录像制品侵权；（四）未从服务对象提供作品、表演、录音录像制品中直接获得经济利益；（五）在接到权利人的通知书后，根据本条例规定删除权利人认为侵权的作品、表演、录音录像制品。"苹果公司虽然不需要承担直接侵权责任，但其在提供信息存储空间服务时主动地选择应用程序、以自身名义销售应用程序、收取费用并与第三方开发商进行利益分成，明显超越了"避风港"原则所保护的技术服务提供者的界限，构成间接侵权，仍需承担相应的责任。

对此，笔者倾向于第一种意见。苹果公司收费为第三方开发商开发仅适用于苹果公司电子产品的应用程序提供软件平台和技术支持，同时要求开发商必须向其提交开发完毕的应用程序供其挑选，这说明苹果公司参与了应用程序的开发过程。苹果公司要求其开发商同意其独自决定分销方式,意味着应用程序在"APP STORE"这一渠道分销是由苹果公司独自决定的。同时,苹果公司还直接向网络用户收取销售款项并通过关联公司在销售收入中分得固定的比例。上述事实都说明苹果公司在第三方开发商开发的应用程序销售过程中并不仅仅是单纯的信息存储空间提供商,还是共同合作开发者、上传的挑选决定者、应用程序的出售者和相关软件获益的共同受益者,其行为不是简单的帮助侵权行为,而是与第三方开发商共同提供应用程序、共同获利的直接侵权行为。判决的观点也表明,即使根据涉案应用程序的署名认定该应用程序为第三方开发商"ZHOU LIANCHUN"所开发,被告苹果公司与涉案应用程序第三方开发商的上述行为仍构成对权利人信息网络传播权的共同侵害,苹果公司亦应承担相应的法律责任。

（撰稿人：周多）

17. 接受"云视频"技术服务传播视频作品的第三方网站侵害信息网络传播权的认定

——上海激动网络股份有限公司与武汉市广播影视局、武汉网络电视股份有限公司侵害信息网络传播权纠纷案

案件索引：湖北省武汉市中级人民法院（2012）鄂武汉中知初字第00003号，2012年6月18日判决；湖北省高级人民法院（2012）鄂民三终字第184号，2012年9月4日裁定。

基本案情

原告上海激动网络股份有限公司（简称上海激动公司）诉称：原告斥资160万元（人民币，下同）购得42集电视剧《老大的幸福》之独家信息网络传播权。该剧于2010年3月4日"两会"期间在央视一套隆重首播，引起各界关注并创下央视2010年收视率新高。由被告武汉市广播影视局（简称武汉广电局）备案、被告武汉网络电视股份有限公司（简称武汉网络电视）实际经营的"黄鹤TV"网站（www.whtv.com.cn）未经原告许可，擅自提供该剧的在线播映服务。被告武汉广电局作为行业主管部门，被告武汉网络电视作为专业网络媒体，擅自将电视剧《老大的幸福》上传至被控网站并存储和播映，主观过错明显，严重冲击了该剧在互联网领域的收视以及原告对该剧网络版权的分销，影响到原告与商业伙伴的合作信誉和原告

的经济利益。为此，原告请求：一、判令两被告停止侵权，从被控侵权网站上移除电视剧作品《老大的幸福》，并刊登启事消除影响；二、判令被告赔偿侵权损失 5 万元，并补偿原告为制止侵权所支付的律师代理费 5000 元，合计 55000 元；三、由被告承担诉讼费用。被告武汉广电局辩称：被控侵权网站是由被告武汉网络电视具体经营，该局不应承担民事责任。被告武汉网络电视辩称：以"云视频"技术向被控侵权网站"黄鹤 TV"提供作品的北京新浪公司享有涉案电视剧的许可授权，且被控侵权网站没有上传或存储该作品，故其未侵犯原告的权利。

判决与理由

湖北省武汉市中级人民法院一审查明：2009 年，原告上海激动公司经权利人授权获得电视剧《老大的幸福》的独家信息网络传播权，授权期限自节目于中央电视台首次播出之日起五年。2010 年 3 月 4 日，该剧在中央电视台一套首播。2010 年 3 月 18 日，上海激动公司（合同乙方）与北京新浪公司（合同甲方）就电视剧《老大的幸福》的著作权授权事宜签订《影视作品授权使用合同》。该合同第 3.1 款约定：在甲方完全支付合作金额的前提下，乙方向甲方提供自身拥有合法版权的节目供甲方在其自身经营或运营平台（包括但不限于 www.sina.com.cn 网站及其下属子页面）的基础上，授予甲方基于互联网的非独家的信息网络传播权。合同第 4.1 款约定：甲方只能在其自身宽带应用平台上使用，不得在其他应用平台使用或以其他方式使用或将本协议约定的内容转授权给第三方，否则甲方承担全部法律责任及违约责任。合同第 4.2 款约定：甲方负责将乙方提供的视频节目资源并入甲方的网络系统中供网络用户消费。该合同约定：甲方使用授权作品的期限为2年，自2010年3月18日起至2012年3月17日止。2011年1月14日，北京新浪公司出具《新浪视频播放授权书》，授权北京若博佰思公司对"新浪云视频"项目进行推广和服务，授权期限自2010年12月1日起至2012年1月31日止。北京若博佰思公司员工李艳玲自2011年起负责"新浪云视频"项目向媒体推广的工作，并将武汉广电局作为媒体合作伙伴。项目推广期间，李艳玲曾向武汉广电局员工钱颖通过QQ发送过《新浪视频播放授权书》、《新浪云视频项目合作》PPT、《新浪云视频代码汇总及代码放置方法》的电子文件。根据《新浪云视频项目合作》PPT、《新浪云视频代码汇总及代码放置方法》等项目推广资料，涉案的"新浪云视频"技术具有以下特点：1."新浪云视频"依托视频点播和流媒体技术，是在云端实现视频内容与受众的多点接入、分配匹配的海量版权视频联播平台；2."新浪云视频"合作是以播放页（播放器代码嵌入合作伙伴最终页）为基础，按视频头条、视频榜和整频道等形式模块进行云视频内容输出，合作媒体获取模块代码后可放在主页、频道页，或新开设二级域名，以整频道形式建立新视频频道；3.无新浪外链，不分流合作媒体流量；4.合作网站无须安装播放器，无须带宽和技术，可自定义页面风格；5."新浪云视频"可通过将视频头条嵌入合作媒体主页或其他页面、将视频榜单嵌入合作媒体主页或其他页面、将整版视频频道内容嵌入合作媒体二级域名下、将播放页嵌入合作媒体终端页内等四种方式实现；6.合作媒体需借助"云视频"代码及其放置方法实现"新浪云视频"功能。2011年9月23日,原告上海激动公司的委托代理人在公证员监督下,在公证处对相关的网络证据予以保全：在地址栏输入www.whbc.com.cn进入该网址的网站主页；点击页面上方"黄鹤TV武汉网络电视"

标志，显示 www.whtv.com.cn 的网站主页，网页底部显示了"鄂 ICP 备 05022490"等信息；通过页面左侧"我要看"区域显示"云视频"影片剧照列表、分类和搜索框；在搜索框内输入片名"老大的幸福"后点击搜索，显示搜索结果；点击片名，显示"老大的幸福"文字简介和各集列表；点击该剧的第 1 集、第 16 集和第 41 集，显示内嵌式在线播放页面；涉案作品所处页面最顶端显示有 IE 浏览器图标以及"云视频 –Windows Internet Explorer"文字，紧邻其下的地址栏中显示的地址前半部分为 http://www.whtv.com.cn/whtv2011_ yuntv/。涉案作品的播放器页面左上角有中文"新浪视频"、英文"Sina"的文字及一图标。播放器页面之上还固定保留有"黄鹤 TV 武汉网络电视"、"武汉会客厅"等网站或栏目标志。

湖北省武汉市中级人民法院经审理认为："黄鹤 TV"网站播放涉案作品时，该网站中的主页地址未发生跳转，页面中设置的"黄鹤 TV 武汉网络电视"、"武汉会客厅"等原有栏目名称、版式设计均未发生变化，据此可以认定，被控侵权网站播放涉案作品系运用"新浪云视频"技术。"云视频"代码及其放置方法显然是一种调整和控制通过"新浪云视频"技术获取相关作品播放结果的技术措施，被控侵权网站对"云视频"代码及其放置方法的依赖，同样印证了被控侵权网站传播涉案作品时必须受制于北京新浪公司的事实，进而排除了被控侵权网站自行上传或在网络服务器中自行贮存涉案作品的可能。由此可见，被告网站并未在自己的服务器上贮存涉案作品，而是通过与北京新浪公司的网站形成一种新型链接，实现播放涉案作品的目的。北京新浪公司经上海激动公司许可取得涉案作品信息网络传播权后，其向被告被控侵权网站提供"新浪云视频"服务的行为，本质上仍属在自己服务器上传作品的行为，该行为并非北京新浪公司将其享有"非独家"的信息网络传播权向被控侵权网站再

247

行许可的行为。因此，北京新浪公司通过特定的技术手段，使自己服务器贮存的作品在被控侵权网站上播放的行为，并不违反与上海激动公司的合同约定。被控侵权网站利用"新浪云视频"技术及相关代码获取并播放已被北京新浪公司上传至互联网的涉案作品，是其自愿接受"新浪云视频"服务的行为，该行为同样也未侵犯上海激动公司对涉案作品的信息网络传播权。据此，湖北省武汉市中级人民法院判决驳回原告上海激动公司的诉讼请求。

上海激动公司不服一审判决，于法定期限内提出上诉，请求撤销一审判决，并支持其一审诉讼请求。二审期间，上海激动公司申请撤回上诉，湖北省高级人民法院裁定准许。

评　析

美国学者保罗·戈斯汀（Paul Goldstein）有言："著作权从一开始就是技术之子。"[1]在某种意义上，著作权法是传播技术的产物，随着印刷、广播电视、互联网等技术的创新而不断发展。尤其是互联网技术的快速发展，使得技术问题与法律问题相互交织，催生了许多网络著作权保护的新课题，本案即是一起因互联网新技术发展引发的典型案例。

一、云视频技术服务引发的新型网络著作权法律问题

云视频（Cloud video）是云计算（Cloud Computing）思想的一种应用模式。关于云计算的概念，美国国家标准和技术研究院将其

---

[1] 〔美〕保罗·戈斯汀：《著作权之道：从古登堡到数字点播机》，金海军译，北京大学出版社 2008 年版，第 22 页。

定义为："云计算是一种能以泛在、便捷、按需的方式通过互联网访问可配置的计算资源(计算资源包括网络、服务器、存储、应用、服务),这些资源能够快速部署,并且只需要极少的管理成本或服务提供商的干预。"① 云计算这一概念的核心是:把客户端的计算工作迁移到云服务器,而云服务器却又是完全对用户透明的服务网络集群,云服务器承载用户的具体应用计算任务,从而使得用户面对的终端从设备到软件都极大简化,最终形态将会是零维护的用户软件终端,极大简化了的用户硬件设备,而把复杂并且变化的软硬件放到云端,由专业的人员维护。《著云台》的分析师团队结合云发展的理念认为,云视频是指基于云计算商业模式应用的视频网络平台服务。② 云视频技术旨在将用户从复杂的终端工具、硬件维护和难以管理的软件中解放出来,并将上述工作交由云端的专业人员与专业的服务器去处理。简言之,云视频就是让终端用户在享用视频服务时像打开电视一样简单。

按照传统的分类标准,网络环境中的服务提供者可以分为网络服务提供商(Internet Service Provider,简称 ISP)和网络内容提供商(Internet Content Provider,简称 ICP)两类,ISP 是向广大网络用户提供网络连接、接入或链接等物理基础设施服务的网络服务提供者,ICP 是向广大用户提供网络信息业务和增值业务等有关的内容提供者。人民法院在审理侵犯网络著作权的案件中,通常根据 ISP 和 ICP 的分类标准确定被告的法律地位以及应否承担侵权责任。由

---

① See Peter Mell, Timothy Grance. The NIST Definition of Cloud Computing[EB/OL]. http://csrc. nist. gov/pub-lications/nistpubs/800-145/SP800-145. pdf.(2011-9).[2012-09-10]. 转引自鲍征烨:"云计算著作权问题探析——以 SaaS 模式为例",载《暨南学报》2013 年第 3 期。

② 参见 http://baike.baidu.com/view/4678792.htm?fr=aladdin,最后访问时间:2014 年 9 月 16 日。

于提供网络服务和提供网络内容是相对独立的行为，ISP 和 ICP 划分标准的责任界定比较明确，未经著作权人授权而提供网络内容的行为即直接侵犯了著作权人享有的信息网络传播权，提供网络服务但未尽到合理注意义务则构成帮助侵权。但是，云计算的基本特点是："作为一种软件或服务提供行为，其是以网页浏览器方式通过远程服务器中的软件来执行某些应用功能，其应用成果可以存储于远程服务器，也可下载到用户本地计算机。"① 申言之，云计算是通过软件提供的网络服务，将传统的"软件即服务"（Software as a Service）的应用架构转化为"平台即服务"（Platform as a Service）的网络环境，其结果是"作为作品传播技术的云计算使得技术中立原则所强调的技术（设备）与服务之间的区分变得模糊"②。在云计算条件下，ISP 和 ICP 的区别不再像以往那样明显，这给人民法院的侵权判定带来了挑战。

云视频技术的独特性创造了一种全新的网络文化经营模式，将原属于客户端的复杂硬件和软件承担的计算工作迁移到云端的云服务器中。以本案为例，新浪云视频技术即具有以下全新的特点：其一，北京新浪公司负责向合作网站提供互联网"云视频"技术服务，以内容输出方式在合作媒体网站上免费播放，节目内容的版权归北京新浪公司所有；其二，"新浪云视频"以播放页（播放器代码嵌入合作伙伴最终页）为基础，按视频头条、视频榜和整频道等形式模块进行云视频内容输出，合作网站借助"云视频"代码及其放置方法实现"新浪云视频"功能，获取模块代码后可以以整频道形式建立新视频频道；其三，播放视频作品时，播放器的界面显示有中文

① 梁志文："云计算、技术中立与版权责任"，载《法学》2011 年第 3 期。
② 同上。

"新浪视频"、英文"Sina"等新浪云视频的标志性图标,但此时视频作品播放页面的网址仍然是合作网站的网址,合作网站的原有栏目名称、版式设计、边框设置和商业广告等自身内容予以保留;其四,合作网站无法控制新浪云视频的播放服务,如果北京新浪公司贮存视频作品的网络服务器出现故障或停止所有新浪云视频内容的在线访问与播放输出,则合作网站将无法继续获取并播放视频作品。

新浪云视频服务的上述技术特征表明:北京新浪公司为视频作品提供了向公众开放的贮存服务器,合作网站播放视频作品时是直接从该服务器中调取该作品,因此,对于合作网站而言,既没有在自己的服务器上传视频作品的行为,也不是通过搜索方式获取并在线播放该作品,而是以链接的方式传播北京新浪公司提供的视频作品。在以往司法实践中最为常见的两种链接方式,一种是"直接链接",又称为"首页链接",是指点击当前网页上的超文本链接(Hypertext links)符号,使浏览器的内容从一个网页直接转换到另一个网页或另一个网页的一部分内容;[1]另一种是"深度链接"(Deep-link),又称为"深层链接",在司法实务中通常把不链接到主网页而是直接链接到某个文本、某个图片等的超链接方式,或者点击链接后,可以在不脱离设链网站的情况下,从被链网站下载或者在线打开文件的超链接方式概括为深度链接。[2]在深度链接中,访问者一般看不见链接标志,也感受不到因链接引起的网址等信息的变化。对于云视频技术所涉的链接技术,一审判决认为,被控侵权网站"通过与北京新浪公司的网站形成一种新型链接,实现播放涉案作品的目的"。

---

[1] 朱秀:"深度链接与信息网络传播权的若干问题",载蒋志培主编:《著作权新型疑难案件审判实务》,法律出版社 2007 年版,第 72 页。

[2] 陈锦川:《著作权审判原理解读与实务指导》,法律出版社 2014 年版,第 201 页。

有法官将该类新型链接的特点归纳为，"北京新浪公司通过该技术，许可被控侵权网站在其原有网页边框和网站地址均不改变的情况下访问北京新浪公司的网站，从而实现了将北京新浪公司服务器中的影视作品嵌入到被控侵权网站直接播放的技术效果。"① 这种新型链接实际上是一种类似于"加框链接"（Framing-link）的链接技术，即在本网站的边框和网址均不改变的情况下访问其他网站的内容，使其他网站的内容出现在本网站中，而本网站边框上显示的栏目设置和商业广告等信息不受影响。云视频商业服务模式的新颖性给人民法院审理侵犯信息网络传播权案件带来了新的挑战。

二、云视频传播行为是否侵犯信息网络传播权的司法判定

我国《著作权法》第 10 条第 1 款第（十二）项规定："信息网络传播权，即以有线或者无线方式向公众提供作品，使公众可以在其个人选定的时间和地点获得作品的权利。"《信息网络传播权保护条例》第 26 条第 1 款规定："信息网络传播权，是指以有线或者无线方式向公众提供作品、表演或者录音录像制品，使公众可以在其个人选定的时间和地点获得作品、表演或者录音录像制品的权利。"《最高人民法院关于审理侵害信息网络传播权民事纠纷案件适用法律若干问题的规定》第 2 条将"信息网络"的范围明确界定为："本规定所称信息网络，包括以计算机、电视机、固定电话机、移动电话机等电子设备为终端的计算机互联网、广播电视网、固定通信网、移动通信网等信息网络，以及向公众开放的局域网络。"以上法律和司法解释的规定表明，信息网络传播权的权利构造包括三个部分：一是交互性传播方式；二是传播行为的公开性；三是信息网络传播

---

① 李培民："云视频作品传播方式是否侵权的司法审查"，载《人民司法·案例》2013 年第 14 期。

行为。^①云视频服务的视频作品传播方式，是在计算机互联网的网络环境中，向网络用户公开地传播视频作品，并且，网站提供视频作品的行为和用户接受视频作品的行为也具有交互式的传播特点，用户可以在选定的时间或选定的地点获得该作品，因此，云视频传播方式符合信息网络传播的特点，因云视频技术服务引发的著作权案件属于侵犯信息网络传播权纠纷。

侵犯信息网络传播权的侵权形态，又可分为"直接侵权"和"间接侵权"。按照我国《著作权法》的上述规定，直接侵犯信息网络传播权应当是"向公众提供作品"的行为，对于"提供"的界定，可以理解为："只要将作品'上传'至或放置在网络服务器中供网络用户下载或浏览，就构成对作品的'提供'，而无论是否有人实际进行过下载或浏览。"^②本案中，被控侵权网站虽然在线播放了涉案视频作品，但该网站并未将视频作品上传至自己的服务器，也未将视频作品放置存储在其服务器中，而是通过"加框链接"的方式，在不改变本网站边框设置、网页地址和广告内容的前提下，以嵌入"新浪云视频"播放器模块的传播技术，在线播放北京新浪公司的云服务器中提供的涉案视频作品。因此，被控侵权网站显然不构成对信息网络传播权的"直接侵权"。

被控侵权网站是否构成"间接侵权"，首先应当审查提供视频作品的新浪网站是否构成"直接侵权"。我国《侵权责任法》第8条规定："二人以上共同实施侵权行为,造成他人损害的,应当承担连带责任。"该法第9条第1款规定："教唆、帮助他人实施侵权行为的,应当与行为人承担连带责任。"以上法律规定表明，"间接侵权"成立的前

---

① 梁志文：《数字著作权论——以〈信息网络传播权保护条例〉为中心》，知识产权出版社 2007 年版，第 14 页。

② 王迁：《网络版权法》，中国人民大学出版社 2008 年版，第 68 页。

提是有"直接侵权"行为的存在，侵权责任的主体，既包括侵权行为的直接实施者，也包括教唆、帮助他人侵权的间接实施者。上述规定作为民事侵权的一般法律规定，当然适用于侵犯知识产权的具体情形，正如意大利学者穆索（Musso）指出的那样，"对于协助或间接参与（版权）侵权的责任虽然在版权法中没有规定，但侵权行为法的一般原则可以适用。"[1]因此，在知识产权案件的侵权判定中，"'间接侵权'以'直接侵权'的存在或即将实施为前提。"[2]本案中，被控侵权网站显然不存在"教唆侵权"或"引诱侵权"的情形，被控侵权网站是否构成"帮助侵权"，关键是看与之合作云视频业务的新浪网站是否构成"直接侵权"。信息网络传播权作为一项财产性的经济权利，按照我国《著作权法》第10条第2款、第3款的规定，著作权人可以许可他人行使，也可以全部或者部分转让，并依照约定或者本法有关规定获得报酬。从法院查明的事实来看，上海激动公司与北京新浪公司签订有《影视作品授权使用合同》，并在合同中就涉案电视剧《老大的幸福》授予北京新浪公司基于互联网的非独家的信息网络传播权。由此可见，北京新浪公司经过权利人许可取得了该电视剧的信息网络传播权，该公司在合同约定的授权期内行使其享有权利的行为，并不构成"直接侵权"。据此可以认定，在北京新浪公司不构成"直接侵权"的情况下，与其合作开展"新浪云视频"业务的合作网站也不构成"间接侵权"。

关于被控侵权网站是否构成"许可侵权"的问题。在英美法系

---

[1] Alberto Musso, Mario Fabiani, *ITA International Copyright Law and Practice Scope* 11[1] [a] [ii], Matthew Bender & Company, Inc.（2002）. 转引自王迁、王凌红：《知识产权间接侵权研究》，中国人民大学出版社2008年版，第8页。

[2] 王迁、王凌红：《知识产权间接侵权研究》，中国人民大学出版社2008年版，第5页。

国家的知识产权立法和相关判例中,普遍存在一类被称为"许可侵权"的"间接侵权"类型。例如,英国《版权法》第16条明确规定:"未经版权人同意,许可(authorize)他人实施受版权专有权利限制的行为者构成侵权。"[①]加拿大《版权法》和澳大利亚《版权法》也有类似的规定。[②]关于著作权许可使用的问题,我国《著作权法》第26条明确规定:"许可使用合同和转让合同中著作权人未明确许可、转让的权利,未经著作权人同意,另一方当事人不得行使。"按照该规定,在侵犯著作权的诉讼中,"如果被告抗辩主张经过著作权人许可,他有义务举证证明自己的行为没有超出著作权人的许可范围。"[③]本案中,上海激动公司与北京新浪公司签订的《影视作品授权使用合同》约定:上海激动公司向北京新浪公司提供自身拥有合法版权的节目供北京新浪公司在其自身经营或运营平台(包括但不限于www.sina.com.cn网站及其下属子页面)的基础上,授予北京新浪公司基于互联网的非独家的信息网络传播权,并且,北京新浪公司只能在其自身宽带应用平台上使用,不得在其他应用平台使用或以其他方式使用或将本协议约定的内容转授权给第三方。解读上述合同约定的关键,在于对"自身经营或运营平台(包括但不限于www.sina.com.cn网站及其下属子页面)"的界定。在云视频技术服务模式中,北京新浪公司向被控侵权网站提供"新浪云视频"服务的行为,其本质仍然属于北京新浪公司在自己的云服务器中"上传"视频作品;北京新浪公司通过从"云端"到"客户端"的云视频传播方式提供

① 王迁、王凌红:《知识产权间接侵权研究》,中国人民大学出版社2008年版,第11页。

② 17 USC 106;(Canada)Copyright Act,Sec 3(1);(Australia)Copyright Act 1968,Sec 13(2).

③ 何怀文:《著作权侵权的判定规则研究》,知识产权出版社2012年版,第129页。

视频作品，仍然属于北京新浪公司在不限于 www.sina.com.cn 网站及其下属子页面的自身经营或运营平台上对该视频作品的使用，该行为并非将其享有"非独家"的信息网络传播权许可给被控侵权网站使用。因此，北京新浪公司通过云视频技术方式，将其云服务器中贮存的视频作品提供给被控侵权网站在线播放的行为，并未违反北京新浪公司与上海激动公司的合同约定。接受"新浪云视频"服务的第三方网站即被控侵权网站传播涉案视频作品的行为，同样也未侵犯上海激动公司对涉案视频作品享有的信息网络传播权。

三、网络著作权保护中的利益平衡考量

利益平衡是知识产权制度的重要原则，正如有学者所言，"知识产权法是以利益平衡为基础的法，利益平衡构成知识产权法的基石。"[1]互联网环境下，网络著作权的保护更加复杂，不仅涉及激励著作权人创新和保障社会公众使用，还关涉到新兴互联网文化产业和新型互联网商业模式的发展。可以说，"传统著作权保护主要涉及著作权人与社会公众之间的利益平衡，而网络著作权保护则涉及著作权人、网络服务提供者及社会公众三者利益之间的平衡，网络服务提供者成为利益衡量的重要环节。"[2]

从西方发达国家的网络著作权保护来看，都是高度重视网络著作权保护的利益平衡机制，合理确定网络服务提供者的侵权责任。例如，从美国的司法实践来看，美国联邦最高法院在 1984 年的索尼案中确立了"技术中立"原则，并据此认定索尼公司生产的为了个人目的非商业性地在家庭中改变用户观看电视节目时间的 Betamax

---

① 冯晓青：《知识产权法利益平衡理论》，中国政法大学出版社 2006 年版，第 23 页。

② 孔祥俊：《知识产权法律适用的基本问题——司法哲学、司法政策与裁判方法》，中国法制出版社 2013 年版，第 543 页。

录像机具有"实质性非侵权用途",① 从而为技术服务提供商发展高科技产品和技术扫清了法律障碍,较好地实现了著作权保护与高新技术发展的平衡。在 1995 年的"Netcom"案中,法院否定了 1993 年"Frena"案中认定网络服务提供者应当承担直接侵权责任的判决,并发展了间接侵权的理论。② 本案中,法院正确地认定:网络服务提供者在没有基于自己的意志实施复制、发行、展示等行为的情况下,不可能构成直接侵权,只可能在知晓侵权内容而不及时删除时构成帮助侵权。③ 此后互联网发展历程表明,"Netcom"案中"间接侵权"理论的确立,对于互联网环境中各方利益的平衡发挥了至关重要的作用。在 1998 年美国《数字千年版权法》(DMCA)中,网络服务提供者的责任最终得到了法律确认。DMCA 第二部分"网络著作权侵权责任限制"新增了美国著作权法第 512 条,明文规定了提供传输通道、系统缓存、信息存储、信息搜索等服务的四类网络服务提供者承担侵权责任的限制事由。④

反观我国的网络著作权保护,同样需要平衡著作权人、网络服务提供者及社会公众三者之间的利益。以本案所涉及的云视频技术服务为例,云视频技术服务把客户端的计算工作迁移到云端,由云服务器承载用户的计算任务并由专业的人员维护,使得用户面对的终端设备和软件得到极大简化。应该说,云视频的应用既体现了新兴网络视频服务的技术优势,又很好地满足了广大网络用户的现实

---

① See *Sony Corporation of America et al. v. Universal City Studios*,*Inc.*,et al. 464 U.S.417,at442.

② *Religious Technology Center v. Netcom On-Line Communication Services*,907 F. Supp. 1361,at 1368–1370(N.D.Ca.1995).

③ 王迁:《网络环境中的著作权保护研究》,法律出版社 2011 年版,第 215 页。

④ 吴汉东:"试论网络服务提供者的著作权侵权责任",载《中国法学》2011 年第 2 期。

需求，还极大地方便了优秀文化成果的传播。利用云视频技术传播视频作品虽然可能出现侵犯著作权的现象，但云视频技术显然具有"实质性非侵权用途"的正当性，按照"技术中立"原则，云视频技术服务本身不应认定为侵权。并且，对于接受云视频技术服务的第三方网站而言，其在线播放视频作品的行为受到云视频技术服务提供方的控制，第三方网站自己并不以上传或贮存等方式提供视频作品。在云视频提供方已经获得著作权人授权的情况下，如果判定第三方网站构成侵权，势必影响云视频服务的推广和云视频技术的发展。因此，本案的判决结果，较好地体现了网络著作权保护中的利益平衡，丰富了网络著作权保护的司法实践。

（撰稿人：童海超）

18. 网络实时转播行为的法律性质及侵权认定

—— 央视国际网络有限公司与北京百度网讯科技有限公司及第三人北京搜狐互联网信息服务有限公司侵害著作权纠纷案

案件索引：北京市海淀区人民法院（2012）海民初字第 20573 号，2012 年 12 月 12 日判决；北京市第一中级人民法院（2013）一中民终字第 3142 号，2013 年 5 月 2 日判决。

基本案情

本案为侵犯著作权纠纷案件，涉案作品为 2012 年《春节联欢晚会》（简称 2012 年春晚），著作权人为中央电视台。原告央视国际网络有限公司（简称央视网）是该作品的专有使用权人。在 2012 年春晚直播期间，央视网发现网络用户在北京百度网讯科技有限公司（简称百度公司）网站（www.baidu.com）的页面下可以直接观看 2012 年春晚的"直播"。央视网认为百度公司的这一行为系对涉案春晚的实时转播行为，该行为构成对其著作权的侵犯，据此，要求百度公司赔偿 100 万元经济损失。在一审庭审中，央视网认为百度公司的行为违反了《著作权法》第 10 条第（十七）项有关兜底权利的规定。

被告百度公司对央视网的指控不予认可，其主要的抗辩理由为其所提供的仅是链接行为,网络用户虽然在百度网站页面下可以直接观看涉案视频,但由涉案搜索结果图示中"搜狐视频"的标示,以及该视频播放页面中"来自搜狐视频"的显示,均可以看出涉案视频来源于搜狐网站。至于用户为何可以在百度网站页面下观看搜狐网站中的涉案视频,百度公司的解释为,是因为其使用了 i-frame 技术,这一技术使得用户在搜索结果页面上可直接展示被链接网站的视频,而无须进入被链接网站的页面。

判决与理由

北京市海淀区人民法院认为:涉案 2012 年春晚属于汇编作品,中央电视台作为春晚的汇编者,对其汇编的作品春晚享有著作权。对于百度公司的行为,法院认为,因公证书中显示涉案春晚视频播放图标旁边显示"来自搜狐视频",且春晚播放的画面顶部显示"搜狐视频",画面右上角显示"搜狐视频实时转播",故被控侵权视频春晚系由第三人搜狐公司提供,百度公司仅提供了链接服务,并未侵犯央视网对涉案春晚享有的广播权。据此,法院依据《中华人民共和国著作权法》第 10 条第(十一)项之规定,判决驳回央视网的全部诉讼请求。

央视网不服,向北京市第一中级人民法院提起上诉。

北京市第一中级人民法院经审理认为,依据中央电视台出具的授权书可以认定,央视网对于 2012 年春晚不仅享有广播权,亦享有信息网络传播权以及《著作权法》第 10 条第(十七)项规定的兜底权利。被告百度公司现有证据无法证明其仅提供了链接服务,故应认定被告百度网站直接提供了对涉案 2012 春晚的实时转播行为。在未经著作权人许可的情况下，被告百度公司实施的上述实时转播行为构成对原告央视网所享有的广播权的侵犯。据此，依据《中华人民共和国民事诉讼法》第170条第（二）项之规定，法院撤销原审判决，并判令百度公司赔偿央视网经济损失六万元。

评　析

本案在如下两个问题上的认定具有典型意义。

一、网络实时转播行为的法律性质

本案值得关注之处在于如何认定网络实时转播行为的法律性质。二审判决中对于这一问题进行了较为详细的分析，并依据其初始传播方式的不同，分别将其纳入第10条第（十一）项"广播权"，以及第（十七）项兜底条款的调整范围，这一认定在司法实践中尚属于首次。

与现有类型化的著作权案件不同，本案中，对于涉案网络实时转播行为的法律性质，无论是当事人或是法院，均存在较大分歧。更有甚之，作为原告的央视网在一审及二审程序中的相应观点亦有所不同。在一审程序中，央视网认为该行为属于《著作权法》第10条第（十七）项兜底条款的调整范围；二审程序中，央视网则虽仍坚持认为该行为构成对其著作权的侵犯，但却表示其无法确定应适用的具体条款。而一审法院则认为该行为应属于第10条第（十一）项"广播权"的调整范围。

在此情况下，在本案二审审理过程中，法院首先面临的问题即为央视网是否可以在二审程序中对于其法律适用进行调整。最终，考虑到被诉行为性质的复杂性，以及现有此类生效案件的匮乏，法院认为央视网在二审程序中对其适用的法律条款进行相应变化具有其合理理由。在这一前提下，为准确地界定涉案网络实时转播行为的性质，二审法院梳理了《著作权法》第 10 条中的所有权项，并分别从以下三项规定出发对这一行为的法律性质进行了详细分析：第 10 条第（十一）项"广播权"、第（十二）项"信息网络传播权"以及第（十七）项兜底权利。

对于网络实时转播行为是否属于"信息网络传播权"调整的行为，笔者在二审判决中指出，《著作权法》第 10 条第（十二）项规定，信息网络传播权是指"以有线或者无线方式向公众提供作品，使公众可以在其个人选定的时间和地点获得作品的权利"。鉴于该规定的核心在于使公众可以在"个人选定的时间和地点获得作品"，亦即其调整的是"交互式传播行为"，故不具有"交互式"特点的传播行为显然不属于上述条款的调整范围。对于本案所涉网络实时转播行为而言，因网络用户不能按照其所选定的时间或地点获得该转播内容，故其不具有交互式特点，不属于信息网络传播权的调整范围。

对于网络实时转播行为是否属于"广播权"所调整的行为，笔者在二审判决中指出，《著作权法》第 10 条第（十一）项规定，广播权是指"以无线方式公开广播或者传播作品，以有线传播或者转播的方式向公众传播广播的作品，以及通过扩音器或者其他传送符号、声音、图像的类似工具向公众传播广播的作品的权利"。由该规定可知，广播权调整三种行为：无线广播、有线转播以及公开播放广播。[①] 在这三种行为中，"无线广播"行为至关重要，其不仅为单独的广播行为，同时其亦是其他两种广播行为的初始行为，即其他两种广播行为均是在接收到无线广播信号后，对无线广播的转播。

---

① 参见王迁：《知识产权法教程》，中国人民大学出版社 2011 年版，第 141 页。

鉴于此，在判断某一行为是否受广播权调整时，其首要的判断因素在于其初始传播行为是否为无线广播。因在现有传播方式中，通常只有广播电台、电视台及卫星广播组织的广播行为采用的是无线方式，[①] 故作为"初始广播行为"的"无线广播"通常指的是广播电台、电视台及卫星广播组织的广播行为。相应地，以无线广播为基础的"转播行为"，亦应是对于广播电台、电视台及卫星广播组织的广播进行转播的行为。

具体到网络实时转播行为，考虑到通常情况下此类行为的初始传播行为既可能采用无线方式（即来源于广播电台、电视台或卫星广播组织），亦可能采用有线方式（即来源于其他网站），故基于前述分析，网络实时转播行为是否属于广播权的调整范围，应区分不同情况。只有初始传播采用"无线"方式（即来源于广播电台、电视台或卫星广播组织）的网络实时转播行为受广播权的调整，而初始传播采用"有线"方式的网络实时转播行为，则只能考虑采用其他条款调整。

因初始传播采用"有线"方式的网络实时转播行为不符合《著作权法》第10条中任一具体权项的适用条件，故该行为是否属于《著作权法》第10条第（十七）项兜底条款控制的行为是本案要讨论的问题。

虽然权利法定为著作权权利设定的基本原则，对于这一兜底性权利条款的适用，原则上应采用较为严格的标准，以尽量避免在法律规定之外设立新的权项，从而对权利法定原则产生不利影响。但如果对于某类行为而言，若对其不予禁止将明显有失公平，则应考虑适用兜底条款对其予以调整。初始传播采用"有线"方式的网络

---

① 参见李明德、许超：《著作权法》，法律出版社 2009 年版，第 84 页。

实时转播行为，即属于此种情形。相对于受广播权调整的初始传播采用"无线"方式的网络实时转播行为，二者的差别仅在于采用的技术手段有所不同（即采用的是有线方式，还是无线方式）。在此情况下，如果仅因该转播行为的初始传播行为采用的是"有线"方式，而非广播权中所规定的"无线"方式，从而认定此种网络实时转播行为不属于著作权的调整范围，将意味着完全相同的两个传播行为仅因其采用的技术手段有所不同，而对侵权与否得出不同结论，这一结果不仅显失公平，亦同时违反了著作权法具体权项设置与划分的基本原则。通常情况下不同权项之间的划分应以行为本身的特性，而非该行为所采用的具体技术手段为依据，也就是说，仅仅是技术手段的不同并不会影响到行为性质的认定，目前《著作权法》各权项的设置中均采用了这一原则。我国《著作权法》中对广播权采用的以技术手段作为划分依据的做法，系由立法缺陷所致，而非一般的适用原则。① 基于上述考虑，为尽量弥补"广播权"的立法缺陷，对于初始传播采用"有线"方式的网络实时转播行为适用《著作权法》第10条第（十七）项调整较为合理。② 现有司法实践中通常亦采用这一做法。③

综上，对于网络实时转播行为的法律性质，二审判决中得出如

---

① 《著作权法》中"广播权"的规定来源于《保护文学和艺术作品伯尔尼公约》第11条之2，而《伯尔尼公约》在1971年最后一次修订时有线广播行为还并不普遍，据此这一行为未被纳入广播权的范围。参见王迁：《知识产权法教程》，中国人民大学出版社2011年版，第143页。

② 参见胡康生主编：《中华人民共和国著作权法释义》，法律出版社2002年版，第63—64页。

③ 参见北京市东城区人民法院（2008）东民初字第7905号慈文公司诉被时越网案民事判决书。

下结论：网络实时转播行为依其所转播内容的初始传播方式的不同，应适用不同的法律条款调整。如果其初始传播行为采用的是"无线"方式，则应适用《著作权法》第10条第（十一）项的广播权予以调整。如其采用的是"有线"方式，则应适用《著作权法》第10条第（十七）项的兜底条款予以调整。此外要指出的是，网络实时转播行为并不属于《著作权法》第10条第（十二）项信息网络传播权调整的范围。

本案中，鉴于央视网所获得授权内容中包括《著作权法》第10条第（十一）项及第（十七）项，故无论涉案实时转播行为的初始广播行为系无线广播，还是有线广播，央视网均有权予以禁止。在此基础上，因依据现有证据可以确定涉案实时转播行为的初始转播方式为中央电视台的"无线广播"，故该网络实时转播行为属于广播权调整的范围。在百度公司未获得著作权人许可的情况下，其实施的这一实时转播行为构成对央视网广播权的侵犯。

二、深层链接行为的举证要求

本案另一典型之处在于，二审判决中对于深层链接行为提出了明确的举证要求。二审判决中指出，深层链接提供者原则上应在其网站页面上提供被链接内容的"网络绝对地址"，并确保网络用户点击该地址足以获得涉案内容，仅依据网页上的相关标注将不能证明其提供的系链接服务。

本案中，百度公司抗辩其提供的系搜索链接服务，鉴于涉案公证书中显示，在对2012年春晚的搜索到播放的整个过程中，网络用户均无须进入搜狐网站的相应页面即可观看视频，故如果百度公司确实提供的是链接服务，则该服务应属于链接服务中的"深层链接"。由此可知，百度公司举证的关键在于如何证明其所实施的是深层链接行为。

目前，虽然最高法院的司法解释①以及北京高院的指导意见②中均明确将链接服务的举证责任赋予网络服务提供者，但鲜有判决对于具体的举证要求予以论及。在此情况下，本案二审判决中在充分考虑到双方当事人举证可能性的情况下，对此进行了如下尝试：

1. 仅有网页中的标注不足以证明百度公司提供的链接行为

本案中，百度公司主张其系搜索链接服务提供行为的依据为两个相关页面上的相应标注（即百度网站中有关 2012 年春晚的"搜索结果页面"，以及涉案春晚的"播放界面"），上述两个页面中的相应部位均有"搜狐视频"的标注。对此，二审判决中指出，上述证据显然不具有相应证明力。原因有二：首先，上述"搜索结果页面"中相应标注的标注者为百度网站，而非第三人，考虑到对这一标注进行更改的权利显然在于百度公司，故如果仅由此而认定该内容当然来源于搜狐视频，似乎赋予了百度公司过低的举证责任，以及规避法律的可能性。其次，对于"播放界面"中有关"搜狐视频"的标注，其亦仅能证明百度网站中所播放的春晚节目"来源于"搜狐

① 2012 年颁布的《最高人民法院关于审理侵害信息网络传播权民事纠纷案件适用法律若干问题的规定》第 4 条规定，网络服务提供者能够证明其仅提供自动接入、自动传输、信息存储空间、搜索、链接、文件分享技术等网络服务，主张其不构成共同侵权行为的，人民法院应予支持。原告主张网络服务提供者所提供服务的形式使用户误认为系网络服务提供者传播作品、表演、录音录像制品，但网络服务提供者能够提供证据证明其提供的仅是自动接入、自动传输、信息存储空间、搜索、链接、P2P（点对点）等服务的，不应认为网络服务提供者的行为构成信息网络传播行为。

② 2010 年颁布的《北京市高级人民法院关于网络著作权纠纷案件若干问题的指导意见（一）》第 4 条第 2 款规定，原告主张网络服务提供者所提供服务的形式使用户误认为系网络服务提供者传播作品、表演、录音录像制品，但网络服务提供者能够提供证据证明其提供的仅是自动接入、自动传输、信息存储空间、搜索、链接、P2P（点对点）等服务的，不应认为网络服务提供者的行为构成信息网络传播行为。

网站，但却并不能排除百度公司是直接截取了搜狐网站春晚视频的数据流并"存储"在其服务器上予以转播的可能性，据此，上述情形显然难以证明百度公司仅提供了链接服务。

2.深层链接服务提供者应在页面中显示可被点击的被链接内容的网络绝对地址

百度公司认为，百度网站的搜索结果页面之所以能够直接展示被链接网站的视频，提供深层链接行为服务，系基于 i-frame 技术的运用所致。但鉴于该技术具有实质性非侵权用途，依据技术中立原则，该行为应被认定具有合法性。

二审判决中并未支持百度公司的上述主张，原因在于，网络技术虽具有实质性非侵权用途，但技术本身不构成侵权并不意味着对于网络技术的具体使用形式不受任何限制。网站在使用某项特定技术时，不仅应考虑到该技术为网站带来的利益，更要考虑到这一使用行为在未来纠纷中的举证可能性，亦即如何证明某一情形的发生系由特定技术所致。对这一举证的标准，既不能设定得过高，否则将很可能使网站因举证不能或难度过大而使得该技术客观上无法被应用，亦不能设定过低，否则将可能使权利人承担本不应由其承担的举证责任，或影响权利人举反证的可能性。这就意味着，对于这一举证标准的设定只能因案而异，尽量在二者利益中选取一平衡点。具体到涉案 i-frame 技术，该技术的使用会使得用户无须进入被链接网站即可展示被链接内容，但该技术的使用仅存在于网站后台的运行中，网络用户对此并无认知，故考虑到著作权人维权的可能性以及针对性，判决中要求网站应提供被链接内容（本案中即为搜狐网站中春晚实时转播页面）的"网络绝对地址"，同时应确保网络用户点击该地址足以获得涉案内容。

之所以设定这一标准，一方面是因为这一方式是此种链接形式下设链网站所能做到的最符合链接形式特征的做法，且对设链网站而言并不难达到，不会增加不合理的负担。另一方面，对于著作权人而言，因该链接地址系绝对地址，其如果认为这一链接并不真实，完全可以将该地址输入浏览器栏中予以查验，并不会给著作权人增加不当的举证负担，亦保障了著作权人举反证的可能性。

将这一标准适用于本案中可以看到，在涉案春晚整个播放过程均处于百度网站页面中的情况下，百度公司并未标注涉案春晚实时转播的"网络绝对地址"，而仅是在搜索结果及播放页面上标注有"搜狐视频"等标识，这一外在表现形式显然难以使央视网当然地认为该视频系来源于搜狐网站。退一步讲，即便央视网能够认知这一可能性，但鉴于百度网站并未标注该实时转播内容的"网络绝对地址"，故央视网即便有动机核实该视频的直接来源，客观上亦无法验证。鉴于此，如仅仅依据上述标注即认定其提供的系搜索链接服务，将会不当增加央视网的举证负担，并对其举反证的可能性产生不合理影响。综上可知，百度公司的现有证据尚未达到深层链接行为的举证要求。在此基础上，法院认定百度公司实施了涉案网络实时转播行为，在其未举证证明已获得权利人授权的情况下，该行为构成对央视网"广播权"的侵犯。

（撰稿人：芮松艳）

19. 片段式提供作品及全文复制但不向公众提供的行为性质认定

——王莘与北京谷翔信息技术有限公司、谷歌公司侵害著作权纠纷案

案件索引：北京市第一中级人民法院（2011）一中民初字第1321号，2012年12月20日判决；北京市高级人民法院(2013)高民终字第1221号,2013年12月19日判决。

基本案情

本案为国内唯一一起涉及谷歌数字图书馆的侵犯著作权纠纷案件。本案原告王莘（笔名棉棉）为涉案作品《盐酸情人》的作者。被告谷歌公司为谷歌数字图书馆的制作者，其在制作该数字图书馆的过程中全文复制了原告涉案作品。此后，被告谷歌公司将该作品提供给其在中国的关联公司被告北京谷翔信息技术有限公司（简称北京谷翔公司），由该公司在其经营的谷歌中国网站上向网络用户进行片段式提供（即提供页面中仅显示相关页内容的两三个片段，每个片段约有两到三行，该页面中并不显示图书页面的全部内容）。

原告王莘主张两被告未经其许可全文复制其作品并在谷歌中国网站上进行传播的行为构成对其复制权及信息网络传播权的侵犯，因此，要求两被告停止侵权并赔偿损失。

被告谷歌公司认为因其仅实施了对原告作品的全文复制行为，而该复制行为发生在美国，故中国法院对该行为不具有管辖权。被告北京谷翔公司则认为，因谷歌中国网站仅提供图书的搜索链接服务，并不直接提供作品，且网站内容中仅涉及作品"片段"，被告对此亦无主观过错，故作为该网站的经营者，其不应承担侵犯信息网络传播权的责任。

判决与理由

北京市第一中级人民法院经审理认为：只要民事案件中的侵权行为地之一位于中国，中国法院即对整个案件具有管辖权，而本案所涉谷歌中国网站的经营地点位于中国，故作为被诉信息网络传播行为的侵权行为地，中国法院对本案具有管辖权。在此基础上，法院认为，因被告北京谷翔公司并无证据证明其实施的是搜索链接行为，故可以认定其提供的是信息网络传播行为。虽然被告北京谷翔公司实施这一行为并未经过原告许可，但鉴于该行为符合合理使用行为的实质条件，构成合理使用行为，故被告北京谷翔公司实施的这一行为并未构成对原告信息网络传播权的侵犯。对于被告谷歌公司实施的全文复制行为，法院则认为，因全文复制行为会与原告作品的正常作用相冲突，且已对原告作品的市场利益造成潜在危险，将不合理损害原告的合法权益，故这一全文复制行为未构成合理使用，在被告谷歌公司未经过原告许可的情况下，这一行为构成对原告复制权的侵犯。

综上，在结合考虑原告的知名度、涉案作品的字数、行业内的稿酬标准、谷歌公司的使用方式及主观恶意等因素的情况下，法院判令被告谷歌公司停止侵权，并赔偿原告经济损失 5000 元，合理支出 1000 元。

被告谷歌公司不服，向北京市高级人民法院提起诉讼，北京市高级人民法院经审理判决：驳回上诉，维持原判。

评　析

本案既涉及网络环境下著作权的保护，亦涉及对著作权传统理论的理解与适用，以下问题尤其值得关注：

一、被告北京谷翔公司是否实施了信息网络传播行为

本案中，原告主张被告北京谷翔公司经营的谷歌中国网站向公众提供涉案作品的行为属于信息网络传播行为，但被告北京谷翔公司主张该行为仅系搜索、链接服务行为。因上述两类行为具有不同的侵权认定要件，因此，法院首先要对被告行为的性质予以确认。

对于何为"信息网络传播行为"，《中华人民共和国著作权法》虽然未予规定，但因"信息网络传播权"对应的行为即为信息网络传播行为，因此，依据著作权法第 10 条第（十二）项有关信息网络传播权的规定可知，信息网络传播行为是指以有线或者无线方式向公众提供作品，使公众可以在其个人选定的时间和地点获得作品的行为。依据上述规定可知，信息网络传播行为包括"有线或无线方式"、"公众"、"个人选定的时间和地点"、"提供行为"等多个要件。本案中，原、被告的分歧则主要体现在对"提供行为"这一要件的不同理解。

对于何为"提供行为"，司法实践中曾存在过服务器标准与用户感知标准的分歧。但随着对信息网络传播行为理解的不断加深，这一分歧正在逐渐消失。北京市高级人民法院 2010 年出台的《关于网

络著作权纠纷案件若干问题的指导意见（一）》第 2 条对服务器标准进行了确认。① 由该规定可以看出，如果被诉作品并非处于被告服务器，则即便被告网站的外在表现形式会使得网络用户误认为是被告在提供作品，亦不能认定该行为属于信息网络传播行为。该规定颁布后，北京法院系统基本对该问题已达成共识。

在确认"提供行为"的认定应采用服务器标准的情况下，随之而来应解决的问题是如何证明被诉作品处于被告服务器中这一事实。这一问题的核心在于举证责任的承担，即应由原告还是被告承担对这一事实的举证责任。

对此，北京市高级人民法院的指导意见第 8 条② 以及 2013 年施行的《最高人民法院关于审理侵害信息网络传播权民事纠纷案件适用法律若干问题的规定》第 4 条中③ 均明确规定，上述规定意味着，通常情况下，如果网络用户在被告网站的页面下即可以获得相关内容，则除非被告提交反证，否则可推定该内容存储于被告网站的服务器中，并进而认定被告实施了提供行为。

---

① 第 2 条规定，"信息网络传播行为是指将作品、表演、录音录像制品上传至或以其他方式将其置于向公众开放的网络服务器中，使公众可以在选定的时间和地点获得作品、表演、录音录像制品的行为。"

② 第 8 条规定，"网络服务提供者主张其仅为被诉侵权的作品、表演、录音录像制品提供了信息存储空间、搜索、链接、P2P（点对点）等服务的，应举证证明。网络服务提供者不能提供证据证明被诉侵权的作品、表演、录音录像制品系由他人提供并置于向公众开放的网络服务器中的，可以推定该服务提供者实施了信息网络传播行为。"

③ 第 4 条规定，"网络服务提供者能够证明其仅提供自动接入、自动传输、信息存储空间、搜索、链接、文件分享技术等网络服务，主张其不构成共同侵权行为的，人民法院应予支持。原告主张网络服务提供者所提供服务的形式使用户误认为系网络服务提供者传播作品、表演、录音录像制品，但网络服务提供者能够提供证据证明其提供的仅是自动接入、自动传输、信息存储空间、搜索、链接、P2P（点对点）等服务的，不应认为网络服务提供者的行为构成信息网络传播行为。"

之所以作此推定，是因为被告网站服务器处于被告的控制下，原告通常只能固定该网站网页中所显示的内容，而对于相关内容的具体存储位置客观上很难取证证明。如果在相关内容处于被告网站页面中的情况下，仍不能推定被告网络服务器中存有该内容，则将意味着除非被告自认，否则原告客观上将无法举证证明任一网站实施了信息网络传播行为，这显然有悖公平，也对原告苛以过高的举证责任。据此，在结合考虑原被告双方举证可能性的情况下，依据网页中显示内容而作出上述推定具有合理性。当然，这一推定并非不能被推翻，只是这一举证责任应由被告承担，即如果被告对此不予认可，则其应提交相关反证。

具体到本案，由原告提交的公证书中可以看出，涉案网站提供涉案作品的整个过程均在涉案网站页面下，既未跳转到其他网站的页面中，其地址栏中的网址亦未变更为其他网站的地址。故上述情形可以初步推定涉案作品系存储于被告北京谷翔公司所经营的涉案网站的服务器中。被告北京谷翔公司虽主张其提供的系搜索链接服务，涉案作品并不存储于其服务器中，但其并未提交相应证据佐证。同时，对于涉案网站在其提供图书搜索链接服务时，为何整个过程均会一直处于涉案网站页面下，被告北京谷翔公司虽称系由涉案网站中所采用的图书搜索这一新模式所导致，但对于这一图书搜索模式如何导致这一情形的出现，其亦并未做出解释，且认为该事实属于客观上难以证明的事实，无法举证。被告谷翔公司的上述理由显然难以让人信服。鉴于此，在被告北京谷翔公司既未提交反证，亦未进行合理解释的情况下，考虑到整个涉案传播过程均处于被告北京谷翔公司网站页面中，法院合理认定涉案作品存储于被告北京谷翔公司的服务器中，被告北京谷翔公司实施了对涉案作品的信息网络传播行为。被告北京谷翔公司认为其提供的系搜索、链接服务行为的主张不能成立。

二、被告北京谷翔公司片段式提供涉案作品的行为是否构成合理使用行为

判断他人实施的行为是否构成对著作权的侵犯，通常应考虑以下要件：是否实施了著作权人控制的行为；是否经过著作权人许可；是否构成合理使用。

具体到本案，鉴于涉案网站中提供涉案作品的行为构成信息网络传播行为，且被告北京谷翔公司明确认可该行为并未取得著作权人的授权，故判断该行为是否构成侵权的关键在于其是否属于对原告作品的合理使用。

《著作权法》有关合理使用的规定体现在第 22 条，该条款中明确规定了十二种可能构成合理使用的情形，除此之外并无兜底条款。这一立法模式意味着，除上述十二种情形之外的其他类型的行为均不应被认定构成合理使用行为。鉴于上述十二种情形中并不包括本案所涉片段式的提供行为，故如严格依据著作权法的规定，其显然不应被认定构成合理使用行为。

但司法实践中，法院在一些案件中已突破现行著作权法规定，认定除上述十二种情形以外的其他行为构成合理使用行为。如在覃绍殷案中，法院认定被告在拍卖预展图册中对于原告作品的使用构成合理使用。[①] 在吴锐案中，法院认为被告经营的图书搜索类网站中对于原告作品片段的使用构成合理使用，[②] 等等。在现有案件中已提供了突破现行法律规定认定合理使用行为的先例，且在一些情况下，如不认定涉案行为构成合理使用确会对公众利益产生较大影响，

① 参见北京市第一中级人民法院（2003）一中民初字第 12064 号民事判决书。
② 参见北京市海淀区人民法院（2007）海民初字第 8079 号民事判决书。

本案所需要解决的问题即在于判断涉案信息网络传播行为是否符合合理使用的"实质条件"。

结合考虑合理使用制度的设立目的、《著作权法》第22条及《著作权法实施条例》第21条具体规定可以看出，如果某一行为虽属于著作权人所控制的行为，但其不影响著作权人对作品的正常利用方式，且不会对著作权人的利益造成"不合理"的损害，则该行为符合合理使用行为的"实质条件"。当然，判断某一行为是否会对著作权人的利益造成"不合理"的损害，并无统一的判断标准，而应结合具体情形予以判定。

具体到本案，在综合考虑如下因素的情况下，法院对于这一合理使用问题持肯定态度：

1. 涉案信息网络传播行为并不属于对原告作品的实质性利用行为，尚不足以对原告作品的市场价值造成实质性影响，亦难以影响原告作品的市场销路。

本案中，原告作品为文字作品，原告创作涉案作品的根本目的在于通过文字表述向读者传递其思想感情，因此，对于无法使读者相对完整地获知作者思想感情的使用行为，较难认定其属于对原告作品的实质性使用行为。本案中，被告北京谷翔公司对原告作品的使用系片段化的使用，其所提供给网络用户的既不是"连续"的作品章节，亦不是作品的"整个"段落，而仅是作品中的片段，每一片段一般为两三行或三四行，且各个片段之间并不连贯。这一使用方式使得网络用户在看到上述作品片段后，较难相对完整地知晓作者所欲表达的思想感情。鉴于此，法院认为，这一行为尚未构成对原告作品的实质性利用行为。同时，涉案网站的这一片段化提供行为客观上亦较难满足网络用户对此类作品的基本需求。用户如欲阅读该作品，通常会依据网页中所提供的涉案网页中已载明的原告作品名称、作者名称以及相关出版信息等信息采用购买的方式获得这一作品。鉴于此，法院认为，被告北京谷翔公司实施的涉案行为客观上尚未对原告作品的市场销售起到替代作用，不足以对原告作品的市场价值造成实质性影响，亦难以影响原告作品的市场销路。

2.涉案信息网络传播行为所采取的片段式的提供方式，及其具有的为网络用户提供方便快捷的图书信息检索服务的功能及目的，使得该行为构成对原告作品的转换性使用行为，不会不合理地损害原告的合法利益。

本案中，由涉案网站所采取的片段式的提供方式可以看出，其对于原告作品的传播行为并非为了单纯地再现原作本身的文学艺术价值或者实现其内在的表意功能，而在于为网络用户提供更多种类、更为全面的图书检索信息，从而在更大范围内满足网络用户对更多图书相关信息的需求。鉴于保护著作权人利益以及促进作品的传播一直以来均是著作权法两个并行不悖的基本原则，著作权法为著作权人所提供的保护范围及程度不应影响公众对作品以及作品信息的合理需求，故在涉案片段式使用行为并未实质性地再现原告作品表意功能，且又在较大程度上实现了相应图书信息检索功能的情况下，这一行为已构成对原告作品的转换性使用，不会对原告对其作品的正常使用造成影响，亦不会不合理地损害原告的合法利益。

综上，被告北京谷翔公司实施的涉案信息网络传播行为虽然未经原告许可，但鉴于其并未与作品的正常利用相冲突，也没有不合理地损害著作权人的合法利益，因此，该行为属于对原告作品的合理使用，并未构成对原告信息网络传播权的侵犯。

三、被告谷歌公司的全文复制行为是否构成合理使用行为

基于与涉案信息网络传播行为相同的理由，本案中，判断谷歌公司的全文扫描行为是否构成对原告复制权的侵犯，其关键亦在于该行为是否构成合理使用行为。

依据前文所提到的认定合理使用的实质条件，法院在结合考虑如下因素的情况下，认定涉案全文复制行为未构成合理使用行为。

1. 就行为方式而言，这一"全文复制"行为已与原告对作品的正常利用方式相冲突。

著作权人对于作品的正常利用方式以《著作权法》第11条中规定的具体利用方式为限，其中最为基本亦最为重要的一种方式即为复制行为。依据著作权法的规定，如果他人希望复制著作权人的作品，则其有义务向著作权人支付"许可费"，该许可费即为复制权为著作权人所带来的经济利益，而发放许可亦即属于对作品的正常利用方式。当然，并非"任何程度"的复制行为均会与著作权人对作品的正常利用方式相冲突，否则将不会存在针对复制行为的合理使用情形。但无论如何，复制程度最高的"全文复制"行为，显然应属于此种情形。如果全文复制行为亦不被认定与著作权人对作品的正常利用方式相冲突，则必将使得著作权人对于复制行为的控制缺乏实质意义，亦使得著作权法中对于复制行为的规定形同虚设。鉴于此，法院认为，在谷歌公司所实施的是全文复制行为，而该行为必然影响到原告对作品的复制行为收取许可费的情况下，该行为已与原告对作品的正常利用相冲突。

2. 就行为后果而言，这一全文复制行为已对原告作品的市场利益造成潜在危险，将不合理地损害原告的合法利益。

本案中，原告虽无证据证明被告谷歌公司除全文复制行为外，亦同时实施了其他后续传播行为，但这一全文复制行为却会在以下两方面对原告的市场利益造成潜在危险：

其一，这一全文复制行为会为"谷歌公司"未经许可对原告作品进行后续利用提供很大程度的便利。本案中，由查明事实可知，谷歌公司之所以对作品进行全文复制行为，其目的并不仅仅在于复制行为本身，而在于为用户提供相应作品，也就是说，其复制的目的在于对作品的"后续利用"。虽然被告主张后续的利用行为系以与权利人合作为前提，但很显然，原告对于谷歌公司是否会在后续利用作品之前取得其许可并无控制能力，考虑到在全文复制的情况下，谷歌公司对原告作品的后续使用行为显然更加容易，法院合理认为，谷歌公司这一全文复制行为会为原告利益带来很大潜在风险。

其二，这一全文复制行为亦会为"他人"未经许可使用原告作品带来较大便利。虽然谷歌公司所复制的原告作品系保存于谷歌公司的服务器中，但就现有技术而言，他人通过破坏技术措施等方法获得谷歌公司存储在其服务器中的原告作品，并非不具有可操作性，因此，谷歌公司这一全文复制行为不仅有利于其本身对原告作品的后续利用，亦会为他人未经许可利用原告作品带来便利。

基于上述考虑，法院认为，谷歌公司对原告作品进行全文复制的行为已与原告作品的正常利用相冲突，亦会不合理地损害著作权人的合法利益，这一复制行为并未构成合理使用行为，已构成对原告著作权的侵犯。

四、与本案相关的其他问题

本案中，法院除对被诉复制行为及信息网络传播行为是否侵权作出认定之外，亦对以下问题得出结论。

1. 被告北京谷翔公司的信息网络传播行为构成合理使用，并不意味着谷歌公司的"全文复制"行为亦构成合理使用。

实践中有观点认为，因被告北京谷翔公司实施的涉案信息网络传播行为系以复制为前提，因此，如认定该信息网络传播行为构成合理使用，则意味着被告谷歌公司的"全文复制"行为亦构成合理使用行为。

对此，法院指出，虽然法院已认定被告北京谷翔公司实施的涉案信息网络传播行为构成对原告作品的合理使用，而该行为系以对原告作品的复制为前提，但因该信息网络传播行为系片段式提供行为，其目的在于使网络用户对原告作品具有一定程度的了解，而为这一目的进行复制行为仅需涉及原告作品的一部分即可，并不以全文复制为前提，且本案现有证据中亦无法看出涉案网站已全文复制原告作品。故该信息网络传播行为构成合理使用仅意味着为该行为而进行的"部分"复制行为构成合理使用行为，与被告谷歌公司实施的"全文"复制行为是否构成合理使用并无必然联系。

此外，笔者要强调的是，虽然现有《著作权法》第 22 条规定的各种合理使用行为中，很多均以复制为前提，但这并非意味着只要以合理使用为目的的任何程度的复制行为均构成合理使用行为，全文复制行为原则上较难被认定其构成合理使用行为。例如，《著作权法》第 22 条有关"为个人学习、研究或者欣赏，使用他人已经发表的作品"的行为中，很可能包含对他人作品的复制行为，但如果这一复制行为属于全文复制，则即便其以个人学习为目的，亦较难认定其构成合理使用。原因在于，《著作权法》第 22 条中所规定的各种使用行为只有在同时符合《著作权法实施条例》第 21 条有关三步检验法规定的情况下，才可能构成合理使用行为。而依据三步检验法可知，合理使用行为的认定前提之一在于，这一行为不会对著作权人利益造成不合理的损害。但对于个人全文复制他人作品的行为而言，即便其是以个人学习为目的，但这一全文复制行为很可能会使权利人少销售该作品一份，因此，很难认定其对著作权人的利益未造成不合理的损害。当然，笔者并非认为只要全文复制行为当然构成侵权，而仅是认为对于全文复制行为是否构成合理使用行为，应尽量采用谨慎的态度。

2. 是否存在对复制件的后续使用或传播行为，原则上不影响对于单独的复制行为本身是否构成侵权的认定。

鉴于本案现有证据仅可以证明被告谷歌公司进行了全文复制行为，却无法看出其对原告作品实施了任何"后续"的使用或传播行为，因此，实践中有观点认为，因被告谷歌公司这一"单独"的复制行为并未对著作权人造成任何损害，因此，不应认定其构成侵权行为。

对此，法院认为，鉴于依据著作权法的相关规定，"单独"的复制行为即应向著作权人征得许可并交纳许可费，因此，即便并无后续的使用或传播行为，单独的复制行为如未经著作权人许可，亦原则上应认定构成侵权行为，而非必然构成合理使用，除非其符合著作权法中有关合理使用的相关规定以及实质条件。

对于著作权法为何规定"单独"的复制行为亦原则上构成侵权行为，有观点认为，是因为使用作品在多数情况下需以复制为前提，禁止他人未经许可复制作品，能够有效地禁止他人未经许可实际使用作品。这一观点显然具有合理性，但却并非上述规定的根本原因。如果仅仅认为因复制是其他侵权行为的前提，则无法解释，为何在并无后续侵权行为的情况下，却仍认定复制行为构成侵权。

本案中，法院指出，著作权法之所以规定即使单独的复制行为亦原则上构成侵权行为，其根本原因在于单独的复制行为亦会对著作权人的经济利益造成损害。这一损害主要体现为以下两方面：

其一，单独的复制行为可能会对著作权人的经济利益造成"现实"损害。这一"现实"损害通常来源于他人以"使用"为目的而对作品进行复制的行为。此类复制行为虽然并不会使公众获得这一复制件，但因该行为使复制者在无须购买合法复制件的情况下即可使用这一作品，故这一复制行为必然会影响到合法复制件的销售，相应地，其亦必然对著作权人的现实利益造成实际损害。

举例而言，某老师复制他人学术图书十本，免费赠送给其研究生使用。因向研究生赠送的行为并不属于著作权法所规定的发行行为，因此，在整个行为过程中，只有复制行为属于著作权所控制的行为。但这一单独的复制行为已足以使得研究生无须购买即可使用这一学术图书，从而导致著作权人可能因此而减少十本销售量，并进而对其经济利益造成现实损害。

其二，单独的复制行为可能会对著作权人的经济利益造成"潜在"危险，这一"潜在"危险通常来源于他人以"传播作品"（如发行、广播、信息网络传播等）为目的而进行的复制行为。此种情况下，虽然实际的传播行为尚未发生，但这一复制行为所具的传播目的使得其对著作权人经济利益所存在的潜在危险是显而易见的，如不及时对其予以制止，将必然会导致实际损害的发生。因此，这一潜在危险亦属于著作权法所禁止的损害情形之一。

基于上述考虑，包括中国在内的各国著作权法均将单独的复制行为规定为著作权人控制的行为，这也就意味着，即便不存在后续的使用及传播行为，单独的复制行为本身亦不属于对作品的合理使用方式。

（撰稿人：芮松艳）

20. 网页快照提供行为的侵权认定

——丛文辉与北京搜狗信息服务有限公司侵害著作权纠纷案

案件索引：北京市海淀区人民法院（2013）海民初字第 11368 号，2013 年 6 月 24 日判决；北京市第一中级人民法院（2013）一中民终字第 12533 号，2013 年 12 月 10 日判决。

基本案情

本案涉及对网页快照提供行为的著作权侵权认定问题。涉案作品是丛文辉创作的名为《可耻的幸灾乐祸》的体育评论文章，字数约为一千字。该作品原登载在天涯社区，但在天涯社区删除该作品五个月后，丛文辉通过北京搜狗信息服务有限公司（简称搜狗公司）经营的搜索引擎网站（www.sogou.com）进行搜索，仍能搜索到该作品的网页快照。

丛文辉认为搜狗公司提供网页快照的行为属于信息网络传播行为，该行为侵犯了其对涉案作品享有的著作权。搜狗公司对此并不认同，认为该行为应属于搜索链接服务提供行为。搜狗公司同时指出，因丛文辉在提起本案诉讼前，并未向其发出通知要求删除、屏蔽网页快照，且在丛文辉起诉前搜狗公司就已经自动删除涉案作品链接，不存在侵权的主观过错，故搜狗公司不应承担侵权责任。

判决与理由

北京市海淀区人民法院经审理认为：搜狗公司实施的网页快照提供行为属于系统缓存行为，因该行为不符合《信息网络传播权保护条例》第21条中对系统缓存行为所做的免责规定，故其已构成对丛文辉所享有的著作权的侵犯。在搜狗公司已删除涉案网页快照的情况下，法院不再判令搜狗公司停止侵权，但搜狗公司应承担赔偿丛文辉经济损失二千二百六十九元二角的民事责任。

搜狗公司不服一审判决，向北京市第一中级人民法院提起上诉。

北京市第一中级人民法院经审理认为：涉案网页快照提供行为既非《信息网络传播权保护条例》第21条规定的系统缓存行为，亦非该条例第23条规定的搜索链接行为，其属于受《著作权法》第10条第（十二）项调整的信息网络传播行为。鉴于该行为并不会对丛文辉的权益造成实质损害，且如认定其构成侵权将会对公众利益造成不合理的影响，故该行为符合合理使用行为的实质要件，构成合理使用行为。据此，搜狗公司实施这一行为虽未获得丛文辉的许可，但其并未构成对丛文辉所享有的著作权的侵犯。综上，北京市第一中级人民法院判决撤销原审判决，驳回丛文辉的全部诉讼请求。

评　析

本案的审理焦点在于如何认定网页快照提供行为的法律性质。因司法界以及学术界对此问题一直存在很大分歧，故虽然北京法院曾经受理过一起此类案件，① 但本案中所作出的相关认定仍值得关注。作为本案二审主审法官，笔者现对此问题进行简要分析。

一、网页快照提供行为的性质认定

本案中，针对涉案网页快照提供行为的性质，原、被告双方以及一审法院持完全不同的三种观点。原告丛文辉认为该行为属于信息网络传播行为，被告搜狗公司主张其行为系搜索链接提供行为，而一审法院则认为其属于系统缓存行为。在此情况下，如何认定该行为的性质显然是二审法院首先应予解决的问题。

二审法院认为，对该行为法律性质的判断应以其客观特性为基础。网页快照服务行为虽然是搜索引擎在提供搜索服务时所附带提供的服务，但其并不等同于搜索服务。网页快照是搜索引擎的爬虫程序在对互联网各网页进行搜索时对各网页所作的复制件，该复制件存储于搜索引擎的服务器中，如果网络用户点击搜索结果中的"快照"选项，则搜索引擎将会从其服务器中调取该网页快照向网络用户提供。鉴于在这一过程中是搜索引擎在向网络用户提供作品，且这一行为足以使网络用户在其选定的时间或地点获得作品，故搜索引擎实施的这一行为应属于《著作权法》第 10 条第（十二）项信息网络传播权所调整的行为。相应地，其必然不属于《信息网络传播权保护条例》第 21 条规定的系统缓存行为，以及第 23 条规定的搜索链接行为。

二、网页快照提供行为是否构成合理使用行为

在法院已认定涉案网页快照提供行为属于信息网络传播行为的情况下，鉴于搜狗公司实施这一行为并未经过著作权人丛文辉的许

---

① 参见北京市高级人民法院（2007）高民终字第 1729 号王路诉雅虎公司侵犯著作权纠纷案民事判决书。

可，故本案侵权认定的关键在于该行为是否构成合理使用行为。

《著作权法》有关合理使用的规定体现在第 22 条，该条款中明确规定了十二种可能构成合理使用的情形，除此之外并无兜底条款。这一立法模式意味着，除上述十二种情形之外的其他类型的行为均不应被认定构成合理使用行为。鉴于上述十二种情形中并不包括涉案网页快照提供行为，故如严格依据著作权法的规定，其显然不应被认定构成合理使用行为。

但司法实践中，法院在一些案件中已突破现行著作权法规定，认定除上述十二种情形以外的其他行为构成合理使用行为。如在覃绍殷案中，法院认定被告在拍卖预展图册中对于原告作品的使用构成合理使用。① 在吴锐案中，法院认为被告经营的图书搜索类网站中对于原告作品片断的使用构成合理使用，② 等等。

在现有案件中已提供了突破现行法律规定认定合理使用行为的先例，且在一些情况下如不认定涉案行为构成合理使用确会对公众利益产生较大影响的情况下，本案二审法院所需要解决的问题即在于判断涉案网页快照提供行为是否符合合理使用的"实质条件"。

1. 合理使用行为的实质条件

本案中，在结合考虑合理使用制度的设立目的、《著作权法》第 22 条及《著作权法实施条例》第 21 条具体规定的情况下，二审法院认为，如果某一行为虽属于著作权所控制的行为，但其不会对著作权人的利益造成"不合理"的损害，且同时有利于社会公众利益，则该行为符合合理使用行为的"实质条件"。

当然，法院同时指出，判断某一行为是否会对著作权人的利益

---

① 参见北京市第一中级人民法院（2003）一中民初字第 12064 号民事判决书。
② 参见北京市海淀区人民法院（2007）海民初字第 8079 号民事判决书。

造成"不合理"的损害,并无统一的判断标准,而应结合具体情形予以判定。对于信息网络传播行为而言,因著作权人许可网站对其作品进行信息网络传播,属于著作权人正常行使信息网络传播权的方式,故如果他人未经许可所实施的信息网络传播行为,对于著作权人所许可的网站具有"实质性替代作用",从而使得网络用户通常情况下并不会再访问该合法网站,而直接利用他人所提供的内容即可获取作品,则应认定这一行为与著作权人对作品的正常利用相冲突,会"不合理"地损害著作权人的合法利益。反之,则难以得出这一结论。

2. 涉案网页快照提供行为是否符合合理使用行为的实质条件

本案中,二审法院分别从著作权人、网络用户、网页快照提供者、社会公众的角度对于涉案行为的性质进行分析,并最终认定该行为尚不会"不合理"地损害著作权人的利益,符合合理使用行为的实质要求。

(1)对网络用户而言,网页快照并不会"实质性替代"来源网页。

判断网页快照提供行为是否会"不合理"地损害著作权人的利益,其重要因素之一在于该行为是否会对著作权人利用作品的正常方式产生实质性替代作用。因在网络环境下,著作权人自行传播或许可其他网站传播其作品,是其最为常见的利用作品的方式,故如果网络用户会使用"网页快照",而非进入"来源网页"获得相关作品内容,则可认定网页快照提供行为已对著作权人正常的使用方式产生实质性替代作用。

在结合考虑网页快照以下特性的情况下,二审法院认为,网页快照提供行为尚不足以改变网络用户的上网习惯,故其对于来源网页尚不具有"实质性替代作用":

其一,网页快照仅是对"文本"内容的复制。网页快照虽是对来源网页的复制，但其所复制的来源网页内容仅限于文本，而不包括来源网页中可能包含的音频、视频等其他类型文件。因单独的文本内容显然无法满足网络用户对于网络内容多样化的需求，故网页快照的这一特点使得网络用户通常仍会选择来源网站，而非网页快照获取内容。

其二，网页快照并非"实时"更新。现有的技术水平决定了网页快照无法做到实时更新；不仅如此，一些情况下，基于网页本身的活跃程度以及搜索引擎的不同算法等因素，甚至存在有些网页快照会几个月甚至一年均未更新的情形。这一情形显然无法满足网络用户对于网页内容时效性的要求，故这一特点亦使得网络用户通常不会选择网页快照获取内容。

其三，网页快照仅是对"单个"网页的复制。一些情况下，来源网站会将一个作品（如一本图书）分若干网页显示，网络用户需通过页面中的翻页设置以获得上页或下页内容。但对于网页快照而言，情况则有所不同。鉴于网页快照仅是对"单个网页"的复制，故在网页快照模式下，网络用户无法通过正常网页中的翻页设置获得下页内容，而仅能通过较为复杂的再次搜索获得。鉴于在有选择的情况下，网络用户通常会选择简单便捷的获得搜索内容的方式，而非复杂的方式，因此，网页快照所具有的这一特点使得网络用户通常并不会选择网页快照获得相应内容。

其四，网页快照图标通常位于网络用户相对不易关注的位置。就网络用户整体的一般注意力而言，其通常较少会选择网页快照服务获得其搜索内容。此外，从快照提供者的主观意图看，其为快照标识所设置的位置，亦说明确实主观上仍更希望网络用户点击搜索结果，而非快照图标以获取相关内容。

（2）就网页快照提供者而言，搜狗公司提供网页快照的行为并不具有直接营利目的，且客观上亦未获得直接利益。

本案中，搜狗公司仅将"快照"标识置于相对不易被关注的角落位置，而将被链接网站的搜索结果放置于最为显著的位置，这一标注方式意味着搜狗公司更希望网络用户进入被链接网站获得相关内容，而非进入网页快照。相应地，这也说明其亦仅是将网页快照作为访问来源网站的备用方法而已，而不具有明确的营利目的。

此外，网页快照提供者是否从快照提供行为中获取直接利益，亦会在一定程度上影响到对是否"不合理"地损害了著作权人利益的判断。但涉案网页快照与来源网页相比，其差别仅在于快照在来源网页外进行了加框，该加框中仅显示有其网页来源等少量信息，而并无任何广告等营利性内容。这一情形亦说明涉案网页快照提供行为并未为搜狗公司带来直接利益。

（3）就著作权人而言，丛文辉未向搜狗公司提出删除网页快照的通知。

判断网页快照提供行为对于著作权人利益所产生的影响是否为"不合理"的影响，不仅应考虑前文中已提及的两个因素，同时亦应考虑著作权人的主观意图。如果著作权人已明确向快照提供者发送通知，要求其删除网页快照，则提供者有义务将其删除，否则将可以合理认定该行为已对著作权人的利益造成"不合理"的损害。反之，则难以得出这一结论。

之所以考虑这一因素，主要原因在于网页快照作为独立于搜索链接服务的内容提供行为，其虽不会实质性替代来源网页，但毋庸置疑，其或多或少会在一定程度上对著作权人的利益造成损害，尤其在来源网页已删除，但网页快照仍向公众提供的情况下。考虑到《著作权法》究其根本是保护著作权人的法律，且"损害"是否"合理"系弹性概念，并不具有完全客观的判断标准，故对这一问题的判断亦应在一定程度上考虑著作权人的主观意图，而这一考虑因素在《著作权法》第 22 条合理使用条款中亦有所涉及，其中多个条款中均规定了著作权人可以明确排除他人的合理使用行为。在此情况下，如果著作权人明确要求快照服务提供者删除该快照，则可以合理推知，从著作权人的角度，其认为这一提供行为对于其利益已造成不合理的损害，此时快照服务者有义务删除。但本案中，丛文辉在诉讼之前并未要求搜狗公司删除涉案网页快照，而搜狗公司在丛文辉起诉后已及时删除了涉案网页快照，因此尚无法得出这一结论。

（4）对社会公众而言，网页快照提供行为具有"不可替代"的实质价值。

对于特定行为而言，如果其并不会对社会公众利益产生实质影响，则该行为通常不会被认定构成合理使用行为，但涉案网页快照服务提供行为显然并不属于此种情形。该服务相对于来源网页而言所具有的以下优点，使得其具有不可替代的实质价值：

其一，某些情况下，"来源网站"可能会因存在硬件故障或网络故障等客观情形而使得该网站的全部或部分网页无法被网络用户访问，此时，网页快照的存在将使得网络用户在故障存续期间能够获知"来源网站"中的相关内容，这一功能对于来源网站而言具有重要意义。

其二，某些情况下，"来源网站"虽可以被网络用户正常访问，但该网站中相关网页已被删除，而其所对应的网页快照仍存储于搜索引擎的服务器中，此时，网络用户虽无法登录来源网站中获得相关内容，但可以在搜索引擎服务器中的网页快照中获得这一内容。

其三，网页快照中会对用户搜索的关键词进行亮色显示，这一显示方式在来源网页中并不存在，其可以使用户准确定位其所查询的关键词在快照中的具体位置，而无须从头至尾将该文档通读，从

289

而有效地提高检索的效率。

由上述分析可知，网络快照的内容虽源于来源网页，但来源网站并不具有该服务所具有的上述特点。而上述特点不仅有利于网络用户的利益，在一些情况下其甚至对于来源网站而言亦有实质利益（如上述第一种情况下，来源网站显然希望网络用户可以通过网页快照获得其网站内容）。由此可知，相对于来源网页而言，网页快照对于社会公众具有"不可替代"的实质价值。

3. 如认定涉案网页快照提供行为"不构成"合理使用行为，会对公众利益产生较大影响

判断某一行为是否应被认定构成合理使用行为，还可以从相反的角度予以验证，即如果认定该行为不构成合理使用行为，其所导致的法律后果是否会对社会公众利益产生不利影响。

具体到本案，则其相应的法律后果为，如果来源网页已删除，则无论著作权人是否发送通知，搜索引擎均应停止提供相应的网页快照，否则该行为将构成对他人信息网络传播权的侵犯。

这一法律后果显然会对社会公众利益产生较大影响。原因在于，现有技术水平尚无法做到将网页快照与来源网页同步。也就是说，搜索引擎尚无法做到在来源网页已删除的情况下，实时或在较短的时间内删除相应的网页快照，或者即便可以达到这一要求，亦因需花费巨大的投入从而客观不具有可操作性。这一现状意味着搜索引擎如欲有效地避免侵权行为的发生，最为可行的做法是"整体上"停止网页快照服务行为。否则，必然会有相当比例的网页快照行为会构成对他人著作权的侵犯。但考虑到网页快照提供服务所具有的来源网页所不可替代的实质价值这一因素，这一整体性停止网页快照的做法将对社会公众利益产生不利影响是毋庸置疑的。

三、与网页快照提供行为有关的其他问题

1. 来源网页是否已被删除与网页快照提供行为是否构成合理使用并无必然关联

因网页快照与来源网页通常无法做到同步更新，因此，实践中存在两种情形，一种情形为与网页快照对应的原网页仍存在，另一种情形为与网页快照对应的原网页已删除，但网页快照仍存在。虽然通常情况下著作权人仅在后一种情形下才会提起诉讼（本案即为此种情形），但实际上，网页快照是否构成合理使用与来源网页是否已被删除并无直接关联。

前文中已提到，网页快照是否构成合理使用，关键在于其对于网络用户而言是否具有实质性价值，以及其是否会不合理地损害著作权人的利益。也就是说，如果网络用户依据其使用习惯，通常会选择使用网页快照方式获取网页内容，而非进入来源网页而获取内容，则此时即便来源网页仍存在，亦应认定网页快照提供行为已不合理地损害了著作权人利益,而不能认定该行为构成合理使用。反之，如果网络用户通常并不会使用网页快照获取内容，则即便来源网页已经删除，该行为亦因未不合理地损害著作权人的利益，而可以认定构成合理使用行为。由此可知，来源网页是否已删除并不会实质性影响网页快照提供行为是否构成合理使用行为的认定。

2. 网页快照提供行为在现有技术水平下被认定构成合理使用行为，并不意味着随着技术的发展，其始终会被认定构成合理使用行为

二审法院之所以在本案中认定网页快照提供行为构成合理使用行为，其决定性因素在于现有技术水平决定了网页快照具有一系列的缺点（如仅复制文档、更新不同步、无法分页显示等），而恰恰是上述缺点的存在使得网络用户通常不会选择网页快照服务获取相关

内容，从而使得网页快照不会实质性替代来源网页。但网页快照服务的上述缺点并非不可克服，如果技术的发展使得网页快照的上述缺点已被克服，网络用户通常会使用网页快照服务而非来源网页获得内容，则此种情况下将不能当然地认定其必然构成合理使用行为。至于其是否构成合理使用行为，仍需结合当时的技术水平以及具体情形再行具体分析。

（撰稿人：芮松艳）

21. 侵害计算机软件作品修改权的认定

——腾讯科技（深圳）有限公司与上海虹连网络科技有限公司、上海我要网络发展有限公司侵害计算机软件著作权及不正当竞争纠纷案

案件索引：湖北省武汉市江岸区人民法院（2009）岸知民初字第 4 号，2011 年 7 月 5 日判决；湖北省武汉市中级人民法院 (2011) 武知终字第 00006 号，2012 年 1 月 4 日判决。

基本案情

原告腾讯科技（深圳）有限公司（简称腾讯科技公司）、深圳市腾讯计算机系统有限公司（简称腾讯计算机公司）共同起诉称：原告腾讯科技公司开发了腾讯 QQ 即时通讯软件（简称 QQ 软件），对该软件享有著作权及其他相关权益。腾讯科技公司授权腾讯计算机公司在其拥有的 www.qq.com 网站上提供软件官方下载等经营活动。被告上海虹连网络科技有限公司（简称虹连公司）制作、发布的彩虹显 IP 软件（简称彩虹显软件）在运行过程中修改 QQ 客户端软件，侵犯了原告对 QQ 客户端软件的著作权项下的修改权。彩虹显软件作为 QQ 软件的挂接程序，为实现显示 QQ 好友 IP 地址、物理地址，显示隐身好友等功能，引诱用户下载、安装，部分彩虹显软件版本还捆绑了商业插件或进行商业推广。虹连公司以"搭便车"

手段从事经营行为，属于不正当竞争行为。被告上海我要网络发展有限公司（简称我要公司）为彩虹显软件的开发提供技术支持，甚至直接参与该软件的开发，并为虹连公司所有的 www.caihongqq.com 网站运营及彩虹显软件下载提供服务器。被告我要公司的上述行为系对虹连公司的侵权行为提供帮助的共同侵权行为，虹连公司与我要公司均应承担相应的侵权责任。被告许子华在其开办的网站 www.itmop.com 上为彩虹显软件设立下载链接，客观上造成对原告侵权结果的扩大，被告许子华应承担停止侵权的责任。故两原告诉至法院，请求判令：1. 被告许子华立即停止侵犯两原告著作权的行为，停止在 www.itmop.com 上提供彩虹显 IP 功能软件的下载服务；2. 被告虹连公司和我要公司立即停止侵犯两原告计算机软件著作权的行为及不正当竞争行为；3. 被告虹连公司和我要公司在全国性媒体上对两原告公开道歉；4. 被告虹连公司赔偿两原告经济损失五十万元（人民币，下同）；5. 被告我要公司与虹连公司承担连带赔偿责任；6. 由三被告承担本案的全部诉讼费用。被告许子华辩称：我开办的网站 www.itmop.com 上确实提供了彩虹显软件的下载服务，但系免费下载，没有商业利益，且因彩虹显软件被控侵权，我方已经停止提供该软件的下载服务。被告虹连公司、我要公司辩称：1. 彩虹显软件修改的只是 QQ 软件运行时载入用户电脑内存中的数据，并非 QQ 软件的源程序和目标程序，因此不属于著作权法意义上的修改，不应判定为侵犯 QQ 软件的修改权；2.QQ 软件是一款即时通讯软件，彩虹显软件实现的是显 IP、显隐身等 QQ 软件的拓展功能，且彩虹显软件是免费软件，不可能分流 QQ 软件客户，二者不具有竞争关系，故原告指控的不正当竞争不能成立。

判决与理由

湖北省武汉市江岸区人民法院一审查明：腾讯科技公司与腾讯计算机公司系从事计算机软硬件技术开发、销售及计算机技术、信息服务的公司。腾讯科技公司开发了QQ即时通讯软件，并将QQ软件及其各升级版本授权腾讯计算机公司在腾讯网（www.qq.com）进行运营，同时将上述软件的著作权在不排除腾讯科技公司使用的情况下，授权给腾讯计算机公司专有使用。2008年年初，虹连公司针对腾讯QQ软件开发了彩虹显软件，并在其开办的网站提供该软件的官方免费下载。我要公司参与了彩虹显软件的后期开发和运营，并为该软件的官方网站提供服务器等物质支持。许子华在其个人开办的网站上提供彩虹显软件的下载服务。彩虹显软件系完全针对腾讯QQ软件开发的一款软件，主要功能在于改变QQ软件用户上线时具有的隐身功能（简称显隐身）和显示在线好友的IP地址及地理位置（简称显IP）。司法鉴定意见表明：1. 在未安装QQ软件的情况下，彩虹显软件无法独立运行，它必须要"依附"于腾讯QQ软件运行，只有安装了腾讯QQ软件，彩虹显IP软件才能在其基础上运行。2. 彩虹显软件将其与微软msimg32.dll同名的文件置于QQ软件安装目录下，利用QQ软件运行需要加载微软msimg32.dll文件的机理进入QQ进程空间，从而加载彩虹显的主功能文件CaiHong.dll，完成"导入"。运行中，CaiHong.dll修改了QQ软件的19处目标程序指令。3. 彩虹显软件在前述修改腾讯QQ软件目标程序的基础上，实现了"显IP"、"显隐身"功能，从而破坏了腾讯QQ软件的隐IP、隐身功能。4. 彩虹显IP软件在人机界面上加入提示，将"彩虹显"界面附着于QQ

软件界面上。彩虹显软件在 QQ 软件界面设置中勾选"去除 QQ 侧边全部按钮"等设置选项，使用户可选择关闭 QQ 软件原有的侧边按钮等显示功能。

湖北省武汉市江岸区人民法院认为：彩虹显软件是一款依附腾讯 QQ 软件运行，并于运行过程中修改腾讯 QQ 软件目标程序、破坏腾讯 QQ 隐 IP、隐身功能的软件。被告虹连公司和我要公司为其商业目的，恶意开发、传播该软件，未经许可修改腾讯 QQ 软件程序的行为，侵犯了原告腾讯科技公司的著作权之修改权。被告虹连公司和我要公司以将彩虹显软件依附腾讯 QQ 进行运行的手段，无偿享用两原告经过长期努力取得的市场资源，并在依附运行的同时破坏腾讯 QQ 实用性功能，且通过捆绑 360 安全卫士软件下载并推送网站广告等方式获取商业利益的行为，严重违反了诚实信用原则和公认的商业道德，损害了两原告的合法权益，构成对两原告的不正当竞争。被告许子华在其个人开办的网站上为彩虹显软件提供下载服务，为该侵权软件的传播提供帮助，构成对原告腾讯科技（深圳）有限公司著作权的共同侵权。

湖北省武汉市江岸区人民法院判决：一、被告许子华立即停止提供彩虹显软件下载的侵犯原告腾讯科技（深圳）有限公司的腾讯 QQ 计算机软件著作权的行为；二、被告虹连公司、我要公司立即停止使用彩虹显软件侵犯原告腾讯科技公司的腾讯 QQ 计算机软件著作权的行为；三、被告虹连公司、我要公司在全国性报刊上对彩虹显软件侵犯原告腾讯科技公司的腾讯 QQ 计算机软件著作权的行为公开道歉；四、被告虹连公司、我要公司共同赔偿原告腾讯科技公司因著作权被侵犯所受经济损失及为制止侵权所付合理费用合计三十万元；五、被告虹连公司、我要公司立即停止利用彩虹显软件对原告腾讯科技公司、腾讯计算机公司实施的不正当竞争行为；六、被告虹连公司、我要公司共同赔偿原告腾讯科技公司、腾讯计算机公司因不正当竞争行为所受经济损失及为调查该不正当竞争行为所付合理费用合计二十万元；七、驳回原告腾讯科技公司、腾讯计算机公司的其他诉讼请求。

虹连公司、我要公司不服一审判决，于法定期限内提出上诉，请求撤销一审判决，改判驳回原审原告的全部诉讼请求。

湖北省武汉市中级人民法院二审查明：一审法院查明的事实属实，应依法予以确认。

湖北省武汉市中级人民法院认为：虹连公司和我要公司共同开发的彩虹显软件利用腾讯 QQ 软件运行时需调用微软的 "msimg32.dll" 的运行机理，将彩虹显软件下的文件以同名命之并置于 QQ 软件安装目录下；在 QQ 软件需要调用微软的 msimg32.dll 文件时，调用了彩虹显软件安插的同名但不同内容的文件。当 msimg32.dll(44K) 文件进入 QQ 地址空间后，导入彩虹显软件主功能文件 CaiHong.dll，被导入的 CaiHong.dll 在 QQ 进程中删除 QQ 部分指令语句，补充彩虹软件的指令语句，改变 QQ 软件目标程序固有流程、结构、顺序、组织、原有函数的应用等，致 QQ 软件 19 处目标程序发生改变。计算机软件的功能通过计算机程序的运行实现，功能的改变是计算机程序改变的外在表现形式。正是由于彩虹显软件修改了 QQ 软件目标程序，才导致 QQ 软件的部分功能缺失或发生变化。据此，虹连公司和我要公司侵犯了 QQ 软件著作权人对其软件作品的修改权。彩虹显软件产品的开发目的、结果及软件产品的功能和运行方式均表明，两上诉人利用该软件的寄生功能，分享腾讯 QQ 软件的潜在市场，分离腾讯 QQ 软件用户，捆绑搭售促销获利。上述行为是搭腾讯 QQ 软件便车、傍腾讯 QQ 软件品牌的行为。据此，两上诉人的行为违反了诚实信用原则，对两被上诉人构成不正当竞争。

综上，上诉人虹连公司、我要公司的上诉请求和理由均不成立，遂判决：驳回上诉，维持原判。

评　析

美国法官布丁（Boudin）有言："将版权法适用于计算机程序就像是在拼接一个其各部分之间无法相互适应的七巧板。"（applying copyright law to computer programs is like assembling a jigsaw puzzle whose pieces do not quite fit）[①]在互联网时代，网络流行软件与未经授权的"外挂"、"补丁"、"插件"等第三方软件之间的纠纷层出不穷，给著作权法的法律适用带来了新的挑战。本案涉及的彩虹显软件即是针对拥有数亿用户数量的 QQ 软件开发的一款第三方软件，彩虹显软件在对 QQ 软件的源程序或目标程序不作静态修改的情况下，只是通过网络技术手段改变了 QQ 软件运行过程中的动态运行结果，从而改变了 QQ 软件原有的隐 IP、隐身等功能，该行为是否侵犯 QQ 计算机软件著作权人的修改权，是本案争议的焦点。

一、我国法律对修改权的规定[②]

在我国，根据《著作权法》第 3 条的规定，计算机软件属于《著

[①] See *Lotus Development Corporation v. Borland International*，*Inc.* 49 F3d 807，at 820（1 st Cir，1995）. 转引自王迁：《知识产权法教程》，中国人民大学出版社 2007 年版，第 95 页。

[②] 我国现行《著作权法》规定了修改权，但国务院法制办公室于 2014 年 6 月 6 日公布的《中华人民共和国著作权法（修订草案送审稿）》删除了现行《著作权法》规定的修改权，并将改编权定义为："改编权，即将作品改变成其他体裁和种类的新作品，或者将文字、音乐、戏剧等作品制作成视听作品，以及对计算机程序进行增补、删节，改变指令、语句顺序或者其他变动的权利。"

作权法》保护的作品范畴。考虑到计算机软件的专业性较强，《著作权法》第 58 条以授权立法的方式规定，计算机软件的保护办法由国务院另行规定。因此，我国计算机软件著作权受到《著作权法》和国务院颁布的《计算机软件保护条例》的双重保护。

1.《著作权法》规定的修改权是人身权利

我国《著作权法》第 10 条规定，著作权包括发表权、署名权、修改权和保护作品完整权等四项著作人身权（moral rights）以及复制权等十三项著作财产权（property rights）。其中，《著作权法》第 10 条第（三）项规定："修改权，即修改或者授权他人修改作品的权利。"按照该规定，修改权属于所有类型作品的著作权人均享有的一项人身权利。至于修改权的权利范围，我国法学界有不同的认识。第一种观点认为，修改权所控制的修改，是对作品内容局部的变更以及文字、用语的修正。[①] 第二种观点认为，"所谓修改，通常是指作者增删作品的内容，对错、漏部分进行必要的更正和补充"；修改权有积极和消极两方面的意义，"从积极方面讲，作者有权修改自己的作品；从消极方面讲，作者有权禁止他人对作品进行歪曲或删改"。[②] 第三种观点认为，"修改权是作者在作品发表之后因为思想、观点发生改变而修改其作品的权利……修改权的功能是保障作者自己修改作品的自由不受妨碍……他人无正当理由阻止作者修改作品，才是侵犯修改权的表现。"[③] 上述三种观点的分歧集中在两个方面：其一是修改权保护的作品修改的程度，应当只是局部内容的变更和文字表达的修正，还是包括作者因思想、观点变化而对作品进行的

---

① 胡康生主编：《中华人民共和国著作权法释义》，法律出版社 2002 年版，第 43 页。

② 吴汉东主编：《知识产权法》（第三版），法律出版社 2009 年版，第 72 页。

③ 李明德、许超：《著作权法》（第二版），法律出版社 2009 年版，第 65 页。

较大修改；其二是修改权的效力，应当是作者享有的修改其自己作品而不受他人干涉的权利，还是也包括作者禁止他人未经授权擅自修改作品的权利。

有学者经研究认为，"我国的司法实践已经确立了一种对修改权的解释立场：修改权的效力包括对他人非法修改的禁止。"[1] 笔者认为，我国司法机关对于修改权的界定比较符合《著作权法》的立法本意，《著作权法》关于"修改或者授权他人修改作品的权利"的规定，本身就包含两项权利，一是作者有权自行修改其作品的"自用权"；二是作者可以授权他人修改作品，换言之，作者享有控制他人未经授权擅自修改其作品的"禁止权"。

2.《计算机软件保护条例》规定的修改权是经济权利

我国《计算机软件保护条例》第 8 条第（三）项规定："修改权，即对软件进行增补、删节，或者改变指令、语句顺序的权利。"对于该条例规定的修改权的性质，有学者明确指出，"《软件条例》中规定的'修改权'是经济权利。"[2] 按照我国《著作权法》第 10 条第 2 款、第 3 款明确规定，著作权人可以将本条第 1 款第（五）项至第（十七）项规定的权利（即复制权等著作财产权）许可他人行使，也可以全部或者部分转让，以上规定明确排除了作为著作人身权的修改权。但是，《计算机软件保护条例》第 8 条在明确规定软件著作权人享有修改权等权利的同时，还规定软件著作权人可以许可他人行使其软件著作权，也可以全部或者部分转让其软件著作权，并有权获得报酬。由此可见，该条例规定的修改权与复制权等著作财产权一样，也是一项经济权利，软件著作权人有权以许可或转让的方式授权他人行

---

[1] 李琛：《著作权基本理论批判》，知识产权出版社 2013 年版，第 188 页。

[2] 王迁："论软件作品修改权——兼评'彩虹显案'等近期案例"，载《法学家》2013 年第 1 期。

使修改权并从中获得经济利益。并且，按照《计算机软件保护条例》第 24 条的规定，未经软件著作权人许可修改其软件的，应当根据情况承担赔偿损失等民事责任。该规定也表明，《计算机软件保护条例》规定的修改权是一项经济权利，在未经许可修改著作权人软件并造成经济损失的情况下，应当承担赔偿损失的民事责任。另外，国务院法制办公室于 2014 年 6 月 6 日公布的《中华人民共和国著作权法（修订草案送审稿）》明确规定，改编权属于著作权中的财产权，改编权包括"对计算机程序进行增补、删节，改变指令、语句顺序或者其他变动的权利"。《著作权法》（修订草案送审稿）规定的计算机程序的改编权和《计算机软件保护条例》规定的修改权具有延续性，只是将"对软件进行增补、删节"修改为"对计算机程序进行增补、删节"，并增加了"其他变动的权利"。《著作权法》（修订草案送审稿）该款规定可以进一步印证，《计算机软件保护条例》规定的修改权是一项著作财产权性质的经济权利。由此可见，我国现行《著作权法》和《计算机软件保护条例》虽然都规定了修改权，但修改权的权利属性是不同的，《著作权法》规定的修改权是一项人身权利，而《计算机软件保护条例》规定的修改权则是一项经济权利。

二、未经授权的第三方软件是否侵犯他人软件的修改权

如前所述，我国《著作权法》和《计算机软件保护条例》规定的修改权分别为人身权利和经济权利，但二者所规制的"修改"计算机软件的行为是一致的，即"对软件进行增补、删节，或者改变指令、语句顺序"。相应地，未经授权的第三方软件是否侵犯他人软件的修改权，也可以区分为是否侵犯人身权利和经济权利两个方面。

1. 第三方软件的类型划分

数字作品，特别是计算机软件作品，一般都有"最终用户许可协议"（end user license agreement）的限制，该协议就是一份规定

应当如何使用数字作品的协议。[1]"最终用户许可协议"的双方，分别是作为计算机主程序软件著作权人的"第一方"和作为计算机软件终端用户的"第二方"。第三方软件（Third-Party Software），是指主程序软件著作权人以外的其他组织或个人，经过软件著作权人授权或者虽未经过授权却通过直接修改软件程序或通过拦截、更改软件数据传递的方式来影响或改变主程序软件具体应用功能的辅助性软件，即俗称的"插件"、"外挂"、"补丁"、"Plugin"以及游戏软件中的 MOD 等。[2]第三方软件是软件著作权人以外的软件开发者针对主程序软件开发的辅助性软件。根据第三方软件开发者是否获得软件著作权人授权，第三方软件又可以分为两类，一类是经过授权的辅助性软件，例如为免费的操作系统平台 Linux 开发的辅助软件；另一类是未经过软件著作权人授权而擅自针对主程序软件开发的辅助性软件，例如本案所涉彩虹显软件。

根据未经授权的第三方软件的运行机理，可将其划分为修改型第三方软件与拦截型第三方软件。[3]修改型第三方软件通过直接修改主程序的源代码来改变主程序的功能，由于修改型第三方软件改变了主程序的"代码化指令序列"，而"代码化指令序列"属于《计算机软件保护条例》第 3 条第（一）项明文保护的"计算机程序"，因此，认定修改型第三方软件侵犯主程序软件著作权人的修改权并无争议。拦截型第三方软件的拦截方式又可分为本地拦截和网络拦

---

[1] See *MYD Indus., LLC v. Blazzard Entm't, Inc.*, 629 F. 3d 928, 935 (9 th Cir. 2010). 转引自万勇、刘永沛主编：《伯克利科技与法律评论：美国知识产权经典案例年度评论（2012）》，知识产权出版社 2013 年版，第 35 页。

[2] 齐爱民、周伟萌："第三方软件法律问题剖析——从'腾讯与 360 之争'谈起"，载《法学杂志》2011 年第 11 期。

[3] 周伟萌、周卿："未经授权的第三方软件侵权问题研究——以'腾讯与 360 之争'为视角"，载《重庆邮电大学学报（社会科学版）》2011 年 3 月。

截。本地拦截是指通过拦截本地计算机的操作系统与主程序软件之间的数据传递来实现特定的程序功能；网络拦截是指在网络环境中通过拦截客户端程序与服务器程序之间的数据传递来改变主程序信息或主程序的功能。因此，网络拦截型第三方软件主要是针对在网络环境中运行的主程序软件。① 本案所涉的 QQ 软件即是在网络中运行的主程序软件，而彩虹显软件拦截并改变的是网络用户与网络服务器之间的数据传递，显然，彩虹显软件是一种网络拦截型第三方软件。无论是本地拦截型第三方软件还是网络拦截型第三方软件，都没有直接修改主程序软件的源程序和目标程序，其改变的只是主程序软件在动态运行过程中的部分功能。此类拦截手段是否侵犯了修改权，在我国理论界存在较大争议。

2. 第三方软件是否侵犯作为经济权利的修改权

本案中未经授权的第三方软件彩虹显软件是否侵犯了 QQ 主程序软件著作权人作为经济权利的修改权，在法学理论界存在较大争议。

一种观点认为，彩虹显软件侵犯了 QQ 软件著作权人的修改权。如有法官认为，"彩虹显 IP 软件是一款针对 QQ 软件，并具有依附性、置换性、修改性以致 QQ 软件的隐 IP、隐身等功能遭到破坏的软件，其在运行过程中对 QQ 软件指令及原有函数等进行的删节、增补，改变了 QQ 的程序指令和语句顺序，构成对 QQ 软件目标程序的修改。"② 还有法官认为，无论是直接修改客户端程序，还是对内存中的运行程序进行修改，或者是截取客户端程序与服务器端程序传送

---

① 周伟萌、周卿："未经授权的第三方软件侵权问题研究——以'腾讯与 360 之争'为视角"，载《重庆邮电大学学报（社会科学版）》2011 年 3 月。

② 夏露："第三方软件侵犯主程序软件修改权及构成不正当竞争的法律认定——彩虹显 IP 软件侵犯 QQ 软件著作权及不正当竞争纠纷案评析"，载《科技与法律》2012 年第 4 期。

的代码指令数据并作修改，以上三种方式都修改了他人的软件程序，应当认定为侵犯了软件著作权人的修改权。① 也有学者认为，"第三方软件程序所附带的各种数据都应该认为是计算机程序，法律适用上应当对技术用语范围采用法理扩大解释的方法，认定两种软件拦截行为均为侵犯软件著作权的行为，均应承担侵犯软件著作权的责任。"②

另一种观点认为，彩虹显软件并未侵犯 QQ 软件著作权人的修改权。如有学者认为，"只有'代码化指令序列'才构成受保护的计算机程序，因此不修改'代码化指令序列'，仅修改被'代码化指令'所调用的数据，并不构成对'修改权'的侵权。用户为改进软件性能和功能而利用'修改工具'在软件'运行过程中'对软件运行结果进行改动，不构成侵权行为。"③ 也有学者认为，"采用拦截手段的第三方软件并没有修改主程序软件本身的静态数据代码，而只是通过拦截系统或网络中数据信息的动态传递来改变主程序软件的具体功能，这在法律上就很难认定其侵犯了主程序软件著作权人的修改权。"④ 还有学者通过分析美国法院 1983 年审理的"Midway v. Artic"案、1992 年审理的"Lewis Galoob v. Nintendo"案和 1998 年审理的"Micro Star v. FormGen"案认为，个人用户使用第三方软件导致内存中修改原软件的行为不会构成对软件修改权的侵犯，并且，"软

---

① 陈惠珍："试析'私服''外挂'的危害性"，载《法治论丛》2004 年 5 月。

② 刘琳琳："第三方软件侵犯主程序软件著作权的思考"，载《软件工程师》2012 年第 7 期。

③ 王迁："论软件作品修改权——兼评'彩虹显案'等近期案例"，载《法学家》2013 年第 1 期。

④ 周伟萌、周卿："未经授权的第三方软件侵权问题研究——以'腾讯与 360 之争'为视角"，载《重庆邮电大学学报（社会科学版）》2011 年 3 月。

件修改权不能规制第三方软件"。①除此之外，域外法院司法实践中，也有法院认定未经授权的第三方软件不侵犯主程序软件著作权人的著作权。以迄今为止国外最著名的"外挂"程序侵权诉讼"MYD 公司诉暴雪公司"案为例，暴雪公司的网络在线游戏"魔兽世界"的最终用户许可协议中有禁止在游戏中作弊的条款，但 MYD 公司针对"魔兽世界"开发的"滑翔机"程序却帮助游戏玩家在不操作计算机时自动进行游戏，该程序被认为让游戏玩家拥有了一种不平等的作弊优势。②在该案中，美国第九巡回上诉法院明确指出，使用针对"魔兽世界"的外挂程序"Gilder"并不会侵犯暴雪公司的任何专有权利，因为其不涉及对"魔兽世界"游戏软件的"修改或复制"。③

上述分歧的关键在于对计算机软件中"计算机程序"的界定以及对"修改权"的理解。狭义的理解认为，《著作权法》意义上的"计算机程序"必须是能被计算机执行并完成相应任务的"代码化指令序列"，而"代码化数据"只是被"代码化指令序列"调用的数据，其并不具备"代码化指令序列"的功能。④就本案而言，彩虹显软件并未改变 QQ 软件主程序中静态的源代码，而是仅仅改变了被"代码化指令"调用的软件运行过程中的动态数据，其改变的对象不是主程序软件的源代码而是软件运行中的部分功能。因此，彩虹显软

---

① 阮开欣："软件修改权对于第三方软件的适用问题——以美国司法实践为借鉴"，载《中国版权》2012 年第 5 期。

② See *MYD Indus., LLC v. Blazzard Entm't, Inc.*, 629 F. 3d 928, 935 (9 th Cir. 2010). 转引自万勇、刘永沛主编：《伯克利科技与法律评论：美国知识产权经典案例年度评论（2012）》，知识产权出版社 2013 年版，第 32 页。

③ See *MYD Industries, LLC v. Blazzard Entertainment*, 629 F. 3d 928, 941 (9 th Cir. 2011). 转引自王迁："论软件作品修改权——兼评'彩虹显案'等近期案例"，载《法学家》2013 年第 1 期。

④ 王迁："论软件作品修改权——兼评'彩虹显案'等近期案例"，载《法学家》2013 年第 1 期。

件没有修改 QQ 软件的"计算机程序",不构成侵犯修改权。相反,广义的理解认为,对《计算机软件保护条例》定义的"计算机程序"的范围应当作扩大解释,计算机程序附带的各种数据,包括以静态方式贮存在计算机硬盘中的数据、根据指令在计算机内存中动态运行的数据以及在网络中动态传输的数据等,都应当视为计算机程序的组成部分。① 据此,彩虹显软件替换 QQ 软件运行过程中调用的微软系统文件的行为,属于修改了 QQ 软件的目标程序,构成对其修改权的侵犯。

笔者认为,未经授权的第三方软件改变他人主程序软件运行过程中的运行结果的行为侵犯了主程序软件著作权人的修改权,其理由如下:首先,按照《计算机软件保护条例》第 2 条对于软件的定义,计算机软件(简称软件),是指计算机程序及其有关文档。该条例第 3 条进一步规定,计算机程序,是指为了得到某种结果而可以由计算机等具有信息处理能力的装置执行的代码化指令序列,或者可以被自动转换成代码化指令序列的符号化指令序列或者符号化语句序列。同一计算机程序的源程序和目标程序为同一作品。按照该规定,计算机软件作品所保护的程序,既有源程序又包括目标程序,并且,基于同一计算机软件的源程序应当能够转化为相应的目标程序。的确,在一般情况下,软件源程序与软件目标程序之间存在对应关系,二者因此构成著作权意义上的同一作品。但在网络环境中,第三方软件对主程序软件的改变,已经不再局限于对计算机载体中的源程序或目标程序的静态修改,而是可以在网络数据的传递过程中通过对"代码化指令"调用的"代码化数据"的修改,从而动态地改变

---

① 寿步、陈跃华:《网络游戏法律政策研究》,上海交通大学出版社 2005 年版,第 67 页。

计算机软件的功能或效果。因此，未经授权的第三方软件，只要是改变了主程序软件的源程序与目标程序之间的对应关系，即可认定为修改了计算机程序。其次，软件的生命在于运行，从《计算机软件保护条例》规定修改权的立法目的来看，修改权保护的对象正是软件的功能和效果。正如有学者指出的那样，"修改权设立旨在保障软件著作权人基于软件的技术功能，能够更好地实现软件的目的。"[1]因此，在软件运行过程中对其功能和效果的"动态修改"，理应属于侵犯计算机软件著作权人修改权的范畴。最后，按照《计算机软件保护条例》的规定，"对软件进行增补、删节"或者"改变指令、语句顺序"均属于侵犯修改权的行为。在互联网时代，第三方软件的程序编写过程独立于主程序软件，第三方软件的程序和文档不可能与主程序软件相同，因此，对于第三方软件侵犯修改权的司法认定，不应再局限于比对源程序、目标程序或文档的差异；第三方软件改变主程序软件在运行过程中的相关指令，也应当认定为对于修改权的侵犯。另外，《计算机软件保护条例》第16条第3款规定了修改软件的免责事由，即软件合法复制品的所有人有权利"为了把该软件用于实际的计算机应用环境或者改进其功能、性能而进行必要的修改；但是，除合同另有约定外，未经该软件著作权人许可，不得向任何第三方提供修改后的软件"。按照上述规定，修改应当是出于应用的目的，而非商业的目的，且修改后的软件不能向第三方提供。该款规定主要保护的是软件用户为正常使用软件而进行适应性修改的权利，本案所涉的彩虹显软件显然不属于此类合法修改的情形。

3. 第三方软件是否侵犯作为人身权利的修改权

著作人身权与著作财产权在权利属性上有着重要的区别。著作

---

[1] 冯晓青：《著作权法》，法律出版社2010年版，第278页。

人身权是一种绝对权,具有不可转让性,而只能由著作权人本人享有;即便作者死亡,作者的继承人也不能继承,而只能代为行使和保护。著作人身权不能像著作财产权那样许可或转让,其原因在于:"著作人身权不是商品,不能进入商品流通领域。"① 与著作人身权不同的是,著作财产权作为一项经济权利,是通过对作品的使用而实现的,可以依照法律规定在权利主体之间进行流转。

本案中,通过分析腾讯科技公司和腾讯计算机公司主张的诉讼请求可知,其主张的修改权包括了著作人身权。从本案查明的事实来看,腾讯科技公司将其开发的 QQ 软件授权腾讯计算机公司运营,并将 QQ 软件的著作权授权给腾讯计算机公司使用。据此可以认定,腾讯科技公司作为腾讯 QQ 软件的开发者,享有该软件作品著作权的人身权和财产权,腾讯计算机公司作为腾讯 QQ 软件的被许可使用人,只享有该软件作品的著作财产权,但不能享有著作人身权。

由于两原告在本案中共同主张修改权被侵犯并请求法院判令被告虹连公司和我要公司赔礼道歉,而《著作权法》意义上的修改权属著作权人身权的范畴,因此,腾讯科技公司享有该项权利,但腾讯计算机公司不能享有该项权利。据此,被告虹连公司和我要公司对 QQ 软件作品的修改行为,侵犯了腾讯科技公司作为著作人身权的修改权,但并未侵犯腾讯计算机公司该项权利。作为侵权责任承担方式的赔礼道歉,主要适用于人身权受侵害的情形,因此,本案判令被告虹连公司和我要公司对彩虹显软件侵犯腾讯科技公司 QQ 计算机软件著作权的行为公开道歉,符合法律规定。

(撰稿人:童海超)

---

① 冯晓青:《著作权法》,法律出版社 2010 年版,第 78 页。

22. 侵害集成电路布图设计著作权的认定

—— 钜泉光电科技（上海）股份有限公司与锐能微公司、雅创公司侵害集成电路布图设计著作权纠纷案

案件索引：上海市第一中级人民法院（2010）沪一中民五（知）初字第51号，2013年12月24日判决；上海市高级人民法院（2014）沪高民三（知）终字第12号，2014年9月23日判决。

基本案情

原告钜泉光电科技（上海）股份有限公司（简称钜泉公司）诉称：原告完成了名称为"ATT7021AU"的集成电路布图设计，并获得布图设计登记证书。原告发现在未经其许可的情况下，被告锐能微公司复制其受保护的前述布图设计，并与被告雅创公司为商业目的销售含有该布图设计的集成电路即RN8209G芯片和RN8209芯片。原告认为两被告的行为侵犯其集成电路布图设计专有权，遂诉至法院，请求判令两被告：1.立即停止侵犯集成电路布图设计专有权的行为；2.立即销毁侵权产品及涉及原告集成电路布图设计产品的宣传资料；3.在《环球表计》或《国际电子商情》的显著位置公开向原告赔礼道歉，并保证今后不再侵犯原告的集成电路布图设计专有权；4.赔偿原告经济损失人民币（下同）1500万元，包括原告为制止侵权行为的合理开支。

被告深圳市锐能微科技有限公司（简称锐能微公司）辩称，被控芯片的布图设计系锐能微公司自主开发，并获得了登记证书，同时还获得了实用新型专利权；该芯片的布图设计与钜泉公司的布图设计不同，锐能微公司通过自身的独创性实现芯片功能的提升；钜泉公司的布图设计不具有独创性，属于常规设计。综上，其行为不构成侵权，请求驳回钜泉公司诉讼请求。

被告上海雅创电子零件有限公司（简称雅创公司）辩称，同意锐能微公司的答辩意见。

判决与理由

上海市第一中级人民法院经审理查明，2008 年 3 月 1 日，钜泉公司完成了名称为"ATT7021AU"的布图设计创作，同年进行布图设计登记。该集成电路布图设计登记的图样共有 16 层，登记文件中的"ATT7021AU 集成电路布图设计结构、技术、功能简要说明"记载：1. 达成业界相同芯片（单相电能计量）功能 / 性能最优化面积的版图设计诉求；2. 数模混合高抗干扰 / 高静电保护芯片版图设计；3. 采用电路设计技术和金属层、扩散层、信号流合理布局等版图技术实现灵敏信号噪声屏蔽，大小信号干扰隔离。

一审过程中，国家知识产权局专利复审委员会经审查，未发现钜泉公司涉案布图设计专有权存在不符合《集成电路布图设计保护条例》规定可以被撤销的缺陷,故终止了锐能微公司提出的撤销程序。

北京紫图知识产权司法鉴定中心（简称紫图鉴定中心）接受一审法院委托进行司法鉴定。紫图鉴定中心委托北京芯愿景软件技术有限公司对 RN8209G 芯片和 RN8209 芯片分别进行剖析，经比对，两个芯片的剖析报告相同。钜泉公司主张其 ATT7021AU 集成电路布图设计中具有独创性的共有十个部分。紫图鉴定中心出具的意见鉴定结论为：1.RN8209、RN8209G 与原告主张的独创点 5（数字地轨与模拟地轨衔接的布图）相同；2.RN8209、RN8209G 与原告主张的独创点 7（模拟数字转换电路的布图）中第二区段独立升压器电路的布图相同；3.依据现有证据应认定上述 1、2 点具有独创性，不是常规设计。

锐能微公司网站中显示：……2010 年 9 月 RN8209 销售量突破 1000 万片。从锐能微公司查封的部分增值税专用发票显示销售 RN8209G 芯片共计 1120 片，单价大多在 5.50 元至 4.80 元之间，有一张发票显示单价约为 2 元；销售 RN8209 芯片共计 6610 片，单价在 4.80 元至 4.20 元之间。

2003 年 3 月 21 日，珠海炬力集成电路设计有限公司（简称炬力公司）与杨建明签订劳动合同，杨建明的工作岗位是炬力公司研发设计部工程师，双方劳动关系于 2007 年 3 月 31 日终止。后杨建明到被告锐能微公司担任技术顾问。2006 年 5 月，原告与炬力公司签订技术转让合同及补充协议，约定炬力公司将电能计量系列芯片的专有技术转让给原告，合同总价款为 1200 万元。原告受让该专有技术后进行后续研发，并将研发完成的布图设计到国家知识产权局申请登记，即涉案 ATT7021AU 布图设计。2006 年，原告分别与陈强、赵琮签订劳动合同，原告聘用陈强为销售经理，聘用赵琮在研发部门从事 IC 设计工作，合同期限自 2006 年至 2009 年。原告还与陈强、赵琮签订了保密合同，约定其对原告的相关技术信息和经营信息负有保密义务。后陈强至锐能微公司担任总经理，赵琮亦至锐能微公司任职。

上海市第一中级人民法院于 2013 年 12 月 24 日作出民事判决：

一、被告锐能微公司立即停止侵害原告钜泉公司享有的 ATT7021AU（登记号为 BS.08500145.7）集成电路布图设计专有权；二、被告锐能微公司于判决生效之日起十日内赔偿原告钜泉公司经济损失以及为制止侵权行为所支付的合理开支共计人民币 320 万元；三、驳回原告钜泉公司的其余诉讼请求。

一审宣判后，钜泉公司、锐能微公司均提出上诉，上海市高级人民法院于 2014 年 9 月 23 日作出判决，驳回上诉，维持原判。

法院生效裁判认为：

1. 涉案 RN8209、RN8209G 芯片的相应布图设计与钜泉公司 ATT7021AU 集成电路布图设计中的"数字地轨与模拟地轨衔接的布图"和"独立升压器电路布图"是否相同

法院认为，由于集成电路布图设计的创新空间有限，在布图设计侵权判定中对于两个布图设计构成相同或者实质性相似的认定采用较为严格的标准，然而锐能微公司涉案 RN8209、RN8209G 芯片的相应布图设计仍与钜泉公司 ATT7021AU 集成电路布图设计中的"数字地轨与模拟地轨衔接的布图"和"独立升压器电路布图"构成实质性相似。（1）关于"数字地轨与模拟地轨衔接的布图"。钜泉公司主张保护的"数字地轨与模拟地轨衔接的布图"，主要由"数字地轨和模拟地轨衔接处位于芯片东侧居中附近"、"衔接处（即四个二极管）呈田字形布局"、"两条地轨南北走向、经过两个 45 度后转向往东，分别横经田字形上下两口方眼布图的位置的中间"、"两条地轨不相碰触、不相连接"等特征组成。锐能微公司 RN8209、RN8209G 芯片的对应布图设计的特征是：数字地轨和模拟地轨的衔接处位于芯片东侧居中附近；衔接处有四个二极管呈田字形排布；一条地轨由北向南经过两个 45 度后转向东直走，横向穿过田字形排布的上面两个二极管；另一条地轨由南向北经过两个 45 度后转向东

直走，横向穿过田字形排布的下面两个二极管；两条地轨互相平行不接触。由此可见，涉案 RN8209、RN8209G 芯片的"数字地轨与模拟地轨衔接的布图"的上述特征与钜泉公司"数字地轨与模拟地轨衔接的布图"的主要特征一一对应相同。至于锐能微公司关于两者在 M2 层布线不同的主张，法院认为，互联线路虽然是集成电路布图设计考量时的参考因素之一，但布图设计的侧重点更在于有源元件和元件与互连线路的三维配置，也就是说除了考虑互连线路的三维配置外，互连线路连接着的元件所呈现的组合在三维空间的配置在判断布图设计是否相同或实质性相似时更为重要。本案中，虽然在考虑 M2 层后，双方布图设计中一条布线的走向会有区别，但是布线与互连的元件之间组合的三维配置并未实质性改变。至于锐能微公司主张的衔接处位置、轨的宽度、具体布图的布局、尺寸、形状的差异等不同，均属于细微的、次要的差异，也未实质性改变布线与互连的元件之间组合的三维配置。因此鉴定专家关于两者的不同均属于细微差异、不足以改变涉案 RN8209、RN8209G 芯片的对应布图设计与钜泉公司"数字地轨与模拟地轨衔接的布图"实质性相似的结论的观点，法院予以认可。（2）关于"独立升压器电路布图"。钜泉公司主张保护的"独立升压器电路布图"，主要由"左右对称"、"单边呈迷宫般电路、顶着两个方片、再顶着两个竖着的哑铃"、"迷宫般电路分成四格且每格各有小电路"、"方片与哑铃之间有一门楣状布图且有一垂直于门楣的短线"等特征组成。锐能微公司 RN8209、RN8209G 芯片的对应布图设计的特征是：左右对称；北边有 2 个栅状布图（对应"哑铃"）；2 个栅状布图的南侧有一段横线，两根管子方向垂直于线（对应门楣状布图且有一垂直于门楣的短线）；南边有 3 组管子（1 根、6 根、4 根），中间的 6 根管子上下各 3 根，中间被横线隔开（对应"迷宫般电路"）；南北之间存在两个矩形的电容（对应"方片"）。由此可见，涉案 RN8209、RN8209G 芯片的"独立升压器电路布图"的上述特征与钜泉公司"独立升压器电路布图"的主要特征一一对应相同。至于锐能微公司主张的 M1、M2、M3 层以及 PL 层的 MOS 管尺寸等不同均属于细微的或次要的差异，而 ST 层的不同是双方使用不同工艺造成的，故锐能微公司所主张的上述不同点均不足以影响涉案 RN8209、RN8209G 芯片的对应布图设计与钜泉公司"独立升压器电路布图"相同或者实质性相似的判断。

2. 钜泉公司 ATT7021AU 集成电路布图设计中的"数字地轨与模拟地轨衔接的布图"和"独立升压器电路布图"是否具有独创性

法院认为，根据《集成电路布图设计保护条例》（简称《条例》）第 4 条的规定，布图设计具有独创性是指，该布图设计是创作者自己的智力劳动成果，并且在其创作时该布图设计在布图设计创作者和集成电路制造者中不是公认的常规设计。并且，钜泉公司应当对其主张保护的集成电路布图设计具有独创性承担举证责任，但是钜泉公司并无必要也不可能穷尽所有的相关常规布图设计来证明其主张保护的布图设计属于非常规设计。只要钜泉公司提供的证据以及所作的说明可以证明其主张保护的布图设计不属于常规设计的，则应当认为钜泉公司已经完成了初步的举证责任。在此情况下，锐能微公司主张相关布图设计是常规设计的，则锐能微公司只要能够提供一份相同或者实质性相似的常规布图设计，即足以推翻钜泉公司关于非常规设计的主张。第一，本案中，钜泉公司对于 ATT7021AU 集成电路布图设计中的"数字地轨与模拟地轨衔接的布图"和"独立升压器电路布图"具有独创性的主张，已经完成了初步的举证责任。首先，钜泉公司 ATT7021AU 集成电路布图设计获得了《集成电路布图设计登记证书》，且专利复审委在针对该布图设计的撤销程序中，经审查认为未发现钜泉公司涉案布图设计专有权存在不符合《条例》规定可以被撤销的缺陷。其次，前述《集成电路布图设计登记证书》关于"ATT7021AU 集成电路布图设计结构、技术、功能简要说明"中记载，"1. 达成业界相同芯片（单相电能计量）功能 / 性能最优化面积的版图设计诉求；2. 数模混合高抗干扰 / 高静电保护芯片版图设计；3. 采用电路设计技术和金属层、扩散层、信号流合理布局等版图技术实现灵敏信号噪声屏蔽，大小信号干扰隔离。"而在 ATT7021AU 集成电路布图设计中，"数字地轨与模拟地轨衔接的布图"用于除噪音、防静电、起到保护芯片的作用，"独立升压器电路布图"用于抬高电压、是放大电路的必需模块，且钜泉公司对该两部分布图设计具有的独创点作了详细的阐述。再次，紫图鉴定中心出具的《鉴定意见书》亦认定 ATT7021AU 集成电路布图设计中的"数字地轨与模拟地轨衔接的布图"和"独立升压器电路布图"具有独创性。第二，在钜泉公司已经完成初步举证责任的情况下，锐能微公司在本案中提交的证据材料不足以否定钜泉公司 ATT7021AU 集成电路布图设计中的"数字地轨与模拟地轨衔接的布图"和"独立升压器电路布图"具有独创性的结论。首先，钜泉公司主张保护的"数字地轨与模拟地轨衔接的布图"，主要由"数字地轨和模拟地轨衔接处位于芯片东侧居中附近"、"衔接处（即四个二极管）呈田字形布局"、"两条地轨南北走向、经过两个 45 度后转向往东"、"两条地轨不相碰触、不相连接"等特征组成。锐能微公司提交的证据尚不足以证明前述"数字地轨与模拟地轨衔接的布图"是常规设计，理由是：（1）一审中，锐能微公司提供的《ESD 电路与器件》等证据材料记载的是 ESD 电路的原理及电原理图，而不是在集成电路布图设计中实现 ESD 网络电原理图的布图设计；BL6503 布图设计中显示的二极管布图是长方形布局，未见田字形布局，其东侧可见的"轨到轨的器件连接"与钜泉公司的"数字地轨与模拟地轨衔接的布图"

不相同也不实质性相似;《上海华虹 NEC 公司 CZ6H 工艺设计规则》
中反映的是二极管的制造工艺,不是集成电路布图设计;林正松《THE
ART OF ANALOG LAYOUT》一文中的附图显示,二极管呈长方形
(10 个二极管)或正方形(9 个二极管)排列。(2)二审中,锐能微
公司在其代理意见中提及了 LTC3442 布图,由于锐能微公司未将其
作为证据提交,故本院无法核实该布图的出处即论文《PM 芯片反向
设计》的来源及其真实性。(3)王家楫教授当庭陈述称,在数字与
模拟地轨电路中采用双向二极管是通常做法,而偶数元器件最为节
省面积的方式是排布成正方形或田字形,集成电路布图设计中对四
个元器件采用田字形布图是常规设计;在电子计量表领域内其没有
找到二极管田字形布图,目前也无法提供与"数字地轨与模拟地轨
衔接的布图"和"独立升压器电路布图"相同或相似的其他案外布
图设计。紫图鉴定中心的鉴定专家则陈述称,使用几个二极管没有
关系,从功能上说用两个和四个达到的功能一样,用几个是根据试
验结果决定的;仅就本案四个二极管作为数字地轨与模拟地轨衔接
的布图来看,四个二极管摆放成田字形放置的布图设计并非常规设
计,也没有在类似芯片中看到过这种布图设计。而锐能微公司提供
的 BL6503 布图设计显示该布图设计中二极管采用的是长方形布图。
综合考虑本案现有的证据,法院认为,节省面积只是创作集成电路
布图设计时需要考虑的因素之一,但不是唯一的因素,还需要考虑
其他因素,包括通过布图设计实现芯片性能或优化性能,例如涉案
布图设计中实现高抗干扰、高静电保护、噪声屏蔽等性能。即使四
个元器件采用田字形布图属于集成电路布图设计中的常规设计,但
是考虑到二极管数量的确定需要通过试验进行选择,且在钜泉公司
申请涉案 ATT7021AU 集成电路布图设计专有权时,在电子计量表领
域内也没有找到二极管田字形布图设计,因此钜泉公司在创作"数

字地轨与模拟地轨衔接的布图"时对于选择将四个二极管排布成田字形付出了智力劳动,不应仅以四个元器件呈田字形布图属常规设计而简单否认该布图的独创性。而且,根据《条例》第4条的规定,由常规设计组成的布图设计,其组合作为整体符合独创性要求的,同样受到法律保护。退一步讲,即使锐能微公司关于"四个二极管呈田字形排布"、"轨至轨器件放置在芯片东侧居中位置"、"南北走向的地轨"等布图是常规设计的主张成立,但是,锐能微公司亦未能提交证据证明钜泉公司主张保护的"数字地轨与模拟地轨衔接的布图"整体属于常规设计。其次,钜泉公司主张保护的"独立升压器电路布图",主要由"左右对称"、"单边呈迷宫般电路、顶着两个方片、再顶着两个竖着的哑铃"、"迷宫般电路分成四格且每格各有小电路"、"方片与哑铃之间有一门楣状布图且有一垂直于门楣的短线"等特征组成。本案中,锐能微公司提交的证据尚不足以证明前述"独立升压器电路布图"是常规设计,理由是:(1)BL6503布图设计中的"升压器电路布图"未呈现"左右对称"的特点,与钜泉公司主张保护的"独立升压器电路布图"不相同;(2)ADE7755布图设计中的"升压器电路布图"虽呈左右对称的特点,但单边呈现的下部电路未分成四格,中部为二小一大的三个矩形,顶部见七个"哑铃",没有"门楣状布图"及"垂直于门楣的短线",该布图设计与钜泉公司主张保护的"独立升压器电路布图"不相同,也不实质性相似。

3. 锐能微公司生产、销售涉案 RN8209、RN8209G 芯片的行为是否侵犯钜泉公司享有的 ATT7021AU 集成电路布图设计专有权

法院认为,锐能微公司生产、销售涉案 RN8209、RN8209G 芯片的行为侵犯钜泉公司享有的 ATT7021AU 集成电路布图设计专有权,理由如下:第一,根据《条例》第30条的规定,除条例另有

规定的外，未经布图设计权利人许可，有下列行为之一的，行为人必须立即停止侵权行为，并承担赔偿责任：（一）复制受保护的布图设计的全部或者其中任何具有独创性的部分的；（二）为商业目的进口、销售或者以其他方式提供受保护的布图设计、含有该布图设计的集成电路或者含有该集成电路的物品的。本案中，锐能微公司认可其接触了钜泉公司的 ATT7021AU 集成电路布图设计。现锐能微公司未经钜泉公司许可，在其生产、销售的涉案 RN8209、RN8209G 芯片中包含了钜泉公司 ATT7021AU 集成电路布图设计中具有独创性的"数字地轨与模拟地轨衔接的布图"和"独立升压器电路布图"，其行为已经侵犯了钜泉公司 ATT7021AU 集成电路布图设计专有权，应当承担相应的民事责任。第二，对于锐能微公司有关其芯片功能、性能优于钜泉公司的抗辩理由，法院认为，布图设计独创性的标准与芯片实现的功能并没有直接关系，完全有可能存在由常规设计组成的布图设计实现一个崭新的芯片功能的情况，也可能存在通过自主设计出非常规设计的布图来实现与其他芯片完全相同功能的情形。因此，RN8209、RN8209G 芯片的布图设计主要性能和使用功能上的优越并不能成为锐能微公司不侵权的抗辩理由。第三，对于锐能微公司有关集成电路布图设计侵权判断标准应有相似度概念（即相似部分占芯片总体面积的比例）的主张，法院认为，根据前述《条例》第 30 条的规定，复制受保护的布图设计的全部或者其中任何具有独创性的部分的行为均构成侵权。由此可见，受保护的布图设计中任何具有独创性的部分均受法律保护，而不论其在整个布图设计中的大小或者所起的作用。如果具有独创性的部分布图设计仅因为其在整个布图设计中所占比例很低或者并非核心部分而无法获得保护，那么对于这些部分的复制将会肆意而为，进而将无法鼓励对布图设计非核心部分的创新，《条例》鼓励集成电路技术的创新也将成为空谈，最终将无法通过有效竞争来促进整个集成电路行业的设计创新。因此占整个集成电路布图设计比例很小的非核心部分布图设计的独创性也应得到法律保护。布图设计中任何具有独创性的部分的相同或者实质性相似与整个布图设计的相同或者实质性相似是两个不同的判定标准。只有在判定被控侵权行为是否属于复制布图设计的全部的情况下，才需要对整个芯片的布图设计是否相同或者实质性相似进行判断，从而才可能涉及锐能微公司所主张的两项集成电路布图设计整体相似度的问题。本案所涉"数字地轨与模拟地轨衔接的布图"和"独立升压器电路布图"存在常规的布图设计，锐能微公司完全可以使用该些常规设计；或者，锐能微公司可以通过自行研发创作出具有独创性的不同的布图设计。但是，锐能微公司没有采取上述做法，而是直接复制钜泉公司 ATT7021AU 集成电路布图设计中具有独创性的"数字地轨与模拟地轨衔接的布图"和"独立升压器电路布图"用于制造涉案 RN8209、RN8209G 芯片并进行销售，其行为已经构成侵权。至于该两项布图设计在整个芯片中所占的比例、所起的作用，仅属于侵权情节的考量因素，并不影响锐能微公司的行为已经侵犯钜泉公司依法享有的布图设计专有权的判定。第四，关于锐能微公司的行为是否适用《条例》第 23 条的规定，法院认为，《条例》第 23 条规定，"下列行为可以不经布图设计权利人许可，不向其支付报酬：（一）为个人目的或者单纯为评价、分析、研究、教学等目的而复制受保护的布图设计的；（二）在依据前项评价、分析受保护的布图设计的基础上，创作出具有独创性的布图设计的；（三）对自己独立创作的与他人相同的布图设计进行复制或者将其投入商业利用的。"实现相同或相似功能的芯片必然在电路原理上存在相似性，而电路原理不属于《条例》规定的可赋予专有权的部分，因此法律并不禁止对他人芯片的布图设计进行摄片进而分析其电路原理的这种反向工程的行为。据此，本院认为，如果企业要模仿他人芯片而不构成侵权，一种可能是获得布图设计权利人的许可而复制其布图设计；另一种可能是在反向工程的基础上重新设计出具有独创性的布图设计，即通过对他人芯片的逐层摄片分析研究其中的电路原理，然后再进行重新设计或替换设计，这个过程中的分析和设计是要投入较多的时间和成本的。而在发展迅速的集成电路行业，竞争对手这些时间和成本的投入能够保证被模仿的企业可以在一定的时间内仍然保有自己的竞争优势，这也是法律允许反向工程的原因所在。但是，法律并不允许在反向工程的基础上直接复制他人的布图设计，因为这将大幅度减少竞争对手在时间和成本上的投入，从而极大地削弱被模仿企业的竞争优势，最终将降低整个集成电路行业创新的积极性。本案中，锐能微公司之所以对钜泉公司 ATT7021AU 集成电路布图设计进行部分复制，既不是为个人目的，亦不是单纯为评价、分析、研究、教学等目的，而是为了研制新的集成电路以进行商业利用；锐能微公司认可其接触了钜泉公司 ATT7021AU 集成电路布图设计，而非通过反向工程获得；锐能微公司未经许可直接复制了钜泉公司 ATT7021AU 集成电路布图设计中具有独创性的"数字地轨与模拟地轨衔接的布图"和"独立升压器电路布图"用于制造涉案 RN8209、RN8209G 芯片并进行销售。因此，无论锐能微公司涉案 RN8209、RN8209G 芯片的布图设计是否具有独创性，其行为均不适用《条例》第 23 条第（二）项的规定。综上，锐能微公司关于其不构成侵权的上诉理由均不能成立。

4. 赔偿数额的确定

由于锐能微公司拒绝提供相关财务资料，其应依法承担举证不能的不利后果，即应将钜泉公司主张的锐能微公司在其网站页面显示的 1000 万片的销售数量作为本案赔偿数额的计算依据。根据本案现有的证据材料以及双方均未提交证据证明销售利润的情况下，以及鉴定报告明确除了认定侵权的两部分布图设计以外，钜泉公司主张的其余独创性部分双方并不相同或实质性相似，为免失当，一审酌情考虑了被确认侵权的两部分布图设计在被控侵权芯片中所起的作用确非核心和主要作用且所占的布图面积确实较小，以及锐能微公司通过直接复制钜泉公司的相应布图所节约的自行研发投入和缩短的芯片研发时间这两个情节，判决锐能微公司赔偿钜泉公司包括合理支出在内的经济损失人民币 320 万元，并无不当。

评　析

由于《集成电路布图设计保护条例》的规定比较原则，相关的司法实践又极少，同时集成电路布图设计又具有很强的专业性，因此司法实践中对于集成电路布图设计专有权侵权判定的标准一直难以把握。

分析集成电路布图设计侵权判定的难点在于：如何理解《条例》第 7 条和第 30 条规定中的"任何"两字，如何把握"独创性"的证明责任分配和证明标准，如何确定布图设计"实质性相似"的认定标准。

本案的审理是在理解法律规定的基础上，尊重产业惯例，为促进集成电路产业的创新和发展，将原则性的法律规定解释成能够运用在司法实践中可操作的集成电路布图设计侵权判定标准。本案是一起非常典型的集成电路布图设计专有权侵权纠纷案件，法院在审理中的总体思路是在严格遵守《集成电路布图设计条例》规定的"全部或其中任何具有独创性部分"的保护范围,通过严格谨慎的"独创性"和"实质性相似"这两方面标准来把握是否存在非法复制布图设计的侵权行为,通过审理思路的构建来处理具体的集成电路布图设计侵权案件。法院以本案例为契机对上述三方面进行了探索,并尝试总结出集成电路布图设计专有权侵权判定时的基本审理思路和审理观点,希望对今后集成电路布图设计专有权侵权纠纷案件的审理具有一定的借鉴和参考作用。

一、非比例(占比)标准(原则)

非比例标准,即集成电路布图设计保护范围涉及所有单元,无论该单元的体积占整个布图的比例有多小。因此在侵权认定时不考虑被非法复制的布图设计部分占整个集成电路布图设计的比例,同时也不考虑该部分的布图设计是否为整个布图设计的核心部分。

对于该标准的确立,是考虑到集成电路布图设计保护范围的大小将左右集成电路布图设计专有权侵权判定标准的界定门槛,影响相关产业中各个群体的利益平衡,指导国内业界人士判断侵权与否。因此在回答"对于集成电路布图设计的保护范围是考虑全部复制才构成侵权还是部分复制也构成侵权?倘若部分复制构成侵权,那是否有比例限制或者重要性限制?"的问题时,对国内外法律规定和司法实践逐一进行了分析并在此基础上得出该标准。

(一)美国 Brooktree 案确定的核心保护标准

在域外司法实践中,最重要的参考案例是美国《半导体芯片保护法》①颁布后,唯一一起经过联邦法院判决的有关集成电路布图设

---

① Semiconductor Chip Protection Act 即下文简称美国 SCPA 法。

计的"Brooktree Corp v. AMD Inc."案①。联邦法院根据 SCPA 法确立了在美国只要复制了受保护布图设计中的核心部分也构成实质性相似从而侵犯集成电路布图设计专有权这一判断标准。法院在判决书中引用了众议院的立法观点:"百分比不是判断是否侵权的标准,要根据个案确定判断侵权的标准。即使是一个单元的布图设计也可以被盗用,有时候掩膜作品②包含的实质部分就是其中的一个单元的布图设计,其包含创造性并具有商业使用价值。"同时也阐述了自己的观点:"虽然没有硬性快速的标准或者百分比来判断何为实质性相似。但是即使对于整块芯片来说被复制的百分比相当小,实质性相似仍可能因为该掩膜作品被复制部分很重要而存在。"③从现有的美国判例可以明确看出,在美国集成电路布图设计保护范围是保护具有独创性的核心部分,只要是核心部分,无论该部分占整个集成电路芯片的体积的百分比是多少,都受到 SCPA 法的保护。

① 该案是美国《半导体芯片保护法》颁布后对复制侵权标准有开创性贡献的案例。原告布鲁克公司是一家长期从事电脑图像显示方面的芯片产品的设计的小公司,而被告超微公司是当时美国从事电脑图像显示芯片产品的五大半导体芯片生产厂家之一。原告诉称,其 5 年间投资了将近 380 万美元开发了一种可将数字图像信息转变成高频模拟信号的半导体芯片,主要用于处理高端计算机图像显示,且在处理速度和性能方面取得重大突破。然而上市不久,超微公司抄袭其布图设计的核心单元,即带 10 个晶体管的静态存储器(SRAM),原告芯片与被控芯片的 80% 部分都是由 6000 个上述核心单元排列组成,且被告以非常低廉的价格出售盗版芯片,给原告造成了难以挽回的经济损失。因此,布鲁克公司依据美国《半导体芯片保护法》,向法院提起超微公司集成电路布图设计侵权诉讼。*Brooktree v.Advanced Micro Devices*.United States Court of Appeals for The Federal Circuit 977 F.2d 1555;1992 U.S.App.

② 在美国,集成电路布图设计"layout design"也称为掩膜作品"mask work"。

③ No hard and fast rule or percentage governs what constitutes a, quote, "substantial similarity." Substantial similarity may exist where an important part of the mask work is copied, even though the percentage of the entire chip which is copied may be relatively small.

因此从国外判例来看，对于集成电路布图设计来说，无论被非法复制的那部分布图设计对于整个集成电路芯片来说体积占比是多少，这一比例关系并不对是否构成侵权的实质性相似产生决定性的影响。

（二）我国钜锐案运用的非比例标准

1. 非比例标准是基于对我国《条例》规定中"任何"的解读

依据我国《条例》第 7 条第 1 款和第 30 条第 1 款的规定，集成电路布图设计专有权所保护的对象是"受保护的布图设计的全部或者其中任何具有独创性的部分"[①]。根据该规定的文义解释，只要是布图设计中具有独创性的部分，无论该部分占整个布图设计的比例是多少，或者该部分是否属于整个布图设计的核心部分，都应受到集成电路布图设计专有权的保护。这也就是本文所述的非比例标准。由于对于可能构成侵权的被复制布图设计单元既没有比例要求也没有像美国那样的重要性要求，因此从保护的范围来说它比现有美国判例确定的核心保护标准更大。

2. 非比例原则在国内案例中的运用时的思考

我国相关判决生效的案例极少，在矽威科技诉源之峰案[②]中，由于当事人直接抄袭复制整块芯片，因此非法复制布图设计这一侵权事实明显，无须对占比问题进行探讨。而在上海钜锐案审理中，双方集成电路经过第三方鉴定，其中只有两部分单元存在实质性相似，这两部分占整个布图的比例不足 1%，而且被告也据此辩称双方布图设计相似度极低不存在侵权。对此，法院在解释《条例》规定的"复制受保护的布图设计的全部或者其中任何具有独创性的部分

[①]《集成电路布图设计保护条例》第 7 条第 1 款和第 30 条第 1 款。

[②] 南京市中级人民法院 (2009) 宁民三初字第 435 号民事判决书。

的行为均构成侵权"的基础上，从技术特点和立法目的两方面考虑我国集成电路布图设计的具体保护范围。

（1）从技术特点来说，非比例标准体现了布图设计各单元的存在是性能所要求的，都是有市场价值的。

每一部分布图设计单元都凝聚着设计者的智力成果，是有一定价值的。由于在开发时集成电路的每部分布图设计都被设定成具有某项特定执行功能或性能，而每个功能或性能参数的确定都需要通过许多次实验数据来纠正完成。因此每一部分的布图设计对于集成电路来说是不可或缺的一部分，一旦该部分的布图设计被改变，该部分布图设计原先设定的性能参数也将随之改变，与该部分布图设计衔接的其他布图设计的相关电路参数也随之会受影响。因此每一部分的布图单元都经过设计者的精心布局和反复试验，只要设定参数不变，可以将某部分布图单元运用到不同的布图设计中，此时也存在某一芯片中非核心单元在其他芯片中成为重要核心单位的可能。

一个集成电路核心部分的布图设计只有在与之性能所匹配的非核心布图设计的辅助下才能达到其设计时所要求的性能。因为电子元件的特性以及设计成本材料的限制，如上文所述集成电路中的任一部分布图设计均运行着特定设计功能，如果强行去掉一部分布图将会导致电路的核心设计功能无法实现或者必要的辅助功能缺失，最终会削弱集成电路产品的市场竞争力。钜锐案中就是这样，涉及侵权的"数字地轨与模拟地轨衔接布图"体现了该芯片高抗干扰／高静保护的特点，而"独立升压器电路布图"部分则是电压计数电路的必要部分，放大监测到的微小电压使其能够达到可计数的数值，若缺少该部分则可能导致电能计数的不正确。如果没有涉及侵权的两部分布图设计，该电路产品极有可能将失去其商业利用价值。

因此布图单元核心与否、占比大小并不是其是否受到法律保护的理由，而是其中所蕴含的设计者有价值的智力成果才是法律判断侵权的基础。

（2）从立法目的出发，《条例》的制定是为了激励集成电路布图设计产业的创新和发展，《条例》规定受保护的布图设计中任何具有独创性的部分也同样应当受法律保护，而不论其在整个布图设计中的大小或者所起的作用。而且集成电路布图设计每一部分布图设计具有虽有独立功能但对其他部分有一定影响的特性，考虑到如果具有独创性的部分布图设计仅因为其在整个布图设计中所占比例很低或者并非核心部分而无法获得保护，那么对于这些部分的复制将会肆意而为，进而将无法鼓励对布图设计非核心部分的创新。《条例》旨在鼓励集成电路技术创新的初衷也将成为空谈，无力的法律保护将导致无序的产业竞争，最终无法达到通过法律规范有效竞争来促进整个集成电路行业设计创新这一立法目的。因此集成电路中的每一部分布图设计都需要鼓励人们去创新，从《条例》本身的立法目的来说，占整个集成电路布图设计比例很小的非核心部分的具有独创性的布图设计也应得到法律保护。

因此，法院在钜锐案中采用了比美国核心保护标准对侵权人审查更为严格的非比例标准，认为占整个集成电路布图设计比例很小的非核心的"数字地轨与模拟地轨衔接电路"和"独立升压器电路"部分布图设计的独创性也应得到法律保护，这也是出于实际需要和符合法律规定保护范围的标准。

二、关于"独创性"的认定标准

根据前述《条例》规定中所体现的非比例标准，表明集成电路布图设计在我国受到了全面的法律保护，对于侵权人是否侵犯集成电路布图设计专有权的审查甚至比美国更为严格。但是这并不意味着对于集成电路布图设计保护范围的无限扩大，而这正能充分反映我国旨在保护布图设计创新和集成电路产业发展的立法目的。然而根据产业特点和行业惯例，集成电路的创新空间有限且存在一定程度的相互学习借鉴，对权利人的过度保护可能会造成其他后来设计者畏首畏尾难以在前任所有者的基础上加以创新和改进，也将一定程度上抑制产业创新的积极性。再者，法律规定只有具有独创性的布图设计才能受到集成电路布图设计专有权的保护。因此，为了公共利益和当事人利益之间的利益平衡，在已划定的布图设计保护范围内，通过布图设计受保护需要具有"独创性"这一法定前提条件的审查门槛来平衡上述利益，这也是法院在钜锐案中的重要探索之一。

认定布图设计是否具有"独创性"是个事实问题，需要当事人在诉讼过程中对于自己提出的有关独创性的主张提供相应证据进行证明，在此对抗过程中，法院通过举证责任的分配、证明标准的尺度来把握"独创性"认定的严格程度。前文所述法院在"独创性"认定问题上存在利益平衡的考量，因此法院带着这种考量在钜锐案中形成了对"独创性"认定问题的具体举证责任分配和证明标准的初步规则。概括来说，在独创性这一事实的诉讼对抗过程中，在原告提供证明其布图设计独创性的证据和被告为否定原告主张所提供证据的情况下，法院衡量双方当事人证据的证明力，即"高度盖然性"的标准来判断哪方证据具有较大证明力，从而支持哪方主张的事实做出裁判，如果双方证据无法令法院达到"高度盖然性"的内心确认标准，即意味着作为"独创性"事实问题的主张方原告需要承担不利裁判的风险。

（一）"独创性"的证明责任

根据民事诉讼举证规则"谁主张，谁举证"的原则，在布图设计侵权案件中，应当由原告对其主张保护的集成电路布图设计具有独创性承担举证责任，也就是说一旦原告连独创性的初步举证责任[1]都无法完成，随后的对抗性诉讼活动就无须展开，也就不存在法院对于双方证据证明力的判断，直接由原告承当相应的举证责任。

而当原告提供的证据达到完成了初步举证责任的程度，即达到初步证明独创性这一证明标准要求时，如果被告对于原告布图设计的独创性持否定的主张，此时举证责任转移给被告，被告需要提供证明该布图设计不具有独创性的证据。在原被告双方都提出对于独创性事实的主张并提供相关证据时，法院应当根据高度盖然性的证明标准来判断双方证据的证明力。如果原告方证据的证明力明显大于被告方，则认为原告证据所支持的布图设计具有独创性的事实就具有高度盖然性，法院应当根据这一事实做出裁判；如果被告方证据的证明力明显大于原告方，则同样根据高度盖然性标准支持被告主张的布图设计不具有独创性的事实；如果双方证据都无法在证据的证明力上取得优势，使得法官在事实判断上无法形成内心确信，此时根据对于独创性事实，根据"谁主张谁举证"的诉讼规则，原告方，应当承当其提供证据不足以证明其布图设计具有独创性这一主张的举证责任。[2]

综上，在独创性问题上，当双方各自履行主观证明责任后案件事实已经明晰的情况下，法官形成内心确信从而作出判决；但当事实真伪不明时，根据"谁主张谁举证"举证规则，主张其布图设计具有独创性的原告承担客观证明责任，法院从而根据这一证明责任分配的情况作出裁决。就证明责任分配这点来说，在独创性的审查方面，法院的利益天平是有考量行业惯例中设计模仿者的合法利益的。

---

[1] 何为独创性的初步举证责任，其具体证明标准将在下一部分中详述。
[2] 南京市中级人民法院 (2009) 宁民三初字第 435 号民事判决书。

（二）"独创性"举证过程中的证明标准

在诉讼对抗过程中，已经明确了双方对于布图设计独创性的举证责任，那么负证明责任的一方当事人就其主张的事实予以证明应该达到一个怎样水平或程度，才能使得法官判断举证责任转移抑或是一方证据达到或双方证据都无法达到"盖然性优势"的标准。

在非人身关系民事案件的司法实践中，对于"高度盖然性"一般采用很高的盖然性的证明要求，即当事人证明主张"事实"被法官采信应当达到令人相信具有很大可能的程度。①这一证明规则仅仅是对于一般民事案件的大致证明要求，但是由于不同案件涉及不同法律事实以及出于保护不同法益的需要，因此证明标准在不同案件针对不同事实在不同的诉讼阶段会采用不同的尺度。那么对于侵犯集成电路布图设计专有权的案件，在证明布图设计是否具有独创性的事实时，前文所述需要原告举证的"初步独创性"证据和双方在对抗诉讼要能使法官形成内心确信时的各方证据所要达到怎样的证明标准，需要根据有关法律规定、法律原理、行业惯例以及案件的相关技术细节逐渐摸索出上述证明标准的阈值，希望通过未来一个个案件逐步明确证明标准。

1.启动独创性调查的初步证据

除了在立案时原告作为集成电路布图设计专有权人提供权利证书启动诉讼外，在审理过程中，由于原告钜泉公司还要为其主张保护的集成电路布图设计具有独创性这一事实承担初步的举证责任，对于此责任，将结合法律规定、产业惯例和案件细节给出其证明标准。

《条例》第4条规定对于独创性来说，需要原告证明两点，一是该布图设计是创作者自己的智力劳动成果；二是该布图设计在布图

---

① 南京市中级人民法院 (2009) 宁民三初字第 435 号民事判决书。

设计创作者和集成电路制造者中不是公认的常规设计。

对于第一点，原告要证明是自己创作出的智力劳动成果较为容易，只要提供相应的没有瑕疵的权利证明，即能证明原告的布图设计是自己创作的智力劳动成果。在钜锐案中，本案原告提供了布图设计登记证书以及获得该布图设计所签署的设计创作合同，且在诉讼过程中专利复审委在撤销程序中维持了该布图设计专有权的有效性，也能侧面反映出该布图设计具有一定独创性。可见，本案原告证明了涉案布图设计是其创作的智力劳动成果。

至于第二点，原告若要初步证明创作成果是非常规设计，大致有两种方式，一种是直接方式，就是要求原告穷尽所有相关的常规布图设计来进行比对，但是这种方式成本极高而且实际操作上无法实现，因此没必要也不可能。第二种就是间接方式，能侧面证明其布图设计具有一定独创性，例如在钜锐案中，原告通过两方面证据对此加以证明，一方面就是结合经过专利复审委撤销程序维持的《集成电路布图设计登记证书》的记载，对争议部分布图作独创点的详细说明；另一方面就是第三方鉴定机构对于争议部分布图设计作出具有独创性的结论。也就是间接的对于初步证明非常规设计的证据一般是登记时所作特征说明以及第三方鉴定结论。而且钜锐案中原告布图设计经过行政机关授权，虽说并不经过实质审查，但是在原告获得权利前也是经过一段时间公告的，作为相关领域的当事人若被侵权应当能及时发现。而且本案还经过了复审委的撤销程序，也能从一定程度上反映出该布图设计具有一定独创性。

通过以上证据，法院认为原告已经提供了初步证明其布图设计具有独创性的基本证据。由于现有布图设计登记管理制度的局限性，无法像专利那样进行地毯式检索并提供相应检索评估报告，因此，从成本效率和诉讼效果来看，钜锐案中原告证据的证明力已经达到使法院相信其布图设计被复制部分需要得到法律保护的程度，可以启动诉讼对抗程序来进一步查清独创性事实。

2. 被控方常规设计反证

钜锐案中，法院明确只要被告能够提供一份与原告主张具有独创性的布图设计相同或者实质性相似的常规布图设计，就足以推翻原告关于非常规设计的主张，同样能够达到证明布图设计是否具有独创性的证明效果。也就是如果被告提供的证据的证明力能使法院对于原告主张的独创性事实产生足够怀疑，那么无论从被告证明力占优还是由于法院无法形成内心确信从而原告承担举证来说，法院都可能支持被告常规设计的主张。

由于在钜锐案中，被告提供的反驳证据仅仅是有关 ESD 电路的原理及电原理图抑或是二极管的制造工艺等，均非布图设计，而且所请专家也无法提供相似的常规设计布图。因此，在该案中法院有理由相信原告的两部分布图设计具有独创性。

从现有案例来看，钜锐案已经是在独创性部分讨论比较深入的案例，原告的初步证据、被告若推翻原告主张所要提供的反证都有了大致的轮廓，对于证明程度有了模糊的阈值。但是如果在诉讼中有更多的对抗性的新证据，此时对于独创性事实该如何判断，还需要更多实践案例来明晰是否达到高度盖然性的证明标准。

总之，对于上述被控方常规设计反证，从效果上来说，既减轻了需要原告进行地毯式检索的过重举证责任，又提供给被告一个比较容易证明自己主张的机会。并且从实施上来说，双方都是集成电路布图设计者，作为该领域的专业人士，应该有能力知晓相关布图设计的存在，寻找类似证据并不困难。

（二）"独创性"中授权标准与侵权标准的一致性

在独创性事实判断时还有一个进一步问题，如果被告提供了常规性设计的反证，这一对比常规设计到底要与原告的布图设计达到何种程度的相似，才算完成了对于常规设计的证伪？法院认为，该相似程度的判断将左右原告布图设计是否具有独创性，而是否具有独创性又是授予集成电路布图设计专有权的前提，因此该标准即是授权标准，这一相似度的判断将影响原告布图设计是否享有专有权。法院认为，该相似度的判断应当与侵权判断时两布图设计一致，采用实质性相似的判断标准。因为在判断侵权与否时，法院采取了较为严格的"实质性相似"标准，如果两个标准不一致，将会出现这样的状况，法院在承认一方证据时采取严格的标准，而在判断同样问题时对另一方证据的采信又是宽松的标准，这将导致诉讼中的不公平，因此两个标准应当一致。

三、关于"实质性相似"的认定标准

1. 采取较为严格的"实质性相似"认定标准

在钜锐案中，法院在比较两项集成电路布图设计是否实质性相似时，是采用较为严格的标准来认定，即只有在被控侵权集成电路与受保护集成电路中的全部或者部分具有独创性布图设计存在"极为相似"的情形下，才认定构成"实质性相似"。① 而法院之所以采取较为严格的"实质性相似"的认定标准，是综合考量集成电路布图设计技术上的物理特性、平衡法律规范和产业惯例所得出的标准。

首先，从技术角度来说，集成电路布图设计的创新空间是有限

---

① 由于任何具有独创性的布图设计都被法律所保护，因此在进行布图设计比较时往往采用局部的布图设计单元进行实质性相似比较，例如案例中的"数字地轨与模拟地轨衔接布图"和"独立升压器电路布图"。对于这一比较时采用的最小布图设计单元的选取条件，首先在技术上要符合《条例》第 2 条第二项中有关布图设计的定义，即至少有一个是有源元件的两个以上元件和部分或者全部互连线路的三维配置；其次在功能上需要具有一定的独立功能，即能通过该部分布图设计实现至少一项电子设计功能。

性的。这是因为集成电路在设计时需要具有电子功能,也就具有一定的物理属性,而设计往往是在理想情况下,布图设计就是将理想的集成电路制作成一个现实存在的物理实体,因此必然会受到客观条件的限制,所以这导致布图设计这一表现形式受到不少外在因素的限制。这些限制包括布图设计需达到集成电路参数标准而受的限制、受生产工艺水平的限制以及受一些物理定律、材料种类的限制。[1] 因此,采用比较严格的"实质性相似"标准是受客观条件所限。

其次,从平衡角度来看,《条例》的制定旨在激发集成电路布图设计者的创新积极性,促进集成电路产业发展壮大;实践中,无论法律[2]还是行业惯例都允许反向工程[3]的存在。因为在技术上通过反向工程可以在了解他人布图设计的基础上设计出与他人集成电路相兼容的集成电路,可以免去不必要的重复研究节约社会资源,可以在原有技术上加上自己独创的研究成果促进技术更快进步。[4] 因此在审理此类案件时需要在法律和惯例之间有一个利益平衡,既能保护权利人的合法权利又能允许像反向工程这样适当的行业惯例存在。反观前文所述根据《条例》规定对于集成电路布图设计的保护范围应采用"非比例标准"这个较有利于权利人的标准,因此从利益平衡的角度出发,在"实质性相似"标准的把握时也应注重各方利益在整个侵权认定标准上的平衡,于是法院采用较为严格的"实质性相似"标准是符合产业各方利益平衡的需要的。

---

[1] 蒋黎:《集成电路布图设计法律保护研究》,吉林大学 2013 年硕士毕业论文,第 5 页。

[2] 《集成电路布图设计保护条例》第 33 条第 1、2 款。

[3] 反向工程,是指通过技术手段从公开渠道取得的产品进行拆卸测绘分析等而获得的有关技术信息。

[4] 张鹿:《集成电路布图设计复制侵权认定标准研究》,华东政法大学 2011 年硕士毕业论文,第 17 页。

2. 较为严格"实质性相似"在技术上的具体操作

在判断实质性相似的过程中，因为需要专业知识和技术经验，所以往往需要第三方鉴定机构参与，但由于国内缺少相关的司法实践，因此缺乏法律上的鉴定原则，鉴定机构对于实质性相似的把握就显得比较困难，往往只能从专业技术的相关经验来把握。在钜锐案中，对于判断是否存在侵犯集成电路布图设计专有权的行为时所需的"实质性相似"标准，法院认定该标准的把握尺度较为严格，这样一个标准尺度同时对鉴定机构也是一个重要的指导原则。

（1）对于思想、处理过程、操作方法或数学概念的不保护

根据《条例》第5条的规定，在对比两个布图设计是否构成"实质性相似"的时候，应剔除思想、处理过程、操作方法或数学概念的因素，纯粹考虑布图设计中的元件和部分或者全部互连线路的三维配置。[①] 对于集成电路而言，思想因素一般体现在概念层次上。目前概念层次具体分五类结构、八类技术和五类功能，[②] 这些内容将不被考虑进保护范围内。例如在钜锐案中，被告提出抗辩：MOS管尺寸不一样，此外一个布图设计中使用的是 N-MOS，而另一个则是 P-MOS，故两个布图设计不实质性相似。而根据上述概念层次的分类，MOS 管的种类应属于技术层面的内容，属于《条例》第5条规定不受集成电路布图设计权保护的内容。因此，法院对于该案中被告此项抗辩，采用了鉴定机构的意见，认定这些差别并不对实质性相似的判断产生影响。

---

① 《集成电路布图设计保护条例》第 2 条第 2 款。

② 刘锡伟等："关于集成电路的原创性及其纠纷中的抗辩"，载《华南师范大学学报（自然科学版）》2009 年第 4 期。

任选项	具体内容
结构	双极（bipolar）、金属氧化物（MOS）、双 MOS（bi-MOS）、光集成电路（Optical-IC），其他
技术	晶体管逻辑电路（TTL）、二极管晶体管逻辑电路（DTL）、发射极耦合逻辑电路（ECL）、集成注入逻辑电路（IIL）、互补 MOS、N 沟 MOS（N-MOS）、P 沟 MOS（P-MOS），其他
功能	逻辑、存储、微型机、线性，其他

图一　概念层次的分类

此外，在钜锐案判定实质性相似时，还涉及"工艺"问题，工艺是对材料进行加工或处理，最终使之成为制成品的方法或过程，属于《条例》第 5 条表述的处理过程。在集成电路领域，设计师通过计算机辅助制图（CAD）软件绘制集成电路布图，而这些二维图形通过制造工艺形成三维产品。[1] 可见工艺作为一种处理过程，将集成电路布图中的多层二维图形实际表现在三维结构中。例如在钜锐案中，双方当事人对于口字型阱和田字型阱是否影响实质性相似判断很有争议，而鉴定机构表示四个电容呈田字形的排列方式是布图，用几个阱放置电容属于工艺而不是布图。法院在审理中考虑到，N 阱是种工艺，通过该工艺制备 CMOS 器件，无论使用口字型阱还是田字型阱都不改变本案中四个电容器件之间的连接关系，因此不构成对于布图设计的实质性改变。[2]

---

[1] 〔美〕塞因特：《集成电路版图基础——实用指南》，李伟华、孙伟锋译，清华大学出版社 2006 年版，第 40 页。

[2] 笔者认为，由于在集成电路布图设计侵权中判断实质性相似时将会遇到工艺与布图设计的区分，除了借助鉴定专家的专业知识外，更加直观的判断方式就是布图设计应该在计算机辅助制图 CAD 制图时有二维图形与之对应，而工艺则不会直接显示在 CAD 制图上，只有在将二维图形制成三维结构时才会发生。

（2）考量布图设计实质性相似的"元件组合优先标准"

根据《条例》第 2 条第 2 款，法院在审理时结合鉴定意见，表达了在判断两个布图设计是否构成实质性相似时，对所需考量的因素的先后顺序所持的倾向性意见，即除了考虑互连线路的三维配置外，互连线路连接着的元件所呈现的组合在三维空间的配置在判断布图设计是否实质性相似时更为重要。

首先，从技术层面来说，芯片所实现的功能实际上取决于元器件的配置。在美国 Altera v. Clear Logic 案中，区法院认为"复制晶体管的编组和连接可能构成违反 SCPA 法"。[①] 而且还认定元器件的组织、布局是掩膜作品中实际的一部分。地方法院允许陪审团来确认这些结构的相似是否构成了侵权，掩膜作品不同于一篇文章的提纲或者书中的一个章节，这些元器件的配置实际上决定了芯片将实现哪些特定功能。掩膜作品的逻辑分组不是一个抽象的概念，它体现在芯片产品中，影响芯片的性能和效率。[②] 可见，在比较两部分集成电路布图设计时，由互连线路连接着的元件所呈现的组合在三维空间的配置最直接影响芯片的性能，因此该配置在判断布图设计是否实质性相似时最为重要。

其次，剔除掉前述不属于集成电路布图设计保护范围的概念层次后，即从概念层次之下，对独创性的体现逐步加强，比如对概念层次各项技术的综合选择、元件的分配、布置等，这些更具独创性，更能体现设计者的智力贡献，如图二所示，对于元件的具体位置和元件的组合会在很高程度上体现集成电路布图设计者的独创性，因此对于元件的具体位置将会受到较严格的法律保护。

[①] *Altera Corp.v. Clear Logic Inc.* 424 F.3d 1079 (9th Cir.2005).

[②] 贺永兴：《集成电路布图设计独创性判断研究》，湘潭大学 2012 年硕士毕业论文，第 19 页。

不同程度的受保护层次	具体内容
概念层次	5类结构、8类技术、5类功能
选择	元件数量、集成度、技术指标、材料……
布局	元件在各层面的分配，具体位置……
互联	基片内和基片间的联接，信号关系
参数	为实现技术指标及全部功能的各有关技术参数

创作过程的各层次内容

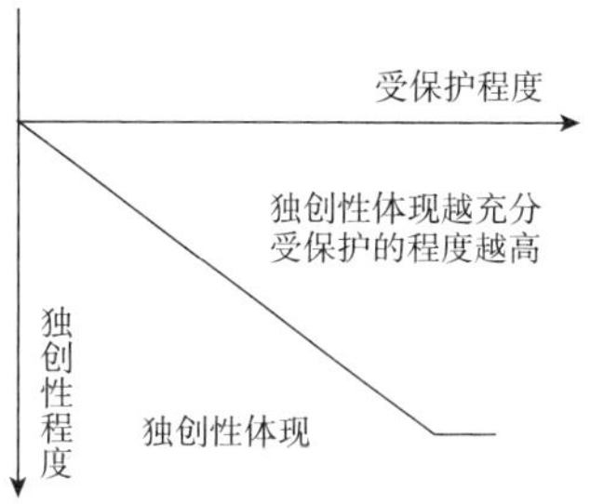

图二　独创性体现及其受保护的程度

最后，如前文所述，钜锐案中法院认为应该采取较为严格的“实质性相似”判断标准，也就是只有极为相似的布图设计才被认定为实质性相似，从而构成复制行为而被认定侵权。按照该标准，存在通过对布图设计互连线路的稍加改变规避法律、非法复制他人布图设计的可能。这是因为对于互连线路在三维配置中的走向稍加改动，不仅从技术和工艺难度上来说比较小，而且这些轻微的互连线路改动不会影响信号关系或者为实现功能的技术参数。因此有必要对于判断的侧重点进行区分。

在钜锐案中，被告提出在 M2 层上两者的“数字地轨与模拟地轨衔接的布图”的一条布线走向存在差异，只是在一布图中 M2 层的该布线在另一布图中改走临近层。法院在结合了鉴定专家意见后，分析认为在考虑 M2 层后，该争议布线所连接着的元件的组合和相对位置并没有改变，因此布线与互连的元件之间组合所呈现的三维配置并未实质性改变，不足以影响双方的该部分布图设计实质性相似的判断。可见，在钜锐案中，法院一直坚持较为严格的实质性相似的认定标准。

综上，在考虑布图设计是否实质性相似时优先考虑元件所呈现的组合在三维空间的配置，但并非说不考虑互连线路在三维空间所呈现的配置，因为可能存在互连线路配置有明显差异的布图设计。此时，就需要考虑连线的差异对于性能是否产生影响，若影响大则认为三维配置有差异，布图设计不实质性相似。

四、结论

综上，布图设计保护范围遵循非比例标准，通过独创性和较为严格的"实质性相似"认定标准来判断集成电路侵权案件。即不考虑被非法复制的布图设计部分占整个集成电路布图设计的比例，也不考虑该部分的布图设计是否为整个布图设计的核心部分，采取较为严格的"实质性相似"认定标准来判断是否存在实质性相似的布图设计，然后根据双方提供的有关独创性的证据，以"高度盖然性"为证明标准判断存在实质性相似的布图设计是否需要被法律所保护。构建集成电路布图设计侵权判定标准的过程是法院根据法律规定平衡产业各方利益，保护合法权益，尊重产业惯例，全面有效激励产业创新的探索过程。

（撰稿人：丁文联）

关于著作权纠纷的其他问题

23. 技术中立原则的保护边界

—— 北京星光灿烂科技服务有限公司与百视通网络电视技术发展有限责任公司等侵害录音录像制作者权案

案件索引：北京市石景山区人民法院（2012）石民初字第4913号，2013年12月6日判决；北京市第一中级人民法院（2014）一中民终字第2641号，2014年5月20日判决。

基本案情

索尼中国公司制作了DVD专辑《仰望》《想念式》《火力全开》等。该公司于2010年12月15日出具《授权委托书》，授权原告北京星光灿烂科技服务有限公司（简称星光灿烂公司）就侵害索尼中国公司制作的音像制品著作权及邻接权的行为提起包括诉讼在内的维权措施。

2012年3月，星光灿烂公司在北京市大中电器连锁销售有限公司（简称大中电器公司）经营场所内公证购买了由被告南京夏普电子有限公司（简称夏普公司）生产的型号为LCD-32LH440A的液晶电视机一台。经原审法院当庭比对，涉案电视机在接通互联网后，直接链接百视通网络电视技术发展有限责任公司（简称百视通公司）的服务器，并且可播放名为《仰望》《缺陷美》《重新认识我》《想念式》《那首歌》等五部MV作品，与星光灿烂公司主张权利的五部同名

MV 作品一致。另播放了《火力全开》《大城小爱》《依然爱你》等 21 部 MV 作品，该 21 部作品中使用的音频内容与星光灿烂公司享有录音制作者权的音像制品中所载的作品在基本旋律、演唱者、配器、风格、时长等方面基本一致。

百视通公司系通过与星空华文公司签订协议的方式获取了相应视频文件后，百视通公司将其集成在自己开发的数字播放平台上，并以专属链接的方式，许可购买涉案电视机的用户通过在线方式访问其数字平台，并可随时点播涉案视频文件，并不需要单独支付费用。

判决与理由

北京市石景山区人民法院经审理，于 2013 年 12 月 6 日作出（2012）石民初字第 4913 号民事判决：一、百视通公司立即停止通过互联网向公众提供《仰望》《想念式》《火力全开》等二十六部涉案视频文件的行为；二、夏普公司、百视通公司连带赔偿星光灿烂公司经济损失六万元及支出的合理费用二万元，共计八万元；三、驳回星光灿烂公司其他诉讼请求。

宣判后，夏普公司、百视通公司不服一审判决，于法定期限内向北京市第一中级人民法院提起上诉。其中，夏普公司上诉请求二审法院秉持技术中立的观点，撤销原审判决，改判夏普公司不承担任何责任。

北京市第一中级人民法院二审认为：夏普公司通过其生产的涉案电视机以专属链接的方式链接了百视通公司的服务器，实现了涉案视频文件的在线播放行为，该行为与百视通公司的行为共同侵害了星光灿烂公司依法享有的信息网络传播权，应与百视通公司承担连带侵权责任。虽然夏普公司辩称，该公司制造的涉案电视机应受到技术中立原则的保护，但是，涉案电视机作为互联网电视机，除普通电视机所具有的接收广播、有线电视信号的功能外，还具备登录互联网的功能。而在链接互联网的功能方面，涉案电视机提供的既非与互联网的初始链接，也非与相关内容服务商网站的广泛专业性链接，更非全互联网搜索。基于夏普公司与百视通公司的商业合作，夏普公司制造的涉案电视机仅提供与百视通公司网站的专属链接。既然夏普公司选择百视通公司作为涉案电视机互联网节目的独家内容合作商，理应对百视通公司提供节目内容的合法性承担更高的注意义务。鉴于涉案电视机提供的是基于商业合作的、对特定数据库的专属链接，已明显丧失了技术中立的立场，不应再受到技术中立原则的保护。综上，夏普公司的相关上诉意见缺乏事实和法律依据，本院不予支持。

评　析

技术是中立的，技术本身无所谓合法与非法。关于技术中立原则，我国学者大多将之溯源自美国联邦最高法院1984年判决的索尼案，并将其称为"索尼规则"，或称之为"实质性非侵权用途原则"，其含义为：若被告提供的某种商品同时具有合法和非法用途，则可以免除其侵权责任。但从索尼案之后的美国立法实践来看，双重用途的技术并非全部受该制度庇护，例如对音像作品出租权的规定以及《1992年家用录音法案》（AHRA）。AHRA的主要内容包括：一是制造、销售和进口至美国的数字录音设备都必须具有复制控制技术措施，以使得原版唱片被复制后，复制件不能被再次复制；二是数字音乐录制设备的制造商和销售商以及进口商须按照销售价格的一定比例缴纳版税，以对版权人进行补偿。1998年的《数字千年版权法》（DMCA）规定对规避技术保护措施的设备或服务应给予民事和刑事制裁，在线服务提供者的责任限制也试图体现立法者在索尼案之外对第三方责任的澄清。这表明自1984年索尼案以来，立法者在多个场合禁止或限制了能够提供实质性非侵权用途的产品或商业模式。①也就是说，使用双重用途技术的产品制造商和服务提供商并不能以技术中立为由，无视其中非法用途对版权人所可能造成的损害，以及在版权保护方面应当承担的法律责任和社会责任，具体而言就是使用双重用途技术的产品制造商和服务提供商应当努力采取必要措施，限制和尽量避免非法用途对版权所可能造成的损害。

技术中立原则在互联网环境中的适用被称之为"网络中立"，网络提供者不应当对其传输的内容进行区别对待，网络就好像公路，其管理者应当秉持中立的立场，对所有品牌的汽车都一视同仁，既不应当区别也不应当限制在公路上行驶的汽车是什么品牌，是由哪个公司制造和销售的。当一条公路的管理者只允许某一公司制造或销售的汽车上路行驶时，其当然也就没有做到对所有汽车一视同仁，从而丧失了技术中立的立场。在因此而涉及的侵权问题上，自然也就不应当再受到技术中立原则的保护。

本案中涉及的互联网电视机是近几年出现的一种将电视机和上网功能"二合一"的产品，既可以作为一般的电视机使用，又可以接入网络，具备上网功能。而这种上网功能在给电视机增添了对于消费者的新吸引力的同时，也带来了与互联网相关联的版权保护问

① 梁志文："云计算、技术中立与版权责任"，载《法学》2011年第3期。

题。电视机制造商如果不相应调整自己一直受技术中立原则保护的惯性思维，不重视这种产品功能涉及的版权保护问题，不采取必要措施限制和尽量避免上网功能对版权人信息网络传播权所可能造成的损害，就有可能在不经意间迈过了技术中立原则保护的边界，不能再得到技术中立原则的保护。目前，互联网电视机通常有两种获得内容的模式，即特定数据库搜索和全互联网搜索。肯定可以继续受到技术中立原则保护的模式应为全互联网搜索模式，即便考虑到电视机产品自身的特殊性，其保护的范围至多也只能扩展至全视频专业网站或者全部视频类专门栏目的搜索模式。这就如同考虑到高速公路的特殊性，可以允许其管理者限制最高时速过低的交通工具不得上路行驶一样。而在互联网电视机中内置功能模块，使得该电视机仅仅能够专属链接至某一公司的特定数据库进行搜索的模式，则如同公路管理者只允许某一公司生产的汽车上路一样，此种商业合作模式已经丧失了面对所有互联网节目时的中立立场，自然也就不应当再受到技术中立原则的保护。

本案中，夏普公司采用的即为在该公司制造的互联网电视机中内置功能模块，使得该电视机只能专属链接至百视通公司服务器进行特定数据库搜索的模式。虽然夏普公司选择百视通公司作为自己唯一互联网节目内容提供商的商业合作模式属于该公司自主经营决策的范畴，本身并无违法之处。但此种模式在给电视机制造商带来稳定收益的同时，也表明夏普公司改变了其作为产品制造商的技术中立立场。基于权利与义务相一致的原则，对电视机中播放的互联网节目的版权合法性问题，夏普公司也应当承担更高的审查义务。在选择互联网节目内容提供商进行合作之初，夏普公司就应预先对互联网节目版权的合法性进行必要的审查，并采取必要措施对后续更新节目的版权合法性也进行审查。如果夏普公司能够做到这一点，不仅可以避免该公司制造的互联网电视机播放侵权节目，也可促进与之合作的互联网节目内容提供商对版权保护问题的重视，使得此种商业合作模式进入良性运转的轨道。但本案中，夏普公司忽视了新型电视机带来的新问题，没有对与之合作的百视通公司提供的互联网节目的版权合法性问题进行审查，以致在百视通公司出现侵害星光灿烂公司享有的录音录像制品的信息网络传播权问题的时候，夏普公司也承担了连带侵权责任。

（撰稿人：强刚华）

24. 著作人格权受侵害是否可以发布诉前禁令

—— 申请人杨季康与被申请人中贸圣佳国际拍卖有限公司等申请诉前停止侵害著作权案

案件索引:北京市第二中级人民法院(2013)二中保字第 9727 号,2013 年 6 月 3 日裁定。

基本案情

钱锺书(已故)是我国著名作家、文学研究家,其夫人杨季康(笔名:杨绛)是我国著名作家、翻译家。二人育有一女钱瑗(已故)。钱锺书夫妇及女儿钱瑗曾经与时任《广角镜》月刊总编辑的李国强往来密切,通信频繁。三人所写的私人书信手稿本应由收信人李国强收存,而中贸圣佳国际拍卖有限公司(简称中贸圣佳公司)却于 2013 年 5 月公告表示其将于 2013 春季拍卖会上举行"也是集——钱锺书书信手稿"专场拍卖活动及相关预展和研讨活动,计划公开拍卖钱锺书、杨绛、钱瑗写给李国强的私人书信手稿百余封。公告一出,多家媒体对此事进行了相关报道,并发布了部分书信内容和研究文章。申请人杨季康通过多种渠道表示不同意公开发表其享有著作权的私人书信手稿,在制止无效的情况,向法院提出了诉前责令停止侵犯著作权行为的申请,并提供了合法有效的担保。

被申请人中贸圣佳公司称:中贸圣佳公司确实计划举办"也是

集——钱锺书书信手稿"公开拍卖及相关研讨会、预展等活动，计划拍卖的拍品中包括钱锺书、杨季康及钱瑗所撰写的书信手稿，中贸圣佳公司事先未对拍品的著作权权属情况进行审查，亦未取得著作权人许可。

判决与理由

北京市第二中级人民法院经过审理认为：

涉案私人书信作为著作权法保护的文字作品，其著作权应当由作者即发信人享有。任何人包括收信人及其他合法取得书信手稿的人在对书信手稿进行处分时均不得侵害著作权人的合法权益。中贸圣佳国际拍卖有限公司在权利人明确表示不同意公开书信手稿的情况下，即将实施公开预展、公开拍卖的行为构成对著作权人发表权的侵犯。如不及时制止，将给权利人造成难以弥补的损害。北京市第二中级人民法院依据《中华人民共和国著作权法》第10条第1款第一项、第19条第1款、第21条第1款、第50条，《中华人民共和国著作权法实施条例》第17条，《中华人民共和国继承法》第10条、第11条，《中华人民共和国民事诉讼法》第100条、第101条、第108条，《最高人民法院关于审理著作权民事纠纷案件适用法律若干问题的解释》第30条第2款的规定，裁定如下：中贸圣佳国际拍卖有限公司在拍卖、预展及宣传等活动中不得以公开发表、展览、复制、发行、信息网络传播等方式实施侵害钱锺书、杨季康、钱瑗写给李国强的涉案书信手稿著作权的行为。裁定送达后立即执行。如不服该裁定，可在裁定书送达之日起十日内向本院申请复议一次。复议期间不停止裁定的执行。

本案禁令作出后，被申请人中贸圣佳公司随即发表声明，主动停止了涉案拍卖活动。

评 析

临时禁令制度作为我国入世后为加大知识产权保护力度而正式引进的一项制度，我国通过法律《著作权法》《商标法》《专利法》和司法解释的形式均对其做出了进一步的明确。自 2000 年至今，临时禁令制度在我国从确立到普遍适用，对于知识产权侵权，尤其是对于即发性侵权，起到的保护作用不容忽视。本案既是人民法院作出的首例涉及著作人格权的临时禁令，也是新修订的《中华人民共和国民事诉讼法》实施后首例针对侵害著作权行为作出的禁令。

临时禁令是人民法院为及时制止正在实施或即将实施的侵害权利人知识产权的行为，而根据当事人申请发布的一种禁止或限制行为人从事某种行为的强制命令。其目的在于保护权利人知识产权免受继续侵害，预防难以弥补损害的发生。

适用诉前临时禁令的审查，即什么情况下对申请人的申请予以核准。一般国家会考虑的因素表述略有不同但含义大体一致。在我国知识产权司法实践中，通常考虑的因素有：申请人提出申请所依据的权利确实可靠；被控侵权行为正在实施或者准备实施；先行裁定所采取的具体措施能够避免申请人受到无法挽回的损害；先行裁定所采取的措施不致造成被申请人其他合法权益的损害，也不会危及社会公众利益。在诉前临时禁令的适用上，我国在实践中还没有统一的标准以及细化的规则，适用规则仍需进一步研究和完善。就本案而言，如何及时有效保护书信手稿著作权人的人格权益以及如何平衡申请人与被申请人的利益冲突，是研究的两大重点问题。

一、著作人格权受到侵害可以发布诉前禁令予以保护

什么样的损害属于难以弥补的损害？随着时间的不断推移，法院对"难以弥补的损害"的判断标准也不断发展变化。美国联邦上诉法院通过判例积累出的经验认为是否构成难以弥补的损害时，应综合考虑以下几点：（1）申请人提起申请的及时性；（2）能否以金钱赔偿方式救济；（3）侵权行为是否在持续进行中。"难以弥补"的损害强调的是无法用金钱去衡量的损害，倘若申请人所遭遇的损失仅仅用金钱就可以衡量，并且予以弥补，那就不是诉前临时禁令中所认为的损害。从某种意义上说非财产性利益的损害，如商誉、知识产权潜在的份额包括市场竞争地位下降等，还有包括申请人是否故意延迟缓交申请、被申请人是否构成了持续性的伤害，都是诉前临时禁令中"难以弥补的损害"所考虑的。在"Amazon.com,Inc. v.Barnesandnoble.com, Inc. and Barnesandnoble.com,Llc."侵犯专利权一案中，美国联邦巡回上诉法院对"难以弥补的损害"做出了概括性的诠释，认为申请人的专利权确实有效并且专利侵权行为明显存在时，就可以认为是"难以弥补的损害"。在对于难以弥补损害的衡量问题上，美国法院认为当已有很明显的证据证明存在难以弥补的损害时，对于胜诉可能性的证明要求就可以降低，因为难以弥补的损害的存在已经很大程度上证明了被申请人的侵权行为的存在；相反若能证明胜诉的可能性，那么就可以减轻对难以弥补的损失的证明要求。这一观点已经在美国司法实践中被接受并得到广泛的应用。但是案件不同在使用程度上也有所不同。复杂不容易判定的案件，对于胜诉的可能性证明不易，那么申请人就若不采取措施则会造成严重的难以弥补的损害的证明力度就应加大；反之较为容易认定是否侵权的案件，若有极大的可能证明胜诉的可能性，那么对申

请人提交的无法弥补的损害的证明要求就相对减弱。相比美国法院注重被申请人是否侵权，英国的法院则更加注重被申请人是否能够在金钱上予以赔偿。20 世纪 70 年代英国"Polaroid Corporation v. Eastman Kodak. co."案总结出以下标准，若申请人能够在未来的诉讼中以金钱赔偿的形式弥补所有的损失，那么适用禁令的可能性就很小。以此类推，当申请人在诉前临时禁令还未审查结束时，就已经在金钱上得到了足够的赔偿，那么就不应该再对被申请人实施禁令了。

综上，就知识产权诉讼来讲，难以弥补的损失通常可以考虑以下几个因素：（1）原告的人格利益受到损害。知识产权权利人长期努力而获得的好的评价，例如商誉、社会地位等一旦受到侵害是无法用财产利益来衡量的，这种损害会给知识产权权利人的精神带来极大的痛苦，在短时间内也很难弥补所造成的恶劣影响。（2）原告的损失难以估计。比如市场份额的变化、竞争地位的丧失、新产品上市而且无法估量因为新产品上市为申请人带来的社会经济价值等。在"Hybritec Inc.v.Abbott Labs."案中，法官在判断是否适用临时禁令时就考虑到了申请人在市场中所占的份额，被申请人在侵权之后在市场的销售情况，其他竞争者进入此市场的难易程度，该行业的发展速度等因素。例如原告遭遇海外企业在本国或地区推广新产品时，而新的产品侵犯原告已有的知识产权，原告遂申请临时禁令禁止被告继续销售的行为。在这类案件中损害的是原告原来所拥有的市场份额，是无法用金钱具体来衡量的。

我国著作权法规定了四种著作人格权，即发表权、署名权、修改权和保护作品完整权。其中，发表权也被称为披露权，发表权的行使是著作权人获得财产利益和其他精神利益的前提，对著作权人有着非常重要的作用。在大陆法系国家的著作权制度之下，由于采取著作权自动取得原则，作品创作完成即意味着著作权的产生，与该作品是否发表无关，但是这并没有影响到发表权的重大意义。意大利著作权学者戴森克蒂斯曾说过，正如文学作品的经济权利中处于首位的是出版权一样，著作权人就一切作品享有的精神权利，处于首位的是发表权，著作权人将作品创作完成后如果不行使其发表权，其他任何精神权利或经济权利均无从行使。韦之[①]先生也认为发表是实现著作权最重要的途径，因为只有将作品发表，作者才能实现他所享有的各种利益。笔者认为，发表权不仅包括作者决定作品是否公之于众，何时何地以何种方式公之于众的权利（即决定权），还包括禁止他人擅自将其未公之于众的作品以及该作品的内容公开的权利（即禁止权）。无形财产权和有形财产权的保护不一样，书信作品涉及著作权等无形财产权的保护，一旦被拍卖、公之于众，损失必然是难以挽回的。针对这种情形，著作权法明文规定："著作权人或者与著作权有关的权利人，有证据证明他人正在实施或者即将实施侵犯其权利的行为，如不及时制止将会使其合法权益受到难以弥补的损害的，可以在起诉前向人民法院申请采取责令停止有关侵权行为和财产保全的措施。法院应原告请求，可以裁定责令被告停止侵权。"本案中，涉案书信手稿从几张纸来说是有形的，可以保存在被告的手里，因为信是写给他的。但是它上面还承载了作品，从作品角度来讲，附着在上面的著作权并没有转移，包括发表权在内。收信人不能未经他人同意就拿别人的信件随意去发表，否则就会造成侵权。发表权一旦被侵害，即具有难以弥补的损失。因为发表权只能积极地行使一次，一旦作者行使了发表权，该权利即告穷竭。

[①] 韦之，华中科技大学法学院教授，毕业于德国慕尼黑路德维希·马克西米利安大学，获法学博士学位。

发表权只能积极地行使一次，但是可以消极地行使多次，根据上文可知，违背作者意愿而将作品公之于众并不构成发表，作者的发表权尚在，作者可以基于自己享有的发表权而对侵权方提起诉讼。在此之后，如果另外有人再行违背作者的意愿将该作品公之于众，作者仍然可以要求法律对该行为予以惩处，以维护自己的发表利益。

二、公共利益及利益平衡考量

"公共利益"不是适用临时禁令时必然考虑的因素，却是十分重要的一个是否适用的原因。对于"公共利益"的理解有多个层面，不仅具有通常人们所能认识到的大多数非当事人的切实利益，还涵盖了社会成本、言论自由等多个方面，当过度的保护限制了自由竞争时就会阻止创新的发展。从经济学的角度来看，为了保护一项知识产权权利适用临时禁令所付出的成本大于该项知识产权权利为社会创造的财富时，那么法院就不应当决定适用临时禁令。法院未就诉讼实体问题判决之前发布禁令要求被告为或不为一定行为，甚至不发布该禁令，都会对公共利益产生影响，因此多数情况下法院都把非当事人利益损害考虑进去，不管他们是否参加诉讼。由于非当事人十分广泛，非当事人损害在认定上必须进行限制，即要求该第三人必须有事实上的损害并足以能通过诉讼获得救济。当然并非每个临时禁令都会涉及公共利益问题，有时也可能因临时禁令的短暂性不去考虑公共利益，但如果案件本身就以公共利益为标的，那么公共利益就是很重要的考虑因素。

此外，为了制止侵权行为的发生，法院在审查诉前禁令时应当同时考虑公正理念与效率理念，注重利益平衡。公平正义是法律和司法的宿命或者根本追求。公正理念之于诉前证据保全制度，就是既要保障权利人合法权利的实现，又要防止错误保全给被申请人可能带来的损失。对于诉前证据保全制度来说，由于对制度目的、界限的模糊认识及实践中规则不具体导致的适用困局，更要求在司法权的行使过程中强调利益平衡原则。

在社会各界对钱锺书手稿即将被大规模曝光一事高度关注的情况下，法院充分考虑了该案对社会公共利益可能造成的影响，准确地作出了司法禁令，既有效保护了著作权人权利，又避免对拍卖公司及相关公众造成影响，有助于推动全社会特别是收信人对发信人著作权及隐私权的保护。

（撰稿人：李丹）

25. 转让未来创作作品的合同义务不可强制履行

——上海玄霆娱乐信息科技有限公司与王钟委托创作及著作权转让合同纠纷案

案件索引：上海市浦东新区人民法院（2010）浦民三（知）初字第 424 号，2011 年 5 月 4 日判决；上海市第一中级人民法院（2011）沪一中民五（知）终字第 136 号，2012 年 5 月 4 日判决。

基本案情

上海玄霆娱乐信息科技有限公司（简称玄霆公司）是国内原创文学门户网站"起点中文网"的运营商。2006 年起，王钟以"梦入神机"的笔名先后在玄霆公司网站上发表了《佛本是道》《黑山老妖》等多部作品，并与玄霆公司签订多份协议，将相关作品的信息网络传播权等著作权独家授权或转让给玄霆公司。在此期间，玄霆公司向王钟陆续支付了共计人民币 200 余万元的稿酬。

2010 年 1 月 18 日，玄霆公司（甲方）与王钟（乙方）签订《白金作者作品协议》一份。该协议 3.2.1 条约定乙方同意并确认将自本协议生效之日起四年内所创作的所有作品（即本协议所称"协议作品"，且包含协议作品各种语言版本；并且无论协议作品是否创作完稿即包含所有创作完稿和未创作完稿的协议作品）在全球范围内的信息网络传播权及协议作品电子形式的汇编权、改编权、复制权、发行权等全部永久转让于甲方。乙方确认并同意，上述所指转让包括了排除乙方本人于本协议签订后自行行使或转让、授权上述权利于第三方。协议 4.2.4 条约定乙方保证并承诺在全球范围内未曾自行或授权许可任何第三方可对该作品（含协议作品）进行任何电子形式的发表、使用或开发。乙方或乙方创作的协议作品存在以上某种情况之一的，即为乙方违约，乙方同意退还甲方所有由甲方支付于其的相关费用，甲方有权中止或解除、终止本协议，并由乙方承担由此造成的所有法律责任，造成甲方损失的，由乙方承担甲方所有的赔偿责任。协议第 7.2.2 条还约定，乙方违反本协议 3.2.5、3.2.6、3.2.8、4.2.4、4.2.5 条之约定的，须向甲方支付一万元人民币并加上乙方已从甲方处获得的相关费用总额的十倍金额的违约金；如该等违约金不足以弥补甲方损失的，乙方应承担该等违约金之外甲方所有损失的赔偿责任，且甲方有权立即中止或解除、终止本协议等。

同日，玄霆公司（甲方）与王钟（乙方）还签订了《委托创作协议》一份。该协议 3.2.1 条约定乙方作为专属作者，双方均同意乙方受甲方委托创作的协议作品（即甲方委托乙方所创作的作品，作品形式包括但不限于《中华人民共和国著作权法》第 3 条所列的所有作品种类）的著作权以及相关的一切衍生权利完全排他性地归属于甲方（协议所列排他性的范围均包括排除乙方自己，且无论乙方是否将协议作品创作完稿或将协议作品全部交付于甲方，甲方对乙方已完成并交稿于甲方的协议作品内容或甲方自行组织创作的作品均排他性地享有完整的著作权），甲方享有的著作权的内容包括但不限于《中华人民共和国著作权法》第 10 条所列的各种著作权人身权和财产权。该协议 1.1.7 条明确"专属作者"是指在协议期间内未经甲方书面许可，乙方不得以真实姓名、笔名或其他姓名、名称等任何名义，将乙方在协议期间内创作的包括协议作品在内的各类作品交于或许可第三方发表、使用或开发，或者为第三方创作各类作品，作品的形式包括但不限于《中华人民共和国著作权法》第 3 条所列的所有作品种类。乙方在本协议期内为专属作者。协议 1.1.4 条明确"协议期间"是指本协议签署之日起至乙方将协议作品创作完稿并将协议作品全部交付于甲方止。若乙方因各种原因未完成作品创作完稿，或者甲方认为乙方完成的作品未符合作品大纲的要求或未达到甲方的委托创作目的，协议期间至甲方认可的协议作品创作完稿日止。本协议所指的协议期间并不表示在此之后本协议对甲、乙双方已失去约束力及法律效力，只是语意上的时间节点的概念，是表示协议履行相应期间的一种定义。协议 3.2.2 条约定，乙方作为专属作者，甲方支付乙方报酬，在协议期间内乙方承诺只为甲方创作作品，或只创作协议作品，故乙方承诺在协议期间内创作的作品的著作权以及相关的一切衍生权利完全排他性地归属于甲方（包括乙方于协议期间内受甲方委托创作的作品、协议作品，以及乙方于协议期间内受甲方书面许可或擅自而未经甲方许可为第三方创作的任何作品），上述所指作品的著作权包括但不限于《中华人民共和国著作权法》第 10 条所列的各种著作权人身权和财产权。否则乙方同意退还甲方所有由甲方支付于其的相关费用并承担相应的违约责任。协议 4.1.6 条约定，甲方对协议期间以外乙方创作的除协议作品外的其他作品的著作权，在涉及对该等作品进行使用、转让、授权许可使用时，同等条件下，甲方优先于任何第三方获得上述转让权和许可使用权，乙方应为甲方该优先购买权的行使提供必要的便利；除甲方收到乙方要求甲方行使优先购买权的书面通知 30 天内未行使优先购买权，乙方不得将上述其他作品转让或许可第三方行使相关著作权权利，否则即为乙方违约。4.2.1 条约定，乙方最迟将于 2011 年 1 月 25 日开始向甲方交稿，并承诺每月 25 日前向甲方交稿，每月交稿量不少于 10 万字。

5.1.1 条约定，乙方报酬根据乙方创作的协议作品字数进行结算，甲方支付乙方报酬的费用标准为税前 330 元 / 千字。5.2.1 条约定，甲方将于本协议签字生效之日起三十个工作日内，向乙方支付预付款人民币 10 万元整（预付款可冲抵稿费）。7.2.1 条约定，乙方违反本协议第 4.2 条之约定的，须向甲方支付四十万元人民币并加上已产生的乙方报酬金额的违约金，如该等违约金不足以弥补甲方损失的，乙方应承担该等违约金之外甲方所有损失的赔偿责任，且甲方有权立即中止或终止、解除本协议。7.2.2 条约定，乙方违反本协议第 3.2 条、4.1.6 条、7.2.3 条之约定，或乙方违反本协议之约定擅自转让、行使（含擅自转让或授权许可第三方行使）本协议中约定应归于甲方的权利（含甲方根据协议所享有的优先权等），须按照其未经甲方书面同意确认即擅自转让、行使所涉及作品（包括协议作品）的字数，除应按 7.2.1 条承担违约金外还需以每一万字人民币一万元向乙方支付违约金，如该等违约金不足以弥补甲方损失的，乙方应承担该等违约金之外甲方所有损失的赔偿责任，且甲方有权立即中止或终止、解除本协议。

2010 年 2 月 10 日，玄霆公司依约向王钟预付了 10 万元创作资金。

2010 年 6 月 18 日，王钟（乙方）与北京幻想纵横网络技术有限公司（简称幻想公司）（甲方）签订《劳动合同书》一份，约定王钟在幻想公司处担任游戏策划部门总监一职，合同期限五年，月薪5000 元。合同还约定，乙方按照甲方要求创作的职务作品著作权归公司所有，因创作职务作品所产生的任何第三方纠纷均由甲方负责处理。乙方的岗位职责为：乙方按公司要求进行职务作品创作；乙方创作的职务作品每月更新字数不得少于 10 万字，不得高于 35 万字；每部职务作品字数应多于 200 万字；乙方创作的职务作品在纵横中文网正式发布 30 万字后，站内成绩不得低于点击榜前 10 名；乙方创作的职务作品应为原创，且不侵犯其他人知识产权；除基本工资外，公司将根据乙方工作成绩给予一定的奖励，但如乙方违背或未达到上述岗位职责，公司将按比例减少奖励金。双方同时签订了《知识产权归属及保密协议》一份。

2010 年 7 月 18 日，王钟以"梦入神机"的笔名开始在纵横中文网（www.zongheng.com）上发表作品《永生》。至 2011 年 3 月 3 日止，该作品的发表字数为 1792144 字，且目前仍在连载中。

当事人诉讼请求分别为：玄霆公司起诉请求判令：1. 王钟继续履行《白金作者作品协议》及《委托创作协议》，停止在其他网站（包含且不限于纵横中文网 www.zongheng.com）发布其创作作品的行为；2. 王钟承担违约金 101 万元；3. 确认王钟创作的《永生》著作权归玄霆公司所有。王钟反诉请求判令：1. 撤销《白金作者作品协议》；2. 解除《委托创作协议》。

判决与理由

上海市浦东新区人民法院一审认为，《白金作者作品协议》是玄霆公司和王钟两个平等主体之间自愿签订的合同，是双方真实意思表示，协议对于双方是互惠互利的，符合合同法的平等自愿互利的原则，因此，该协议不存在显失公平的情形，不符合合同法规定的撤销条件。《委托创作协议》合法有效，应当继续履行。《永生》属王钟的作品，且是在玄霆公司、王钟约定的创作时间内，《永生》著作权属于玄霆公司。王钟置其与玄霆公司签订的两份协议于不顾，在幻想公司网站上公开发表其创作的文学作品，其违约故意明显，应承担相应违约责任。遂判决：1. 玄霆公司与王钟继续履行双方于 2010 年 1 月 18 日签订的《白金作者作品协议》；2.玄霆公司与王钟继续履行双方于 2010 年 1 月 18 日签订的《委托创作协议》；3.王钟停止在纵横中文网上继续发表《永生》的行为；4.王钟应于判决生效后十日内支付玄霆公司违约金人民币 20 万元；5.王钟创作的《永生》著作权（除法律规定不可转让的权利以外）归玄霆公司所有；6.驳回玄霆公司的其余诉讼请求；7.驳回王钟的全部诉讼请求。

一审判决后，王钟和原审第三人幻想公司均不服，提起上诉。

上海市第一中级人民法院二审认为，玄霆公司主张依据合同享有《永生》著作权于法有据，请求继续履行合同将涉及对王钟创作行为的强制，难予支持，但合同目的因王钟的违约行为不能实现，故王钟请求解除合同可予支持，但其应承担违约责任。遂判决：维持（2010）浦民三（知）初字第 424 号民事判决第 5 项，撤销第 1、2、3、4、6、7 项，解除王钟与玄霆公司签订的《白金作者作品协议》、《委托创作协议》，王钟向玄霆公司支付违约金 60 万元。

评　析

本案涉及网络文学经营网站与网络写手的委托创作商业模式。网站经营者买断网络作家未来作品的合同，由于其中含有作者创作行为的因素，使得其效力和能否强制履行成为问题。本案的终审判决成功解决了这一新类型和疑难问题，认为确定著作权合同的法律性质时，法院不应仅以合同名称作为认定标准，还应当根据合同约定的当事人权利义务关系，并结合合同目的来认定；当事人就未来作品的权利转让所达成的协议具有法律效力，但合同义务涉及作者的创作行为或创作自由时，对方当事人不得主张强制履行。

一、合同的性质及权利义务

王钟与玄霆公司在同一日签订了两份协议：《白金作者作品协议》《委托创作协议》。两份合同在内容上有相同部分，也有不同部分，最大的区别在于，《白金作者作品协议》约定著作权处分的方式为转让，而《委托创作协议》约定为委托创作。庭审中，当事人确认两份合同中《委托创作协议》签订在后，且是前者的补充和具体化，部分条款有所变更。因此，合同当事人之间的权利义务关系应当依据两份合同共同确定，如果合同间约定不一致，应以后签订者《委托创作协议》为准。在确定合同法律关系的性质以及合同当事人的权利义务时，不应拘泥于当事人使用的合同名称，而应当结合合同中的权利义务条款，并参照当事人追求的合同目的确定。本案中双方所签订的《委托创作协议》虽然使用了"委托创作协议"这一名称，但从合同内容看，并未详细约定王钟创作的内容和形式，其重点在于确定协议所涉作品的权属。结合双方同日签订的《白金作者作品协议》，可以推知双方的真实目的在于"买断"王钟未来一段时期内创作的所有作品的著作权。合同内容决定合同性质，因此，双方之间的合同关系并非委托合同关系，而应为著作财产权转让关系。确定双方之间的合同关系性质后，那么可以明确双方应当依据合同条款履行，王钟应当将其在合同约定期间内创作的作品的著作权转让于玄霆公司，玄霆公司应当支付相应对价。

二、转让未来作品著作权合同的效力

著作财产权利的转让，是我国著作权法与合同法均不禁止的。本案中，双方签订合同转让作品著作权时，相关作品还未创作完成。此种转让行为是否有效？从比较法角度看，有的国家立法认为有效，如英国、南非、印度；有的国家承认其效力但作一定限制，如德国、法国、巴西；明文禁止未来作品权利转让的立法例不多见。根据我国《合同法》第52条规定，只有符合该条规定的五种情形时，合同才属于无效，该条第（一）（二）（三）（五）项显然不能适用于本案情形。但是否从保护社会公共利益的角度，将此类合同归属于无效？对未来作品权利转让效力不予承认或进行一定限制，主要是出于公共政策和利益衡量的考虑。如作家早期并无知名度，生活无着，一旦有商业机构与其签订作品转让合同，为生存计，有几人能虑及今后出名时的利益保护？等作家终于成名，却可能发现报酬很低，约束过分，利益难以得到保障，知名作家也不免沦为出版商人的写作机器。由于作者和出版商力量对比悬殊，几乎没有谈判能力，立法对未来作品权利转让作一定限制，一定程度上可以维护作家权益。事物总有两面性。如果法律承认未来作品著作权转让，对促进作品的创作和传播亦可有积极作用。版权贸易中，约稿现象屡见不鲜，很多情况下作者与作品传播者间不存在力量对比悬殊的问题。作品创作除了依赖于作者的创造外，也常依赖于资本的支持，有的情况下资本投入对作品的完成具有关键作用，如大型电影的摄制，如不允许对未来作品权利进行处分，将不利于保障文学艺术创作获得资金支持。即使对于初出茅庐的作家，其与出版商签订未来创作作品的著作财产权转让协议，也可使其获得稳定收入，保其生活无忧，助力其创作活动顺利进行。总体来看，转让未来作品著作权的合同，利弊共存，不能简单依据保护公众利益而否定其效力。这种发生在版权贸易中的活动，本质上看仍属于商业行为，应遵循法无明文禁止即可为的法则，在我国著作权法并无明文禁止的情况下，应尊重意思自治，认可此种协议的法律效力，对其转让行为应予认可，对其合同约定的违约金，也应予以尊重。

三、创作义务可否强制履行

本案中，玄霆公司请求判令王钟继续履行《白金作者作品协议》及《委托创作协议》，停止在其他网站发布其创作作品的行为，并确认王钟创作的《永生》著作权归玄霆公司所有，属于请求王钟承担继续履行合同的义务。二审法院认为，在委托创作协议中，双方约定王钟为玄霆公司的"专属作者"，只能创作"协议作品"，不得为他人创作作品或者将作品交于第三方发表，在协议期间以外创作的作品还应当由玄霆公司享有优先受让权，并且规定了王钟交稿时间和字数等。这些义务涉及王钟的创作行为和创作自由，在性质上并不适于强制履行。故王钟违约时，玄霆公司不得请求王钟继续履行，只能请求王钟支付违约金或者赔偿损失。对于已经创作出的作品的权利让渡和转移，则不属于不能强制履行的义务，玄霆公司主张依据合同享有《永生》著作权于法有据。据此，二审在此基础上对原审相关判决作了改判。

应该说，二审法院的改判具有法律依据，法理上站得住脚，从审判执行兼顾的要求看，要求王钟继续履行创作义务也是难以执行的。根据《合同法》第110条之规定，债务在法律上不能履行或者债务标的不适于强制履行的，守约方不得请求违约方继续履行。作为一般性原则，提出对方违约的当事人，是不能强求另一方实际履行合同的，而只能接受金钱形式的补偿，法院发布实际履行的裁决只发生在不需要被告个人协助的情况下。[1] 强制履行的前提是合同能够履行，如果合同已经履行不能，无论事实不能还是法律上不能，都不可强制履行。具有人身属性的债务，在性质上不适于强制履行，

---

[1] 〔英〕P.S. 阿狄亚：《合同法导论》（第五版），赵旭东等译，法律出版社2002年版，第451页。

否则将使违约责任恢复其原始的人身责任性质，违背现代社会尊重人格、保护人身自由的基本价值。[①] 在德国法上，其民法典第275条的规定亦适用于人身性的给付不能。[②] 在未来作品著作权转让中，创作属于作者的智力活动，具有人身属性，性质上并不适于强制履行；对创作自由进行限制，亦有违著作权法促进作品创作和传播的立法目的。因此，要求未来作品转让合同强制履行，可能导致对作者创作行为的强制或者创作自由的限制，强制作者继续履行既不可得，亦违反居于上位的权利——公民的人身自由。

（撰稿人：徐卓斌）

---

① 韩世远：《合同法总论》，法律出版社 2004 年版，第 704、712 页。

② 〔德〕迪尔克·罗歇尔德斯：《德国债法总论》（第 7 版），沈小军、张金海译，中国人民大学出版社 2014 年版，第 261 页。

后　记

中国著作权司法保护自 20 世纪 80 年代起步至今，经历了 30 余年的快速发展历程。特别是在中国加入 WTO 后，伴随中国著作权法的三次修改，著作权司法保护进入了一个崭新的发展阶段，迄今已基本形成比较健全的审判体制和机制，著作权司法保护水平不断提高，双轨制下司法保护著作权的主导作用不断加强。总结入世后中国著作权审判的实践经验，加强著作权司法保护指导，对于提升著作权司法保护水平、展示中国著作权司法保护形象具有重要意义。在商务印书馆的精心策划和大力支持下，最高人民法院审判委员会委员、民事审判第四庭庭长罗东川在主编完成《中国专利案例精读》基础上，又组织《中国著作权案例精读》一书的编写，经过全国法院的多位知识产权法官精心甄选和编写，花近两年的时间，最终完成本书。参与本书编写的法官有（按姓氏笔画为序）：

丁文严　中国应用法学研究所研究员

丁文联　上海市高级人民法院知识产权审判庭副庭长

冯　刚　北京知识产权法院法官

李　丹　北京市第二中级人民法院法官

芮松艳　北京知识产权法院法官

张玲玲　北京知识产权法院法官

张晓津　北京知识产权法院审判二庭庭长

罗东川　最高人民法院审判委员会委员、最高人民法院民事审判第四庭庭长，一级高级法官、教授

周　多　北京市第二中级人民法院法官

姜　颖　北京知识产权法院审判一庭庭长

徐卓斌　上海市高级人民法院知识产权庭法官

徐　翠　湖北省高级人民法院知识产权审判庭副庭长

崔　宁　北京市第二中级人民法院法官

强刚华　北京市第一中级人民法院民五庭副庭长

童海超　湖北省高级人民法院知识产权庭法官

本书的编写难免存在不足之处，敬请读者批评指正。

2015 年 8 月 13 日